·本书为教育部人文社会科学研究规划基金项目
（18YJAZH114）的阶段性成果

制度视角下
比较利益增进问题研究
—— 以饮料出口为例

Study on Promotion of Comparative Profit
from Institution Perspective

Cased on China's Beverage Export

杨文丽／著

中国政法大学出版社

2019·北京

声　明	1. 版权所有，侵权必究。
	2. 如有缺页、倒装问题，由出版社负责退换。

图书在版编目（CIP）数据

制度视角下比较利益增进问题研究：以饮料出口为例/杨文丽著.—北京：中国政法大学出版社，2019.11
ISBN 978-7-5620-9347-3

Ⅰ.①制… Ⅱ.①杨… Ⅲ.①饮料－出口贸易－研究－中国 Ⅳ.①F752.658.2

中国版本图书馆CIP数据核字(2019)第278676号

出　版　者	中国政法大学出版社
地　　　址	北京市海淀区西土城路25号
邮寄地址	北京100088 信箱8034 分箱　邮编100088
网　　　址	http://www.cuplpress.com（网络实名：中国政法大学出版社）
电　　　话	010-58908289(编辑部) 58908334(邮购部)
承　　　印	固安华明印业有限公司
开　　　本	720mm×960mm　1/16
印　　　张	15.75
字　　　数	250千字
版　　　次	2019年11月第1版
印　　　次	2019年11月第1次印刷
定　　　价	56.00元

序
PREFACE

随着中国融入世界经济体系进程的加快，贸易规模迅速扩大，贸易领域不断拓展，国内市场逐渐呈现国际化的发展趋向，国内产业乃至整个经济的发展与国际贸易的联系不断加强。受其影响，比较利益的增进不再纯粹是国际贸易的事，也需要国内产业升级和发展的成功配合。从这一角度说，比较利益的增进取决于国内产业的成功升级和发展，而产业的升级与发展事实上是比较优势提升的结果。因此，如何实现比较优势的升级和发展，就成为这本书研究比较利益增进的关键所在。

作为全书的理论框架，作者试图建立一个较为科学合理的、能够全面解释其作用机理的饮料出口比较利益增进模型，并将该模型命名为"起飞模型"。在"起飞模型"中，"航线"的设计按基本要素推动阶段到投资推动阶段，再到创新推动阶段的动态过程进行设定，不同阶段的比较利益来源有所不同；供给优势和需求优势相互配合，犹如飞机之两翼，产生巨大的向上作用力，为比较利益增进的实现提供了可能；制度优势犹如飞机之发动机，能够产生巨大的向前推动力，推动比较利益增进的真正实现。

在比较利益增进模型中，比较优势的提升应当是"合力"的结果。供给、需求与制度彼此配合，从多层次共同展开，从多角度相互作用，共同推动了比较优势的动态提升。供给总是建立在需求的基础上，需求优势的提升为规模经济的实现提供了可能，同时也对技术进步提出了更高的要求。供给反过来会影响需求优势的提升，供给是需求实现的保障，没有充足的供给，需求在数量上无法满足，更无从谈及需求在质上的要求。同时，制度因素的作用也是不容忽视的，有效的制度供给能够在供给优势和需求优势的提升中发挥重要的促进作用。可见，比较利益增进模型中的"合力"不仅依赖市场供给和需求机制的有效结合，也离不开政府的密切合作。如果市场供求机制不能有效地促进比较优势的提升，那么通过政府干预能否实现？也就是说，在比较利益增进问题上，存在着如何处理供给需求与制度、市场机制与政府干预的关系问题，如何充分发挥制度在比较利益增进中的重要作用，将是这本书讨论的核心问题。

随着比较利益增进路径的演变，不同阶段的"动力偏好"并不相同。在基本要素推进阶段，对某产品拥有比较优势的国家，进入投资推动阶段后，可能成为该产品的净进口国；在投资推动阶段亦然。也可以说，在比较利益增进模型中，不同阶段的比较利益增进来源各不相同。一国基于不同阶段的"动力偏好"，可以成为依靠制度推动、实现比较利益增进的生产者。

新制度经济学家将制度视为更广泛定义的资源禀赋的组成部分。随着经济和科技的发展，制度本身作为经济内生增长因素的重要性越来越突出，由制度转化的资源在禀赋中所占的比重越来越高。研究发现，一国拥有的制度质量越好，该国在复杂性产品出口方面越具有比较优势。较为完善的制度，能够促进某些部门采用互补性更高、更先进的技术，拥有更高的生产率，从而在国际贸易中具有更强的比较优势。总之，制度要素在很大程度上，决定着一个国家参与国际分工的机会与能力，决定着一个国家获取比较优势、实现比较利益增进的机会与能力。一国的制度质量是其比较优势的重要决定因素，这种影响甚至超出了物质资本和劳动技术要素的总和。正如吴敬琏在《制度重于技术》一书中指出的,"一个国家、一个地区高新技术产业发展的快慢,不是决定于政府给了多少钱,调了多少人,而是决定于是否有一套有利于创新活动开展和人的潜能充分发挥的制度安排、社会环境和文化氛围"。在他看来,"制度安排的作用重于技术演进本身。只有建立充满活力的新体制,才能实现经济增长方式的转变,才能真正做到自主创新,才能最终建成创新型国家"。综上所述,供给要素和需求要素的发展及提升,存在一个动力机制问题。很多国家技术创新停滞、经济增长缓慢的经验教训表明,有效的制度安排是推动技术创新、提升供给优势和需求优势的强有力动力,也是实现比较利益增进的必然选择和必由之路。

制度为什么能够促进比较利益增进?原因在于制度提供了一种激励结构,"随着该结构的演进,它规定了经济朝着增长、停滞或衰退变化的方向"。但并非所有的制度都能促进比较利益增进。根据作用的不同,制度可分为有效率的制度和无效率的制度,有效率的制度安排为提高生产效率、改善要素市场、推动技术创新提供了激励,并最终带来经济增长,有效率的制度安排才是比较利益增进的关键。按照新新贸易理论(New New Trade Thoery)的分析,产权保护与合约实施构成影响国际贸易制度的两个主要维度。比较利益增进的最优制度安排也应遵循这一理论,将产权保护和合约实施的重点放在知识产权制度和国际贸易法律制度的完善和发展上,并从制度自身的激励作用出发,提出激励契约的制度安排。

这本书创造性的研究包括:将国际贸易学、新制度经济学以及法学理论研究的丰硕成果与我国当前亟待解决的比较利益增进问题有效结合,并融入我国产业调整和发展的大背景中,构建了"起飞"模型,将关注焦点集中在动态比较利益的获取上,使比较利益增进问题的研究更深入更具有现实意义;强调对比较利益来源的系统研究,主张比较利益增进的焦点在于比较优势的提升,比较优势的提升应当是市场供求机制和政府干预"合力"的结果,同时,供给因素和需求因素借助有效的制度供给,能够突破要素禀赋、生产率、规模经济的限制，实现供给优势和需求的提升，推动比较利益增进路径动态演进，以确保研究结论的科学性和完整性；考虑到当前国内和国际市场已融合成一个供需紧密结合的大市场，除对国际市场需求进行实证研究外，还重点讨论了国内市场需求在比较利益增进中的重要作用，力图深化和完善贸易需求理论这一前沿问题。

此外，正如霍姆斯（Holmes）曾经说过的："法需要经济学研究。"对经济问题的研究也需要法学。比较利益增进问题虽然属于传统的国际贸易领域，但随着新制度经济学和法学激励理论研究的深入，随着制度本身开始成为经济增长的内生变量，将国际贸易学、新制度经济学以及法学理论研究的丰硕成果与我国当前亟待解决的比较利益增进问题有效结合，已经具备坚实的理论基础。基于此，这本书以完善学科交叉研究、寻求问题的多维度解决为视角，基于实证研究中的评价指标和分析方法，构建模型对各项影响因素进行分解，以期更科学真实地反映和解决我国比较利益增进问题，形成有针对性的解决方法。

写作过程中，受理论认识和研究方法的限制，尚存在一些不足，主要包括：在建立新的理论分析框架的过程中，未能进行更深入的分析，可能会影响到研究对现实问题的解释力度；在理论模型的构建中，为了简化起见，常常把给定的条件尽量简化，未能将现实生活中可能产生影响的其他因素尽可能地考虑进来，可能会影响到分析结果的可靠性和研究目标的实现；与供给因素和需求因素相比，包括技术性贸易壁垒在内的各种制度因素具有实施的复杂性和隐蔽性等特点，量化研究的难度较大。本书基于不同的角度考虑，虽然提出了不同的量化方法，但仍不可避免地存在一定偏漏，可能会影响到研究结论的说服力；将研究对象限定在饮料贸易，但饮料种类较多，范围较广，受篇幅所限，未能逐一深入研究，只是在实证研究中尽可能选择最具代表性的饮料种类，可能会影响到研究结论的针对性和有效性。

这本书是教育部人文社会科学研究规划基金项目（18YJAZH114）的

阶段性成果，并得到江苏省知识产权法（江南大学）研究中心的大力支持。作为将国际贸易学、新制度经济学以及法学理论研究的丰硕成果与我国当前亟待解决的比较利益增进问题有效结合的一次尝试，必然存在诸多不足之处。作者期待相关学界和同仁的关注、批评与呵护，同时希望此书能够成为作者在江南大学期间教学研究不断成长的台阶和标志。

杨文丽

2019 年 5 月

目 录
CONTENTS

序 …………………………………………………………………… 001

第一章 导 论 …………………………………………………… 001

一、我国比较利益增进的难题 ………………………………… 001

二、关于比较利益增进的国内外研究 ………………………… 006

三、关于制度影响比较利益增进的国内外研究 ……………… 019

四、对现有研究的评述 ………………………………………… 031

第二章 相关理论回顾及模型构建 ……………………………… 033

一、比较利益增进研究的基本理论 …………………………… 033

二、比较利益增进研究的理论发展 …………………………… 049

三、比较利益增进模型的作用机理 …………………………… 060

第三章 我国饮料出口比较利益现状 …………………………… 076

一、我国饮料生产与出口现状 ………………………………… 076

二、我国饮料出口比较利益评价 ……………………………… 090

第四章 比较利益增进路径约束："起飞"模型之"航线"分析 ······ 104

一、我国饮料出口比较利益增进的困境 ······ 104

二、基于市场势力的实证分析 ······ 112

三、比较利益增进的应有路径 ······ 121

第五章 比较利益增进制度激励："起飞"模型之"动力"分析 ······ 128

一、我国饮料出口供给条件分析 ······ 128

二、我国饮料出口需求条件分析 ······ 142

三、制度激励与比较利益增进 ······ 148

四、比较利益增进的制度安排 ······ 155

第六章 知识产权制度安排与比较利益增进 ······ 163

一、对我国知识产权法律制度的反思 ······ 163

二、基于专利标准化的实证分析 ······ 168

三、比较利益增进的知识产权法律制度安排 ······ 178

第七章 贸易制度安排与比较利益增进 ······ 186

一、我国面对的贸易制度现状 ······ 186

二、贸易制度影响比较利益增进的实证分析 ······ 191

三、比较利益增进的贸易制度安排 ······ 198

第八章 激励制度安排与比较利益增进 ······ 212

一、完善投资激励制度，创造规模经济优势 ······ 213

二、建构需求激励制度，改善需求市场导向 ······ 217

三、完善科技激励制度，提升产品技术密集度 ………………… 232

四、辅以要素效率提升的要求，完善教育激励制度 …………… 236

五、完善绿色发展激励制度，推动资源有限利用 ……………… 239

第一章 导论

在传统贸易理论中，贸易利益是指参与分工的国家能以相同的代价获取更多的产品，换句话说，贸易利益是指参与分工的国家能以更少的代价获得同样多的产品。而比较利益，则是两国按各自的比较优势进行专业化生产导致的总产量较封闭状态下的增量，[1]它是建立在传统的贸易利益或贸易所得理论基础上的，更强调一国根据自身比较优势发展相关产业，参与国际价值链分工，从国际贸易中获取经济利益。面对当前开放经济和国内产业调整的大背景，以饮料产业为代表的我国传统产业，成长空间越来越小，比较利益增进困难等问题逐步显现。

一、我国比较利益增进的难题

在开放经济条件下，一国产业乃至整个经济的发展与国际贸易利益的获取有着密切的联系。如表1-1所示，在2009年以前我国出口增长对国内生产总值的贡献均为正值。改革开放初期的1990年，货物和服务净出口增长对国内生产总值的贡献高达50.4%，出口对国内生产总值增长的拉动作用较为显著。之后虽大幅下降，但到2000—2008年期间，仍保持了12.5%~23%的高水平，2009年后受国际金融危机影响，出口下降幅度明显，对国内生产总值的贡献率一度跌至-37.4%，出口拉动国内生产总值增长-3.54个百分点。

---

[1] 谢作诗、崔万田："关于比较利益论的再思考"，载《经济评论》2002年第2期。

表1-1　中国出口增长对国内生产总值的贡献

单位：%

指　　标	2017	2016	2015	2010	2009	2005	2000	1995	1990
货物和服务净出口对国内生产总值增长贡献率	8.6	-9.6	-1.3	4	-37.4	22.2	12.5	0.3	50.4
货物和服务净出口对国内生产总值增长拉动	0.6	-0.7	-0.1	0.42	-3.54	2.51	1		1.9

数据来源：联合国数据库。

事实上，国外学者早在20世纪30年代已经关注到国际贸易对一国产业乃至整个经济发展的重要推动作用。罗伯逊（Robertson）指出，对外贸易是经济增长的发动机。[1] 诺克斯（Nurkse）认为，国际贸易的增长是许多国家经济发展的主要原因，各国通过国际贸易，不仅能够获得静态利益，还能获得动态利益。所谓静态利益，就是在资源总量、生产技术条件不变的前提下，通过国际贸易而增加的实际福利。所谓动态利益，就是随着对外贸易的发展，借助一系列的动态转换过程，将经济增长传递到国内各经济部门，进而实现国民经济的全面增长。[2] 国际贸易推动着各国经济的发展，影响着各国产业的升级。开放经济条件下的产业升级与发展，事实上是国际贸易比较优势升级与发展的结果，[3] 产业的升级和发展又会进一步推动一国比较利益的增进。

以饮料出口为例，饮料行业是我国发展最快的行业之一。近年来饮料行业产值年均增长达20%以上，特别是近5年来，产值每年至少突破一个10亿元关口：2007年越过50亿元，2008年越过60亿元，2009年越过70亿元，2010年越过90亿元，2011年更是越过了100亿元大关，超过日本成为世界第二大

---

[1] 张二震："国际贸易的发展利益及其实现机制"，载《南京大学学报（哲学社会科学版）》1995年第4期。

[2] 陈同仇、薛荣久主编：《国际贸易》，对外经济贸易大学出版社1997年版，第33~34页。

[3] 张明志："国际外包对发展中国家产业升级影响的机理分析"，载《国际贸易问题》2008年第1期。

饮料生产国。[1]

伴随国内饮料产业的迅猛发展，饮料成为食品工业最具经济规模的大宗产品之一，也成为国际竞争最活跃的领域之一。我国饮料出口从2000年的8.54亿美元到2011年的31.96亿美元，增长了3.74倍，年平均增长25.08%，高于同期国民经济的增长速度（见表1-2）。我国饮料国际贸易量巨大，根据联合国的统计，2012年我国饮料出口额达到34.69亿美元，占全球饮料出口总量的3.5%，居全球第八位。

表1-2 我国饮料出口及其增长趋势

年 份	饮料出口总额（百万美元）	与上一年比同比增长（%）
2000	854	
2001	922	7.96
2003	1046	13.45
2007	2569	145.60
2011	3196	24.40
2012	3469	3.50
2015	3548	2.28
2017	3875	9.22

数据来源：根据联合国商品贸易数据库计算。

尽管饮料行业对我国经济发展发挥着积极的推动作用，但按传统比较优势理论，发展饮料贸易可能会陷入"比较利益陷阱"。传统比较优势理论认为，各国按比较优势参与国际分工与贸易，形成一定的比较利益分配格局。其中，发达国家具有资本和技术优势，主要出口知识密集型和资本密集型产品，进口劳动密集型和资源密集型产品；发展中国家具有自然资源和劳动力优势，主要出口劳动密集型和资源密集型产品，进口知识密集型和资本密集型产品。理论上说，这一格局的形成能够充分发挥各国的比较优势，进而获取更多的比较利益。然而，普雷维什（Prebish）和辛格（Singer）在研究中却发

---

[1] 数据来源：国家统计局。

现，发展中国家初级产品的贸易条件存在持续恶化的现象。[1] 这一结论被其他学者的研究所证实，并进一步扩展为发展中国家普遍存在的现象：辛格发现发展中国家的制成品贸易条件在恶化；[2] 史蒂芬（Stephen）发现根据现有的比较优势进行自由贸易，发展中经济体的贸易福利会下降。[3] 对于这一现象的产生，普雷维什将其归因于当前的国际贸易格局，并提出了著名的"中心—外围"论，即国际经济体系可分为两部分：一部分是发达国家，另一部分是发展中国家。前者在国际贸易中居中心地位，对国际贸易起主导作用，后者居外围地带，被工业国所控制。发展中国家主要从事初级产品的生产和交换，为中心工业国的发展服务。基于此，所谓的发展主要指中心工业国的发展，外围地带的发展中国家进步不大。国际贸易利益主要被中心的工业国获取，外围地带的发展中国家所得有限。这些结论对传统比较优势理论提出了质疑：各国按比较优势参与国际分工和贸易，发达国家处于有利的中心位置，获取了主要的贸易利益，而发展中国家处于不利的外围地带，贸易所得有限，长此以往，发展中国家很可能会因此被锁入低水平的产业结构，与发达国家的差距越来越大，导致相对贫困，从而陷入"比较利益陷阱"。[4]

我国是典型的发展中国家，依照传统比较优势理论，我国的贸易模式应当是专业化生产并出口劳动密集型和资源密集型产品，进口资本密集型和知识密集型产品。传统饮料产业主要依靠自然资源和劳动力的大量使用，对技术和设备的依赖程度较低，生产成本中工资与设备折旧和研发支出相比，所占比重较高，属于典型的劳动密集型和资源密集型产业。那么，按照比较优势理论发展饮料贸易，结果是否会进一步推动我国的产业结构向扩大劳动密集型和资源密集型产业、缩小知识密集型和资本密集型产业的方向调整？是否会进一步促成国际贸易利益分配对我国不利的局面？

---

[1] Prebish R., "The Economic Development of Latin America and Its Principal Problems", *Economic Bulletin for Latin America*, 7 (1962), pp. 1-22; Singer H. W., "The Distribution of Gains between Investing and Borrowing Countries", *American Economic Review*, 40 (1950), pp. 473-478.

[2] Singer H. W., "Beyond Terms of Trade: Convergence and Divergence", *Journal of International Development*, 11 (1999), pp. 911-916.

[3] Stephen R., "Dynamic Comparative Advantage and the Welfare Effects of Trade", *Oxford Economic Papers*, 51 (1961), pp. 15-39.

[4] 张小蒂、李晓钟：《略论'比较利益陷阱'》，载《商业研究》2001年第12期。

长期以来，对于我国比较利益增进路径的选择，国内存在两种截然相反的观点：一种观点主张改善产业结构和出口结构，大力发展具有国际竞争优势的规模经济产业和高新技术产业；[1] 另一种观点主张我国应根据比较优势发展传统产业，通过一段时间的资本积累，比较优势转移到资本密集型产品后，再发展资本密集型产业。[2]

应当说，第一种观点规避了"比较利益陷阱"，关注到资本和技术等要素的重要性，主张政府应加大对生产要素和技术研发的投资，改善劳动者的健康状况，提高教育水平，完善运输和通讯等生产性基础设施建设，促使生产和出口向资本和技术密集的制成品倾斜，对我国比较利益的增进具有重要意义。但是经济的发展不能是无本之木、无源之水，脱离我国国情，不考虑我国现有资源结构，盲目发展具有国际竞争优势的规模经济产业和高新技术产业的话，很有可能会重蹈过去以资本密集型重工业为发展导向的覆辙。正如学者们所分析的：无视本国比较优势，违背比较优势原理的发展战略，不仅会使本国失去贸易利益，还会带来经济扭曲和资源浪费。[3] 与第一种观点不同，第二种观点客观地认识到现阶段我国大力发展传统产业的现实意义，主张根据现有要素禀赋优势建立传统企业，发展初级产品的出口，进行资金和技术的积累，传统产业的发展过程也是要素禀赋积累和提升的过程，随着资源结构的升级，产业结构自然会随着比较优势的变化而升级。这一观点强调用最少的政府干预，依据现有要素禀赋优势发展出口。但也有人批评，这种观点似乎只将传统产业视为一国产业结构和出口结构升级的跳板。一旦产业结构和出口结构升级成功，特别是随着自然资源和劳动力逐渐由相对丰富变为相对稀缺，传统产业出口的成长空间越来越小，传统产业是否应当作为落后产业予以淘汰呢？

综上所述，由于"比较利益陷阱"的存在，依靠传统产业发展经济的国家往往是贫穷的，其产品往往处于全球价值链的最底端。因此，如何把传统饮料产业改造成为一个具有高竞争力的经济部门，提升其在国际贸易中的比

---

[1] 洪银兴："从比较优势到竞争优势——兼论国际贸易的比较利益理论的缺陷"，载《经济研究》1997年第6期。

[2] 林毅夫、李周："战略抉择是经济发展的关键——二战以后资本主义国家经济发展成败的透视"，载《经济社会体制比较》1992年第1期。

[3] 谢飞："贸易条件、技术进步与发展战略选择"，载《财贸研究》2003年第6期。

较利益,成功跨越"比较利益陷阱",将是本书研究的核心问题。

二、关于比较利益增进的国内外研究

比较利益是国际贸易理论研究的核心问题,学者们围绕这一问题进行了广泛而深入的研究和探讨。梳理相关的国内外文献,可以掌握这一问题的研究脉络,为本书的研究指明方向。

(一)关于比较利益内涵及其动态性问题的研究

任燮康认为,在传统贸易理论中贸易利益就是参与分工和贸易的国家能够以相同的代价获取更多的产品。任燮康将国际贸易利益分成狭义和广义两种,其中,广义的贸易利益指的是国际分工和贸易所带来的经济发展和就业增长;狭义的贸易利益指的则是传统贸易理论中的比较利益,即一国通过国际贸易能够以相同的代价获得比贸易前更多的产品,或者以更低的代价获得与贸易前相同的产品。[1] 谢作诗和崔万田也认为,比较利益就是两国按各自的比较优势进行专业化生产导致的总产量较封闭状态下的增量。[2] 诺克斯区分了静态利益和动态利益,指出各国通过国际贸易不仅获取了静态利益,还获得了动态利益。所谓动态利益,就是随着对外贸易的发展,通过一系列的动态转换过程,把经济增长传递到国内各个经济部门,进而带动整个国民经济的发展。后来的西方经济学家对诺克斯提出的动态利益作了进一步扩展,主要包括以下六个方面:一是进口能力的提高;二是国内投资流向有比较优势的领域;三是得到规模经济的利益;四是部门之间的联系加强,国内统一市场形成;五是外国资本的流入;六是为了参与激烈的国际竞争,国内出口产业及相关产业纷纷改进质量,降低成本,从而促进了国内产业的发展。[3] 国内学者采纳了静态利益和动态利益的划分,认为静态利益是直接的贸易利益,动态利益是带动贸易和促进经济发展的间接利益,增加国际贸易收益必须进行比较利益的动态转换。[4]

关于比较利益的分配问题,大致可分为两种观点:一种以传统自由贸易

---

[1] 任燮康、胡东波:《国际贸易利益新论》,冶金工业出版社1997年版,第7~68页。
[2] 谢作诗、崔万田:"关于比较利益论的再思考",载《经济评论》2002年第2期。
[3] 陈同仇、薛荣久主编:《国际贸易》,对外经济贸易大学出版社1997年版,第33页。
[4] 祝宝江:"我国对外直接投资比较利益的动态转换",载《国际贸易问题》2005年第7期。

理论为代表，认为各国均能从国际贸易中获益。亚当·斯密（Adam Smith）和大卫·李嘉图（David Ricardo）都曾对此作出经典陈述，赫克歇尔（Heckscher）和俄林（Ohlin）进一步从一国内部代表不同生产要素集团角度，区分了贸易的受益者和受害者。斯托尔珀（Stolper）和萨缪尔森（Samuelson）对生产要素的研究也证明了这一观点，即在满足一定假设的前提下，贸易毫无疑问地提高了价格上升产业密集使用要素的收益，降低了价格下降产业密集使用要素的收益。林德特（Lindert）采用社会无差异曲线和供求曲线对国际贸易利得进行说明和度量，得出的结论是，可进口商品的消费者获得的利益显然大于与进口相竞争的生产者受到的损失，如果给利益和损失的每一美元赋以相同的权重，那么一国的贸易净获利就等于贸易量和价格变化的一个简单可度量函数。[1] 另一种以新贸易理论为代表，认为并非每个国家都能从国际贸易中获利，只有满足了一定的条件，它才能获利，在不满足这些条件的情况下，它可能出现亏损。这里所谓的条件可以理解为比较优势的获取。这是因为，比较利益是一国根据自身比较优势发展相关产业、参与国际分工和贸易而获取的经济利益。

随着对各国贸易实践研究的不断深入，学者们发现，仅从静态视角对比较优势的审视，不能准确反映一国比较优势的实际情况。事实上，贸易受各种因素影响，是一个连续不断的过程，永远不会停留在某一个时点上，因此对贸易要进行动态性分析。[2] 动态比较优势的概念开始进入学者们的视线。与静态比较优势反映现时的比较优势不同，动态比较优势反映的是转换中的比较优势，[3] 强调可以通过创造新的比较优势形成比较利益。希克斯（John R. Hicks）在研究贸易与经济增长之间的关系时曾指出，比较优势可能会随经济增长而发生改变。[4] 随着一国要素供给状况的变化，比较优势会发生变化，新的比较优势将不断产生。在巴拉萨（Balassa）提出的外贸优势转移假

---

[1] [美] 彼得·林德特：《国际经济学》，范国鹰、陈生军、陈捷等译，经济科学出版社1992年版，第18~113页。

[2] 祝宝江："我国对外直接投资比较利益的动态转换"，载《国际贸易问题》2005年第7期。

[3] 郭克莎："对中国外贸战略与贸易政策的评论"，载《国际经济评论》2003年第5期。

[4] 4Hicks J. R., "An Inaugural Lecture", *Oxford Economic Papers*, 5 (1953), pp. 117-135.

说中,曾假设各国外贸结构和比较优势会随生产要素积累状况而迅速改变的情形。[1] 筱原三代平(Shinohara)也指出通过努力可以对比较优势进行改造。以杨小凯为代表的经济学家则提出了内生比较优势的概念,通过建立内生贸易模型,强调一国可以通过参与分工,提高专业化水平,获得原先所没有的比较优势。[2]

国内学者也对动态比较优势给予了充分的肯定。陈长霞等指出,亚当·斯密把绝对优势分为两类:自然优势和获得性优势,其中,获得性优势是指工业发展所取得的经济条件,暗含其应当是动态的。[3] 王学武把世界各国分成若干阶梯,强调比较优势可逐级替代,并指出进出口商品结构变化与生产要素积累间的动态联系。[4] 李辉文认为,现代比较优势理论的两个核心概念——要素丰裕度和要素密集度都具有动态性,因此现代比较优势理论本身就是动态的理论。[5] 杨帆认为比较优势从来就是动态的、发展变化的,只是人们习惯有意无意地、主动被动地把它长期化、固定化而已,国家产业相对优势的变化导致比较利益的动态性变化。[6] 比较优势理论研究从静态到动态,从外生到内生,不断丰富和拓展了比较利益研究的理论基础,使得比较利益的动态性更加凸显。

(二)关于比较优势作用机理及成因问题的研究

比较利益是两国按各自的比较优势进行专业化生产导致的总产量较封闭状态下的增量。比较利益的实现与增进主要来自基于比较优势的国际分工与贸易。长期以来,比较优势理论被视为研究国家间分工与贸易模式的基础,学者们围绕其作用机理及成因进行了深入地探索。

---

[1] Balassa B.,"The Changing Pattern of Comparative Advantage in Manufactured Goods", *Review of Economics and Statistics*, 61 (1979), pp. 259-266.

[2] 杨小凯、张永生:"新贸易理论、比较利益理论及其经验研究的新成果:文献综述",载《经济学(季刊)》2001年第1期。

[3] 陈利霞、王长义:"比较优势的动态性与发展中国家贸易利益的维护",载《商业研究》2005年第3期。

[4] 王学武:"里昂惕夫反论的人力资本解释对我国出口产业结构的意义",载《中国发展》2003年第1期。

[5] 李辉文:"现代比较优势理论的动态性质——兼评'比较优势陷阱'",载《经济评论》2004年第1期。

[6] 杨帆:"比较优势的动态性与中国加入WTO的政策导向",载《管理世界》2001年第6期。

第一章 导 论

1. 基于劳动生产率角度的研究

早在1776年，亚当·斯密就在其出版的《国民财富的性质和原因的研究》(*An Inquiry into the Nature and Causes of the Wealth of Nations*) 一书中指出，生产的绝对优势决定了国际分工与贸易的模式。但是对于现实中，一国在所有产品上都不具有高于别国的劳动生产率（即处于绝对劣势）时，仍能进行专业化生产、出口并获利的情形，绝对优势理论无法加以解释。针对这一问题，大卫·李嘉图于1817年出版《政治经济学及赋税原理》(*On the Principles of Political Economy and Taxation*) 一书，提出劳动生产率的比较优势是国际分工与贸易模式的决定因素。多恩布什（Dornbusch）等在此基础上扩展出连续产品比较优势理论，通过构建DFS模型，对静态贸易模式及贸易利得作出明确判断。[1]

戴维斯（Davis）和韦恩斯坦（Weinstein）则放松传统比较优势理论关于技术不变的假定，将中性技术差异引入引力模型，构造了有偏的主市场需求，较好地描述了技术差异对国际分工和贸易模式的影响。[2] 克鲁格曼（Krugman）也在技术差距模型中，分析了存在技术差距的国家间依技术比较优势开展贸易的合理性，[3] 这一结论与波斯纳（Posner）研究时滞影响下技术差距所导致的贸易模式时得出的结论相似。[4] 弗农（Vernon）在技术差异理论的基础上创立产品生命周期理论，对比较优势的动态变化进行了系统的分析，认为在同一种产品生命周期的不同阶段，产品的要素密集度会发生改变，伴随着技术的传播，不同国家对于同一种产品的比较优势也各不相同。[5] 针对弗农提出的这一理论，克鲁格曼构建了基于缓慢技术溢出的贸易模型。在模型中，发达国家通过技术创新取得生产新产品的比较优势，发展中国家则依靠低工资和技术溢出在旧产品的生产上具有成本优势。[6]

---

[1] Dornbusch R., Fischer S., Samuelson P. A., "Comparative Advantage, Trade, and Payments in a Ricardian Model with a Continuum of Goods", *American Economic Review*, 5 (1977), pp. 823-839.

[2] Davis D. R., Weinstein D. E., "An Account of Global Factor Trade", *American Economic Review*, 91 (2001), pp. 1423-1453.

[3] Krugman P., *A "Technology Gap" Model of International Trade*, London: Palgrave Macmillan, 1985.

[4] Posner M. V., "International Trade and Technical Change", Oxford Economic Papers, 13 (1961), pp. 323-341.

[5] Vernon R., "International Investment and International Trade in the Product Cycle", *Quarterly Journal of Economics*, 80 (1966), pp. 190-207.

[6] Vernon R., "International Investment and International Trade in the Product Cycle", *Quarterly Journal of Economics*, 80 (1966), pp. 190-207.

格罗斯曼（Grossman）和赫尔普曼（Helpman）的研究发现，创造知识能力强的产业往往是具有比较优势的产业。[1] 国内学者廖国民和王永钦把资源禀赋比较优劣势和技术比较优劣势分成四种组合，也论证了技术优势的重要作用，得出如果缺乏技术优势，就不可能具备自生能力的结论。[2] 但是，格罗斯曼和赫尔普曼针对希克斯（Hick）提出的"出口偏向型"和"进口偏向型"技术变迁分类，利用两种产品的李嘉图模型，细化不同类型的技术进步对一国贸易利得的不同影响，却发现技术进步也可能导致一国贸易条件的恶化。[3] 芬德利（Findlay）和格鲁贝特（Grubert）在对要素有偏型技术进步的研究中也发现，随着要素密集使用度的改变，技术进步的效果会削弱或增强，进而对生产和贸易产生影响。[4]

技术进步对比较优势的作用不容忽视，那么如何来推动技术进步以取得和维持长期的竞争优势呢？格罗斯曼和赫尔普曼认为必须积极开展研发和创新。[5] 阿罗（Arrow）的研究发现，技术进步还可能成为生产活动的副产品，并提出了"干中学"理论。他认为，技术进步是学习的结果，学习又是经验的总结，经验来自生产活动，因此从某种角度可以说，技术进步是经验积累的具体体现。[6] 格罗斯曼和赫尔普曼将"干中学"理论运用到贸易理论中，根据知识溢出范围和程度的不同，将其分为国家间溢出、国家间不溢出但国内溢出、产业集群内溢出、产业间溢出、有限溢出等情形。[7] 在国家间不溢出但国内溢出时，克鲁格曼认为"干中学"效应会强化，甚至锁定初始分工模式，这时借助补贴等贸易政策，能够增强厂商的竞争力，进而扩大产出，

---

[1] Grossman G. M., Helpman E., "Trade, Innovation and Growth", *American Economic Review*, 80 (1990), pp. 86-91.

[2] 廖国民、王永钦："论比较优势与自生能力的关系"，载《经济研究》2003年第9期。

[3] Grossman G. M. & Helpman E., *Technology and Trade*, Woodrow Wilson School—Public and International Affairs, Papers 175, 1994.

[4] Findlay R., Grubert H., "Factor Intensities, Technological Progress and the Terms of Trade", *Oxford Economic Papers*, 11 (1959), pp. 111-121.

[5] Grossman G. M., Helpman E., *Innovation and Growth in the Global Economy*, Cambridge, MA: MIT Press, 1991.

[6] Arrow K. J., "The Economic Implications of Learning by Doing", *Review of Economic Studies*, 38 (1962), pp. 155-173.

[7] Grossman G. M. & Helpman E., *Technology and Trade*, Woodrow Wilson School-Public and International Affairs, Papers 175, 1994.

形成新的分工模式，改善贸易条件，提高贸易利得。[1] 对于产业集群内溢出，波斯纳认为能够使产业集群内的其他产业获得比较优势，但这种溢出受地理范围的约束。[2] 对于有限溢出，杨（Young）指出，只有知识溢出足够大的情形下，溢出才不会影响劳动生产率的长期增长。[3]

2. 基于要素禀赋角度的研究

要素禀赋理论是从李嘉图的比较优势理论发展起来的。赫克歇尔和俄林分别在 1919 年和 1933 年发表出版《对外贸易对收入分配的影响》（The Effect of Foreign Trade on the Distribution of Income）与《区际贸易和国际贸易》（Interregional and International Trade），讨论要素禀赋在确定比较优势和贸易模式中的重要作用，并详细阐述了这一理论的内涵，即比较优势不仅源于相对技术差异导致的劳动生产率差异，各国要素禀赋的差异也是重要的动因。俄林将可以用于解释国际贸易动因和贸易利得来源的因素概括为五个方面：基本生产要素的差异、自然资源和气候条件的差异、技术水平的差异、生产率的差异、国民偏好差异。俄林认为，在生产函数相同的条件下，比较优势产生的根源在于劳动、资本、土地等基本生产要素相对禀赋的不同，以及不同产品要素密集度的差别。

伴随着要素禀赋理论的提出，相关的实证研究也逐步展开。凡尼克（Vanek）避开对国家相对要素富裕程度和生产过程中要素密集使用程度的判定，将"贸易中的产品"替换为"贸易中的产品所含的要素量"，构建了 HOV 模型，得出一个国家会成为相对充裕要素的净出口国和相对稀缺要素的净进口国的结论。[4] 莫罗（Morrow）则假设了一个两国、两要素、多产业、产业内多差异化产品的经济情形，通过构建 RHO 模型，带入 1985—1995 年 20 个国家的 24 个制造业部门数据，发现生产率和要素禀赋共同形成的比较优势决定了国际分工的模式。[5]

---

[1] Krugman P. R., "Is Free Trade Passe", *The Journal of Perspectives*, Autumn (1987), pp. 131-144.

[2] Posner M. V., "International trade and technical change", *Oxford Economic Papers*, 13 (1961), pp. 323-341.

[3] Young A., "Learning by Doing and the Dynamic Effects of International Trade", *Quarterly Journal of Economics*, 105 (1991), pp. 369-405.

[4] Vanek, "The Factor Proportion Theory: The N-factor Case", *Kykles*, 21 (1968), pp. 749-756.

[5] Morrow P. M., *East Is East and West Is West a Ricardian-Heckscher-Ohlin Model of Comparative Advantage*, University of Michigan: No. 575, Working Papers from Research Seminar in International Economics, 2008.

里昂惕夫（Leontief）用实证的方法检验了要素禀赋理论，提出著名的"里昂惕夫悖论"。[1]"里昂惕夫悖论"在对传统要素禀赋理论提出质疑的同时，也有力地推动了传统贸易理论的发展和完善，启发后续的学者纷纷放宽传统贸易理论的严格假设，关注到经济的现实。其中，雷布津斯基（Rybczynski）基于一国要素总量经常发生变化的现实，在产品价格给定的条件下，研究了要素供给量变动对生产模式变化的影响，发现增加某种生产要素的数量会导致密集使用该要素的产品的产量以更高比例增加，而密集使用另一要素的产品产量则会同时减少。将该理论拓展到贸易领域，可以得出要素供给量的变动影响对进口商品的需求和出口商品的供给，进而影响一国贸易条件的结论。[2]此外，舒尔茨（Schultz）则在长期的农业经济问题研究中发现，促使美国农业产量和劳动生产率迅速提高的重要原因，已不是土地、劳动力数量和资本存量的增加，而是人的知识、能力和技术水平的提高。由此，他在传统的劳动力和实物资本之外，创立了人力资本的概念，强调存在于人体之中的知识、技能和体力对于经济增长的作用大于物质资本，且人力资本的积累可以通过教育投资来实现。[3]波特（Porter）在分析国家竞争优势的决定因素时，将一国所拥有的生产要素分成初级要素和高级要素。其中，初级要素是被动继承的，高级要素可以通过长期投资获得，但高级要素的创造通常是以一定数量和质量的初级要素为基础的。[4]

3. 基于需求角度的研究

传统比较优势理论主要从供给角度来研究国际分工和贸易问题，需求一般被假设为既定的。林德特、克鲁格曼等经济学家放松了传统贸易理论的严格假设，引入规模经济和垄断竞争等更贴近经济现实的分析，为解释贸易动因和比较利益开辟了新的源泉。其中，林德特通过分析国内需求结构对出口贸易结构的影响和制约，发现随着国内贸易向国际贸易延伸，产品会出口到需求结构相似的国家，两国的收入水平越接近，需求偏好就越相似，发生贸

---

[1] 尤少忠："关于'里昂惕夫反论'的诠释与答案"，载《国际贸易问题》1984年第3期。

[2] Rybczynski T. M., "Factor Endowment and Relative Commodity Prices", *Economica*, 22（1955），pp. 336-341.

[3] 胡代光、高鸿业主编：《现代西方经济学辞典》，中国社会科学出版社1996年版，第546页。

[4] 金碚主编：《中国工业国际竞争力——理论、方法与实证研究》，经济管理出版社1997年版，第54~55页。

易的机会就越大。迪克西特（Dixit）和斯蒂格利茨（Stiglitz）假设两国初始条件完全相同，即在偏好、技术和要素禀赋均相同的情形下，如果存在规模经济，两国就会选择不同的产业进行专业化生产，比较优势就会出现。另一方面，规模经济的存在使得厂商的生产更趋于专业化，而消费者却偏好消费多样化的产品，两者之间的矛盾促使国际贸易产生。[1] 克鲁格曼在此基础上进一步研究，得出了在规模经济条件下许多国家都倾向于出口在本国市场上拥有较大市场份额的产品的结论。[2] 塔伯特（Tybout）将这一结论延伸为，拥有相对较大国内市场的厂商更容易利用规模经济，在国际市场上也更具有竞争力。[3] 克鲁格曼还构建了垄断竞争模型，假设贸易能够扩大市场规模以及专业化生产规模，进而取得规模经济，导致规模收益递增，由此产生的比较优势为互利性贸易提供了机会。[4] 在相互倾销模型中，克鲁格曼进一步提出了相互倾销贸易理论，印证了规模经济是比较优势的源泉之一这一结论。林德特则明确提出贸易是竞争性的供给和需求相互作用而产生的，贸易利益如何分配，这个重要问题显然取决于国际价格，而只谈供给（不谈需求）是无法回答这个问题的。[5]

（三）关于比较利益分配与增进问题的研究

作为国际贸易理论研究的核心问题，比较利益的分配问题一直是学者们关注的焦点。传统自由贸易理论认为，各国均能从国际贸易中获利，但是新贸易理论则认为，一国并非总能从国际贸易中获利，在一定的条件下它可能获利，在不满足这些条件的情况下，则可能出现亏损。随着"贸易条件恶化

---

[1] Dixit A. K., Stiglitz J. E., "Monopolistic Competition and Optimum Product Diversity", *American Economic Review*, 6 (1977), pp. 297–308.

[2] Krugman P. R., "Scale Economies, Product Differentiation, and the Patterns of Trade", *American Economic Review*, 12 (1980), pp. 950–959.

[3] Tybout J. R., "Internal Return to Scale as a Source of Comparative Advantage: The Evidence", *American Economic Review*, 5 (1993), pp. 440–443.

[4] [美] 保罗·克鲁格曼：《克鲁格曼国际贸易新理论》，黄胜强译，中国社会科学出版社2001年版，第221页。

[5] [美] 彼得·林德特：《国际经济学》，范国鹰、陈生军、陈捷等译，经济科学出版社1992年版，第76页。

论"和"贫困化增长"概念的提出,[1] 基于比较优势的比较利益问题开始受到越来越多的质疑。学者们纷纷发现,完全依照比较优势生产并出口初级产品和劳动密集型产品的发展中国家从贸易中获取的利益往往小于发达国家,甚至会落入"比较利益陷阱"。[2]

基于国家间比较利益分配的不均,如何制定比较利益增进战略显得尤为重要。对于比较利益增进战略的研究主要体现在一国贸易发展战略的选择上。对此,国内学者的观点主要分成两种:一种观点以洪银兴为代表,主张改善产业结构和出口结构,大力发展以竞争优势为特征的产业内贸易;另一种观点以林毅夫等为代表,主张借鉴日本和"亚洲四小龙"的成功经验,实行基于比较优势的发展战略。洪银兴在《从比较优势到竞争优势——兼论国际贸易的比较利益理论的缺陷》一文中,提出了"比较利益陷阱"的概念,并指出在劳动密集型产品市场上,面对发达国家资本对劳动的替代以及各种壁垒的阻碍,发展中国家并不具有竞争优势,相反以劳动密集型和资源密集型产品出口为主的发展中国家,在国际贸易中总是处于不利的地位。[3] 林毅夫等学者却认为,日本和"亚洲四小龙"的发展是比较优势的结果,这说明根据比较优势选择贸易发展战略可以获得较大的利益。发展中国家如果按比较优势发展贸易,产业剩余大,积累率高,要素禀赋结构和发达国家的差距会逐渐缩小,产业结构和发展水平也会收敛。反之,发展中国家如果不按比较优势发展产业,就会缺乏市场竞争力,获利能力不高,资本积累、要素禀赋结构和产业结构总体水平的提升也就慢。[4] 我国过去二十多年贸易和经济的增

---

〔1〕 Prebish R., "The Economic Development of Latin America and Its Principal Problems", *Economic Bulletin for Latin America*, 7 (1962), pp. 1–22; Singer H. W., "The Distribution of Gains between Investing and Borrowing Countries", *American Economic Review*, 40 (1950), pp. 473–48; Bhagwati J., "Immiserizing Growth: A Geometrical Note", *American Economic Review of Economic Studies*, 25 (1958), pp. 201–205.

〔2〕 张小蒂、李晓钟:"略论'比较利益陷阱'",载《商业研究》2001年第12期;洪银兴:"从比较优势到竞争优势——兼论国际贸易的比较利益理论的缺陷",载《经济研究》1997年第6期;揭筱纹、任勤:"从比较优势转向竞争优势",载《财经科学》1999年第4期;王佃凯:"比较优势陷阱与中国贸易战略选择",载《经济评论》2002年第2期;李恒:"国家利益与国际贸易理论的重构——西方贸易理论与马克思贸易理论的比较研究",载《国际贸易问题》2007年第9期。

〔3〕 洪银兴:"从比较优势到竞争优势——兼论国际贸易的比较利益理论的缺陷",载《经济研究》1997年第6期。

〔4〕 林毅夫:"经济学研究方法与中国经济学科发展",载《经济研究》2001年第4期。

第一章 导 论

长就是得益于劳动密集型的、以比较优势为导向的发展战略的采用。[1] 因此，他们得出结论，最适合我国的贸易发展战略应当是基于比较优势的发展战略，我国应通过发展劳动密集型产业促进资本的积累，在资本变得相对丰裕、比较优势转移到资本密集型产品后，再发展资本密集型产业。[2]

动态比较优势理论的提出，进一步深化了比较利益增进战略的研究。比较优势的发展战略的提出，是建立在国际贸易理论基石——比较优势理论基础上的，是对东亚和我国经济改革经验的理论抽象，其意义无疑是重大的。但是"比较利益陷阱"的提出却提醒我们，按比较优势进行国际贸易，发展中国家的贸易条件可能逐渐恶化，贸易利益可能逐渐减少，最终形成贫困化增长。[3] 有学者评论说，掉进"比较利益陷阱"的前提条件之一，就是静止地、僵化地看待比较优势理论，认识不到比较优势的动态性。[4] 陈雪梅等认为，国际贸易带来的动态利益，有可能使发展中国家在国际贸易中的获利大大超出国际贸易条件下降所造成的损失。[5] 可见，比较利益增进战略的关键在于动态利益的获取。赛弗（Gypher）和迪茨（Dietz）比较了比较优势的静态和动态两个方面，认为发展中国家可以通过实行贸易保护政策，扶持制造业的发展，实现比较优势由静态向动态的转化。[6] 江小涓结合我国经济发展的数据，从静态的角度考察，发现商品出口额与其劳动密集程度和出口商品比重基本上不相关；但从动态的角度考察，却发现商品出口增长速度与劳动密集度、基期出口额和出口商品比重呈负相关，即资本技术相对密集、基期出口额较少、出口占行业总产量比重较小的商品出口增长速度较快。[7] 由此可以得出结论，静态比较优势只能强化低级的产业结构，动态比较优势却能

---

[1] 林毅夫、蔡昉、李周：《中国的奇迹：发展战略与经济改革》，上海三联书店、上海人民出版社1994年版，第120~200页。

[2] 林毅夫、李周："战略抉择是经济发展的关键——二战以后资本主义国家经济发展成败的透视"，载《经济社会体制比较》1992年第1期。

[3] 洪银兴："从比较优势到竞争优势——兼论国际贸易的比较利益理论的缺陷"，载《经济研究》1997年第6期。

[4] 李正发："比较优势与竞争优势——兼评'比较利益陷阱'说"，载《湖北大学学报》2005年第1期。

[5] 陈雪梅、郭熙保："贸易条件恶化论述评"，载《教学与研究》1999年第7期。

[6] Gypher J. M,, Dietz J. L. , "Static and Dynamic Comparative Advantage: A Multi-period Analysis with Declining Terms of Trade", *Journal of Economic Issues*, 32 (1998), pp. 305-314.

[7] 江小涓："出口商品结构与外贸体制选择"，载《管理世界》1991年第3期。

带动产业结构的高级化，如果仅以静态比较优势理论作为制定发展战略的理论依据，就会掉入产业结构停滞和低级化、长期经济利益丧失的陷阱。[1] 陈利霞和谢飞等学者进一步提出基于比较优势的动态战略，主张既要充分利用本国的现实要素优势以获取贸易利益，又要注重新要素的培养和要素的转换，推动产业结构升级，维护和扩大贸易利益。[2]

（四）关于饮料比较利益增进问题的研究

以往有关饮料贸易的研究，较多关注茶叶领域，国内外学者围绕茶叶竞争力的来源、表现和提高等作了较为深入的探讨。研究发现，我国茶叶的竞争力受土壤、教育、生产经营体制、贸易壁垒等的影响较大。贾亚苏里亚（Jayasuriya）认为积极有效的技术改进能够弥补土壤退化对茶叶生产的影响。[3] 李琼等主张通过增减土壤氟水平影响茶叶的新梢产量以及茶多酚、咖啡碱、儿茶素的含量。[4] 李玉梅主张大力提高我国土地生产率以维持茶叶优势地位。[5] 刘芳等认为农民培训意愿薄弱导致我国茶叶生产技术含量较低。[6] 田涛实证检验了影响我国茶叶竞争优势的因素，强调应改革当前的茶叶生产经营体制。[7] 李晓钟、张小蒂指出标准的提高对我国茶叶出口产生双重影响。[8] 李旋则采用引力模型研究了欧盟的农药残留新标准对我国茶叶出口的影响。[9] 对于我国茶叶竞争力的表现，陈冀指出，我国7万家茶厂的总体实力难敌一家英国立顿，一家立顿的茶叶年产值相当于我国整个茶叶年产

---

〔1〕 高谦、何蓉："跳出比较利益的'理论陷阱'"，载《甘肃社会科学》1998年第1期。

〔2〕 陈利霞、王长义："比较优势的动态性与发展中国家贸易利益的维护"，载《商业研究》2005年第3期。

〔3〕 Jayasuriya, R. T., "Economic Assessment of Technological Change and Land Degradation in Agriculture: Application to the Sri Lanka Tea Sector", *Agricultural Systems*, 78 (2003), pp. 405-423.

〔4〕 李琼、阮建云："氟对茶叶品质成分代谢的影响"，载《茶叶科学》2009年第3期。

〔5〕 李玉梅："土地生产率与中国茶叶出口关系的国际比较"，载《农业技术经济》2010年第8期。

〔6〕 刘芳、郑兰兰、王浩："油茶产业发展中农民培训意愿影响因素分析"，载《华南农业大学学报（社会科学版）》2011年第3期。

〔7〕 田涛：《我国茶叶产业比较优势状况及发展对策研究》，对外经济贸易大学2006年硕士学位论文。

〔8〕 李晓钟、张小蒂："我国茶叶贸易基于标准化生产增进比较利益的分析"，载《农业经济问题》2009年第3期。

〔9〕 李旋：《绿色贸易壁垒对我国茶叶出口的影响分析》，暨南大学2006年硕士学位论文。

值的七成。[1] 金兴华从单产、品质、价格和技术四个方面分析了我国茶叶面临的问题。[2] 游修龄认为茶叶的文化内涵常常被忽视，容易受到商业炒作的影响。[3] 许咏梅比较了我国茶叶的生产成本和出口价格，指出我国绿茶出口价格与成本持平，红茶出口亏本，我国茶叶不具有价格优势，出口企业盈利主要是从流通领域的"垄断定价"着手。[4] 对于如何提高我国茶叶的竞争力，郝志龙等强调应实施茶叶加工的标准化，[5] 钱峰燕则强调制度条件和制度的选择。[6]

随着近年来我国果蔬汁出口的迅猛发展，对果蔬汁特别是苹果汁的研究逐渐增多。苹果汁加工属于资源和劳动密集型行业，我国作为世界上最大的苹果生产国，苹果种植面积约占全球的2/5，产量约占全球的1/3，目前已形成环渤海湾、西北黄土高原、黄河故道和西南冷凉高地几大果区，其中，环渤海湾和西北黄土高原是世界优质苹果最大产区。现有研究多基于比较优势和竞争优势理论，主张最大限度地发挥我国的资源优势和成本优势，提升竞争优势，进而提高我国苹果汁的国际竞争力。[7] 研究结果表明，我国苹果汁有很强的竞争力，并呈上升趋势，[8] 但这种较强的竞争力主要体现在普通苹果汁的出口中，浓缩苹果汁几乎没任何竞争力。[9] 究其原因，主要是加工技术落后、原料质量不高、农药残留难控制、企业竞争无序、出口市场过于集中等

---

[1] 陈冀："七万我国茶厂为何不抵一家立顿"，载 http://news.xinhuanet.com/，最后访问日期：2008年12月18日。

[2] 金兴华："我国茶叶出口国际竞争力的比较优势分析"，载《茶叶》2003年第4期。

[3] 游修龄："茶文化和咖啡文化面面观"，载《饮食文化研究》2005年第3期。

[4] 许咏梅、苏祝成："中国茶叶在日本市场的价格竞争力研究"，载《国际贸易问题》2007年第5期。

[5] 郝志龙、谢芬等："浅析加工标准化对茶叶竞争力的影响"，载《茶叶科学技术》2007年第4期。

[6] 钱峰燕：《茶叶质量安全管理问题研究——以浙江为例的理论与实证分析》，浙江大学2005年博士学位论文。

[7] 李官浩等："关于浓缩苹果汁的发展与前景"，载《食品科技》2008年第6期；张军林："加强浓缩苹果汁质量安全体系建设 促进陕西浓缩苹果汁出口之对策"，载《中国果菜》2008年第5期。

[8] 霍尚一、林坚："中国苹果的国际竞争力及其影响因素分析"，载《西北农林科技大学学报（社会科学版）》2007年第4期。

[9] 颜伟：《中国水果产业国际竞争力研究》，中国海洋大学2007年硕士学位论文。

因素。[1] 在研究方法上，现有研究多通过选取国际市场占有率（MS）、贸易竞争力指数（TC）、显示性比较优势指数（RCA）、出口价格（EP）、出口产品质量升级指数（QC）等指标，对我国苹果汁产业的国际竞争力进行评价，并与其他国家进行比较分析。[2]

相对于茶和果蔬汁而言，有关可可、咖啡和其他饮料的研究成果较少。以可可为例，现有研究多限于可可原料的种植和贸易领域，[3] 仅余诗庆等少数学者在文章中涉及可可粉在我国饮料生产中的运用情况，[4] 郭卫平则从可可的加工角度指出，国内可可加工企业整体规模偏小，产品单一，质量较低，全球化的发展使其面临前所未有的竞争，必须尽快完成产业的整体升级。[5] 在咖啡的研究中，李文伟分析了我国云南咖啡产业的发展前景和优势条件，并进一步提出推进云南咖啡产业提升的策略和措施。[6] 王莉认为，虽然我国咖啡在世界咖啡市场所占的比重较小，但近年来进出口快速增长，出口以初加工的咖啡品种为主，进口以高价值的咖啡品种为主。[7] 孙娟等则指出，咖啡消费未来在我国的增长空间极大，但受我国咖啡企业规模小、标准化水平不高、技术规范缺乏、品牌开发不足、产品附加值低等问题的影响，难以在激烈的国际竞争中维持可持续发展。[8]

---

〔1〕 霍尚一、林坚："中国苹果的国际竞争力及其影响因素分析"，载《西北农林科技大学学报（社会科学版）》2007年第4期；颜伟：《中国水果产业国际竞争力研究》，中国海洋大学2007年硕士学位论文。

〔2〕 霍尚一、林坚："中国苹果的国际竞争力及其影响因素分析"，载《西北农林科技大学学报（社会科学版）》2007年第4期；吕玉花、王亚峰："提升河南省苹果汁出口竞争力对策的研究"，载《河南工业大学学报（社会科学版）》2010年第1期；秦泰：《中国苹果汁国际竞争力研究》，西北农林科技大学2007年博士学位论文。

〔3〕 邹冬梅："海南省可可生产的现状、问题与建议"，载《广西热带农业》2003年第1期；赵溪竹等："世界可可生产贸易现状"，载《热带农业科学》2012年第9期；蔡东宏："世界可可生产、贸易与消费"，载《云南热作科技》1999年第3期。

〔4〕 余诗庆、杜传来："我国可可粉的应用和生产现状、问题分析与对策"，载《安徽技术师范学院学报》2005年第4期。

〔5〕 郭卫平："中国可可市场发展前景研究"，载《中国食品添加剂》2008年第S1期。

〔6〕 李文伟："云南咖啡产业发展现状及产业提升对策"，载《热带农业科技》2009年第4期。

〔7〕 王莉："我国咖啡生产及贸易发展状况"，载《中国热带农业》2009年第2期。

〔8〕 孙娟、熊惠波："世界咖啡产销情况及中国咖啡产业发展分析"，载《世界农业》2010年第2期。

第一章　导　论

三、关于制度影响比较利益增进的国内外研究

（一）关于制度激励经济增长问题的研究

制度的涵盖范围很广，不同的学科领域对制度的理解各有侧重。社会学家认为，制度是社会系统中复杂的制度化的角色整合，[1]是以某种规定强制性地结成组织的固化形式；[2]政治学家认为，制度是在有关价值的框架中，由有组织的社会交互作用组成的人类行为的固定化模式；[3]法学家认为，制度存在于规范或规则的背景中，这些规范和规则以复杂的组合形式，各自为人在社会背景中的行为赋予意义，使之合法、加以管理甚至予以认可；[4]经济学家则从人与人相互之间的交换关系理解制度，认为对应于买卖的交易、管理的交易、限额的交易，分别存在市场、企业、政府三种不同的制度安排，制度就是遵循同一规则的交易活动的集合。[5]

20世纪70年代之前，经济学家用来解释经济增长原因的，仍然是专业化分工、生产技术的进步、市场规模的扩大，等等。直到新制度经济学理论诞生，制度才开始被视为经济增长的内生变量，发挥至关重要的作用。新制度经济学研究对象极为广泛，除法律、政治规则等人们有意识创造的正式制度，还包括价值信念、风俗习性、伦理规范等人们在长期交往中无意识形成的非正式制度。所有这些制度被并列在一起，用于解释社会经济的变化和发展。新制度经济学派强调制度等非市场因素是影响社会经济活动的主要原因，以往的经济分析，假定市场具备完备的信息、产权界定明晰、运行过程零成本，都是与现实不符的；主张国家对经济关系进行调节和改良，以克服市场固有的矛盾和缺陷，并将用于降低交易费用的不同制度安排作为分析经济增长的内生变量。在论及制度对社会经济活动的影响时，舒尔茨作了如下列举："①用于降低交易费用的制度；②用于影响生产要素的所有者之间配置风险的制度；

---

〔1〕［美］D. P. 约翰逊：《社会学理论》，南开大学社会学译，国际文化出版公司1998年版，第521~522页。

〔2〕彭和平：《制度学概论》，国家行政学院出版社2015年版，第33页。

〔3〕［美］杰克·普拉诺等：《政治学分析辞典》，胡杰译，张宝训校，中国社会科学出版社1986年版，第77页。

〔4〕［英］麦考密克、［澳大利亚］魏因贝格尔：《制度法论》，周叶谦译，中国政法大学出版社1994年版，第20页。

〔5〕［美］康芒斯：《制度经济学》，于树生译，商务印书馆1962年版，第87页。

③用于提供职能组织与个人收入流之间的联系的制度；④用于确立公共品和服务的生产与分配的框架的制度。"[1] 可见，制度的影响在经济发展中无处不在。

制度学派的代表人物诺斯（North）在《制度、制度变迁与经济绩效》(*Institutions, Institutional Change and Economic Performance*) 一书中，将制度的作用总结为：通过内部和外部两种强制力来约束人的行为，建立一个人们相互作用的稳定的结构，防止交易中的机会主义行为，以减少交易后果的不确定性，帮助交易主体形成稳定的预期，从而减少交易费用。[2] 诺斯进一步阐述了制度的激励作用，认为制度构造了人们在政治、社会和经济方面发生交换的激励结构。[3] 通过有效的制度安排，可以支配经济单位之间合作与竞争的方式，从而提供一种结构，使其成员的合作获得一些在结构外不可能获得的追加收入，或提供一种能影响法律或产权变迁的机制，以改变个人或团体合法竞争的方式。[4] 柯武刚（Wolfgang Kasper）、史漫飞（Manfred E. Streit）也认为，除抑制机会主义行为、增加可预见性之外，制度还发挥着促进者劳动分工和财富创造的作用。[5]

制度学派还结合经济发展史的研究，从实证角度论证制度因素对经济增长的激励作用。如诺斯和托马斯（Thomas）在解释产业革命时，指出西方经济增长的主要原因归结于，在人口对稀缺资源赋予的压力增加时，那些支配所有权的规则和制度发生了变迁，产业革命不是一场突变，一系列制度方面的变化为产业革命的变革铺平了道路。从这个意义上说，产业革命本身并不是近代欧洲经济迅速增长的原因，相反却是结果，真正起决定性作用的应当是私有产权制度在欧洲的确立。私有产权制度把个人的经济努力不断引向一

---

[1] [美] R. 科斯、A. 阿尔钦、D. 诺斯等：《财产权利与制度变迁：产权学派与新制度学派译文集》，刘守英等译，生活·读书·新知三联书店、上海人民出版社1994年版，第253页。

[2] [美] R. 科斯、A. 阿尔钦、D. 诺斯等：《财产权利与制度变迁：产权学派与新制度学派译文集》，刘守英等译，生活·读书·新知三联书店、上海人民出版社1994年版，第253页。

[3] [美] 道格拉斯·C. 诺思：《制度、制度变迁与经济绩效》，杭行译，格致出版社、上海三联书店、上海人民出版社2008年版，第3页。

[4] [美] R. 科斯、A. 阿尔钦、D. 诺斯等：《财产权利与制度变迁：产权学派与新制度学派译文集》，刘守英等译，生活·读书·新知三联书店、上海人民出版社1994年版，第271页。

[5] [德] 柯武刚、史漫飞：《制度经济学：社会秩序与公共政策》，韩朝华译，商务印书馆2000年版，第35页。

种社会性的活动，使个人收益不断接近社会收益，有效地刺激了人们的生产性活动。[1] 帕勒日（Paleri）也在《美国新自由主义经济学》（*American Neoliberalism Economics*）一书中分析，产业革命不是经济增长的原因，它不过是一种现象，即经济增长现象的一种表现形式，一个能说明问题的迹象，经济增长的起源可以远远追溯到几个世纪所有权结构的确立过程，该结构为更好地分配社会财富的社会活动创造了条件。

事实上，马克思早在对制度与经济增长关系的分析中，就已经关注到制度提供激励机制的作用：一方面，制度能够通过财产所有权、分配体制等利益机制，引导资源配置和生产活动，客观上促进经济增长；另一方面，制度可以通过技术结合形式作用于生产要素，推动生产要素的社会流动，调整社会经济结构和产业结构。[2] 这些有关制度激励作用的阐述清楚地表明，有效的制度安排可以形成一种激励，促使经济按期望的方向发展，使经济发展的愿望最终变成现实。

（二）关于制度激励比较利益增进问题的研究

在国际贸易领域研究中，制度质量的重要作用也在被越来越多的学者所关注。为了探索比较优势的成因，科尔（Chor）从产业层面引入六个制度因素：法律系统效力对投入品集中度、投入品特定供给关系、劳动力市场灵活度对生产不稳定产生的影响、工作复杂度的作用、金融系统发展程度对外部融资依存度作用、人力资本对工作复杂度作用，对1990年82个国家的20个产业部门的相对贸易量进行OLS分析，验证了多种制度因素对一国比较优势及贸易的作用和影响。[3] 阿吉翁（Aghion）和霍依特（Howitt）在考察新技术的研发和实际运用时，通过构建研发模型，发现为了激励研发，应当对创新者的技术开发给予补偿。在封闭经济中，一国政府通常会制定某些制度来保证创新者获取垄断利润，以补偿其创新成本。但在开放经济中，激烈的竞

---

[1] North D. C., Thomas R. P. *The Rise of the Western World: A New Economic History*, Cambridge: Cambridge University Press, 1973.

[2] 侯为民：《技术进步、制度变革与经济增长》，经济科学出版社2015年版，第130页。

[3] Chor D., *Unpacking Sources of Comparative Advantage: A Quantitative Approach*, Singapore Management University Working Paper, 2008.

争则会使创新技术因被模仿而缩短垄断期。[1] 一国政府还可以借助补贴等政策干预，鼓励"干中学"和技术溢出，增强厂商的竞争力。[2] 此外，由于动态外部规模经济的存在，后进国家依靠政府的推动，在成长的过程中不断积累经验，也能进入市场。由此，克鲁格曼认为，在许多情况下，比较优势来自于自我加强的外部经济。这时，政府创造或保护优势的政策就有了理论依据。[3] 国内学者也对制度因素的作用给予了充分的肯定。胡伟认为，比较优势的发展政策不应仅局限于经济方面，资源也绝非只是劳动力、资本等经济资源，还应包括社会政治资源。[4] 任烈则通过分析历史经验，得出了"没有一个相对落后的大国是通过推进贸易自由化发展并强大起来"的结论。无论是19世纪的英国、第二次世界大战前的美国，还是19世纪中叶的德国、20世纪60年代的日本，这些世界经济强国的崛起，无一不是得益于本国制定和实施的严密的贸易保护措施。[5]

对于制度质量问题，安德森（Anderson）和马克勒（Marcouiller）认为，透明度和可实施性是考察制度质量的两个重要指标，制度质量的好坏程度决定价格加成，价格加成又会影响贸易的进行。[6] 多拉（Dollar）和克雷（Kraay）指出，高质量的制度能够有效保障贸易主体的权利，降低贸易成本，促进国际贸易的开展。[7] 安德森和杨[8]、阿罗约（Araujo）和奥尼拉斯（Ornelas）[9] 从合约执行制度入手，发现合约执行制度效率越低，贸易量越小，

---

[1] Aghion P., Howitt P., "A Model of Growth through Creative Destruction", *Econometrica*, 60 (1992), pp. 323–351.

[2] Krugman P. R., "Is Free Trade Passe", *The Journal of Perspectives*, Autumn (1987), pp. 131–144.

[3] [美] 保罗·克鲁格曼：《流行的国际主义》，张兆杰等译，张兆杰校，中国人民大学出版社2000年版，第110页。

[4] 胡伟："中国发展的'比较优势'何在——超越纯经济视点的分析"，载《战略与管理》1995年第5期。

[5] 任烈："大国力量的消长与国际贸易政策走势的历史考察"，载《经济研究》1996年第11期。

[6] Anderson J. E. & D. Marcouiller, "Insecurity and the Pattern of Trade: An Empirical Investigation", *Review of Economics and Statistics*, 84 (2002), pp. 342–352.

[7] Dollar A. Kraay, "Institutions, Trade and Growth", *Journal of Monetary Economics*, 50 (2003), pp. 133–162.

[8] Anderson J. E. & L. Young, "Trade and Contract Enforcement", *Analysis and Policy*, 5 (2006), pp. 1–36.

[9] Araujo L. G. Mion & E. Ornelas, *Institutions and Export Dynamics*, National Bank of Belgium Working Paper Research, No. 220, 2012.

第一章 导 论

并对正式合约执行制度和声誉机制这种非正式合约制度对国际贸易的影响进行比较，发现声誉机制能够取代合约执行制度，缓和其对贸易的促进作用抑或负面作用。埃伯哈特（Aeberhardt）等也认为，一个好的制度能够减少合约摩擦，降低出口风险，有利于对合约依赖性大的企业的出口。[1] 德格鲁特（De Groot）等则从产权保护角度出发，认为完善的产权制度可以激励企业投资行为，推动已有企业与潜在企业形成竞争效应，提升行业平均生产率，促进贸易扩张。[2]

对于制度差异问题，罗斯（Rose）最早关注到相似制度对贸易的促进作用[3]。德格鲁特指出制度相近的国家更容易彼此认同对方的制度安排，更熟悉对方的商业运作方式，有助于双方贸易的开展，制度差异只会增加贸易成本。[4] 潘镇也认为制度差异会阻碍双方贸易的开展。[5] 安特拉斯（Antras）分析了跨国间制度的不对称性，特别是发达国家和发展中国家间制度的不对称性，认为这种不对称导致了跨国分工中额外的合约摩擦成本。[6]

贸易反过来也会对一国制度发展产生决定性作用。塞古拉-卡于拉（Segura-Cayuela）通过模型推导，发现在专制或者精英控制政治体系的国家，对外开放可能会使该国经济制度有效性降低。专制者和精英团体通过操纵价格或者从其他团体抽取收入等方式为自己攫取利益，贸易开放便利了攫取利益的过程，这一过程便是导致经济运行的重要原因。[7] 安德森创建理论模型，分析贸易对制度的积极影响和消极影响，发现贸易商可以通过改变贸易流程和规则，提高合约的执行效率和概率，但这种积极影响只在贸易商的供

---

[1] Aeberhardt R., I. Buono & H. Fadinger, *Learning, Incomplete Contracts and Export Dynamics: Theory and Evidence from French Firms*, Bank of Italy, Economic Research and International Relations Area: Economic Working Papers, No. 883, 2012.

[2] De Groot H., Linders G. M., Rietveld U., et al., "The Institutional Determinants of Bilateral Trade Patterns", *Kyklos*, 57 (2004), pp. 143-157.

[3] Rose A. K., "One Money, One Market: The Effect of Common Currencies on Trade", *Economic Policy*, 15 (2000), pp. 7-46.

[4] De Groot H., Linders G. M., Rietveld U., et al, "The Institutional Determinants of Bilateral Trade Patterns", *Kyklos*, 57 (2004), pp. 143-157.

[5] 潘镇："制度质量、制度距离与双边贸易"，载《中国工业经济》2006年第7期。

[6] Antras P., "Incomplete Contracts and the Product Cycle", *American Economic Review*, 95 (2005), pp. 1054-1073.

[7] Segura-Cayuela R., *Inefficient Policies, Inefficient Institutions and Trade*, Banco de Espana Research Paper, No. wp-0633, 2006.

给弹性足够大的时候才会产生，反之，这种影响则是消极的。[1] 杜（Do）和列夫琴科（Levchenko）将贸易对制度的影响分为两种，即国外竞争效应和政治权利效应。国外竞争效应需要更好的制度，政治权利效应则会转向支持大企业，企业越大，越希望制度更差。可见，在前一个效应中，制度向更好发展，在后一个效应中，制度向更差发展。[2]

（三）关于法律激励问题的研究

国外对法律激励问题的关注较早，20世纪70年代相关研究成果开始增多。其中，科斯（Coase）将交易过程中所付出的各种相关成本或费用，包括搜寻信息的成本、谈判签约的成本、监督执行合同的成本等，作为法律制度影响经济活动以及社会资源配置的主要原因。科斯认为法律制度的变化，往往意味着社会制度中有关激励结构的变化，这会导致受社会制度约束的人的行为相应变化，最终导致社会经济活动结果变化。[3] 列夫琴科研究发现，较高的法治水平能够保障合同的执行力，有效促进存在合同摩擦且具有"锁定"属性行业的出口。[4]

我国法学理论研究虽然起步相对较晚，却对法律激励问题给予了极大的关注，近十年来相关研究文献持续增长，研究内容主要聚焦于以下三个方面：

1. 法律激励的发生机理及演化进程

激励之法自古有之，学者们大都认同，法律激励在古今中外各国法律中无可否认的客观存在。因此，有学者认为，法律激励理论并非是学者构建的结晶与成果，而是一个发现与阐释的成果。[5] 法律激励理论研究的目的不是要确立法律规则，而是要发现和阐释法律规则，探究其中的规律，并应用到制度设计中，以实现法律预期的目标。但法律激励理论研究在我国起步时间不长，作为一个相对较新的领域，其内涵、表现形式、功能以及发生机制等问题，尚处于解读和剖析过程中。例如，激励是否就是奖励，激励是否是惩

---

[1] Anderson J. E., "Does Trade Foster Contract Enforcement", *Economic Theory*, 41（2009）, pp. 105-130.

[2] Do Quy-Toan & A. Levchenko, *Trade, Inequality, and the Political Economy of Institutions*, Mimeo, IMF, 2007.

[3] 史晋川：《法律经济学趣谈》，江苏人民出版社、江苏凤凰美术出版社2014年版，第10~11页。

[4] Levchenko A. A., "Institutional Quality and International Trade", *The Review of Economic Studies*, 74（2007）, pp. 791-819.

[5] 丰霏："当代中国法律激励的实践样态"，载《法制与社会发展》2015年第5期。

罚的一种变形，惩罚是否也是一种激励，法律激励如何作用于行为，法律激励是否具有强制性。部分学者认为惩罚也是法律激励理论实践的一个维度，完整的法律激励理论应当正视惩罚所具有的激励意义；[1]但也有部分学者按功能将法划分为惩戒类法、激励类法与组织管理法三种并行形式，将惩罚措施排除在激励范围外。[2]整体上看，目前学者关注的是我国由惩罚性法治向激励性法治的转型，法律激励理论研究逐步由立法技术层面向治理理念转向。[3]

2. 法律激励的制约因素及实现模式

当前我国法律激励实践还存在许多缺陷，包括激励性法律规范多属宏观倡导性规定，内容空洞，同质化现象严重，法律激励中未能贯彻程序正当原则，激励规范存在退变现象，传统文化、华人本土心理以及信息不对称、不完备问题致使法律激励实效减弱，市场逻辑对法律激励原有目标价值的侵蚀，人们对金钱的追求超过了法律目标本身，等等。由此构成持续影响法律激励实效的顽症。为此，胡元聪主张，法律激励目标必然要以明确的法律文本及具体的激励模式实现，不仅要解决好各种模式的合理配置和衔接问题，还要解决好相关保障问题，不断增强激励基础。[4]丰霏认为，法治不是他治是自治，因此自我激励是法律激励的根本动力，只有将权利义务的激励蓝图深入行为主体的行为策略，影响其行为模式，才能发挥预期的激励效果。[5]强世功则提出多元软法渊源，暗示当代中国的"多元主义法制规则"。[6]夏黑讯主张以契约化方式激发和引导社会个体积极主动地采取个体利益与社会利益最优化的行为，以达到促进和实现社会整体收益最大化的社会管控模式。[7]但还有一些学者对法律激励"过度全面"可能会被扣上法律专制主义帽子的

---

[1] 丰霏："当代中国法律激励的实践样态"，载《法制与社会发展》2015年第5期。

[2] 倪正茂：《激励法学探析》，上海社会科学院出版社2012年版，第35页。

[3] 丰霏："从立法技术到治理理念——中国语境下法律激励理论的转向"，载《法商研究》2015年第3期。

[4] 胡元聪："我国法律激励的类型化分析"，载《法商研究》2013年第4期。

[5] 丰霏："从立法技术到治理理念——中国语境下法律激励理论的转向"，载《法商研究》2015年第3期。

[6] 强世功："'法治中国'的道路选择——从法律帝国到多元主义法治共和国"，载《文化纵横》2014年第4期。

[7] 夏黑讯："激励性法律规范契约化特性及其社会管控模式"，载《新疆社会科学》2016年第2期。

问题表示担忧，当前西方社会对此也是争议不断。[1]

3. 法律激励理论的实践

随着我国大量具有奖励、表彰之类法律后果的规范被制定出来，法律激励实践也越来越受到学者们的重视。虽然有学者对实践研究方法在法学中的应用并不乐观，认为其遮蔽了一些亟待理论探索的命题，但也强调部门法学理论和实践的发展，对法律激励理论乃至法理学知识体系改造的重要作用。[2] 张维迎是较早关注部门法中法律激励机制端倪的学者。[3] 崔卓兰则尝试运用激励理论引导行政法律责任转型。[4] 丰霏、王霞针对基于见义勇为行为的奖金激励条款，探讨了货币化的奖励如何通过权利估值，实现货币化转换。[5] 孙少勤指出，法治建设强度的提升，能够促进我国制造业的总体出口，但目前这种促进作用，主要体现在对制度依赖程度较低的异质性行业，对制度依赖程度较高的行业则未能显现。[6]

（四）关于贸易壁垒对比较利益增进之影响的研究

贸易壁垒对比较利益的增进具有深远影响，国内外学者对此进行了大量研究和探讨，多数认为贸易壁垒会对贸易产生双重影响。大崎（Otsuki）等[7]、马斯克斯（Maskus）等[8]、陈（Chen）等[9]大量研究证明了技术性贸易壁垒对国际农产品贸易的负面影响。但戴维（David）等强调，虽然通过设计，

---

[1] 丰霏:"从立法技术到治理理念——中国语境下法律激励理论的转向"，载《法商研究》2015年第3期。

[2] 丰霏:"从立法技术到治理理念——中国语境下法律激励理论的转向"，载《法商研究》2015年第3期。

[3] 张维迎:《信息、信任与法律》，生活、读书、新知三联书店2003年版，第66页。

[4] 崔卓兰、杜一平:"行政评价制度之法律激励功能研究"，载《华南师范大学学报（社会科学版）》2012年第1期。

[5] 丰霏、王霞:"论见义勇为的奖金激励条款"，载《当代法学》2010年第3期。

[6] 孙少勤、邱斌、唐保庆:"法制建设强度与中国制造业出口动力新源泉研究"，载《中国工业经济》2014年第7期。

[7] Otsuki T., Wilson J. S., and Sewadeh M., "What Price Precaution? European Harmonization of Aflatoxin Regulations and African Groundnut Exports", *European Review of Agriculture Economics*, 28 (2001), pp. 263-284.

[8] Maskus K. E., Otsuki T. and Wilson J. S., *The Cost of Compliance with Product Standards for Firms in Developing Countries: An Econometric Study*, The World Bank Policy Research Working Paper Series No. 3590, 2005.

[9] Chen C., Yang Jun and Findlay C. C., "Measuring the Effect of Food Safety Standards on China's Agricultural Exports", *Review of World Economics*, 144 (2008), pp. 83-106.

标准可能会被用于限制竞争，但它们的产生原则上是为了促进生产和交换，降低交易成本，保证质量，并保证公共物品的提供。马斯克斯等[1]将标准对贸易的积极作用归纳为七个方面：促进市场交易；提高互补品的需求；增加需求的替代弹性；促进规模经济；作为技术能力的基准和与其他组件或网络兼容性的保证；促进与全球市场一体化、提高资源配置和有助于体现在产品和流程中的技术信息的扩散；克服与公共物品相关的市场失灵，如排放标准和燃油经济性的要求可以提高空气的清洁度，卫生和健康要求可以提高平均健康状况。

因此，要充分估计贸易壁垒的潜在经济影响，波珀（Popper）等[2]认为，既要看到其正面也要看到反面。即使是与WTO不一致的技术措施，也可能产生抵销利益。在具有合法的政策目标的情况下，这一措施在补救实际问题的同时，也可能会歧视进口货物或提高必要的成本。在判断哪些标准对贸易会产生限制作用时，马斯克斯[3]列举了五项原则：首先，一个标准或其执行纯粹是用来提高成本（如通过检查或乱收费造成延误）的；其次，一个标准的设置超出了实现特定政策目标所需要的水平；再次，一项标准（不论是否授权或自愿）在国产和进口企业之间的应用或影响都是歧视性的；又次，标准对贸易是否是最小破坏性的；最后，标准在衡量风险的科学性和可靠性时显得过于谨慎。莫尼乌斯（Moenius）[4]认为，当标准协调的利益超出额外的交易成本时，标准对贸易的正面影响就会产生；当降低贸易成本无法弥补种类稀少所导致的损失时，标准对贸易的负面影响就会产生。总之，标准既可以作为一个协调机制，也可以为政策制定者提供阻碍进口的帮助。

为了进一步细化贸易壁垒的研究，更清楚地观察这些贸易效应的异同，

---

[1] Maskus K. E., and Wilson J. S. and Tsunehiro O., *Quantifying the Impact of Technical Barriers to Trade: A Framework for Analysis*, The World Bank Policy Research Working Paper Series 2512, 2000.

[2] Poppe, S. W., Greenfield V., Crane K. and Malik R., *Measuring Economic Effects of Technical Barriers to Trade on U. S. Exporters*, DRR-3083-5-NIST, Planning Report 04-3 of RAND Science and Technology, 2004.

[3] Maskus K. E., and Wilson J. S. and Tsunehiro O., *Quantifying the Impact of Technical Barriers to Trade: A Framework for Analysis*, The World Bank Policy Research Working Paper Series 2512, 2000.

[4] Moenius J., "The *Good, the Bad and the Ambiguous: Standards and Trade*", in. *Agricultural Products*, Working Paper of University of Redland, 2006.

以往的研究分别按贸易壁垒的类型、受影响产品的类别、受影响国家的发展程度三个不同的维度对其贸易效应进行了比较和分析。

1. 基于贸易壁垒类型的比较

采用这一方法的学者将贸易壁垒区分为不同的类型，对其贸易效应分别进行检验，结果发现贸易壁垒的类型不同，导致的贸易效应也可能不同。如莫尼乌斯[1]将标准区分为进口国特定标准和共享标准，实证证明进口国特定标准具有贸易阻碍作用，共享标准具有贸易促进作用。谢瓦苏斯-洛扎（Chevassus-Lozza）等[2]则将技术性贸易壁垒区分为卫生和植物检疫措施（SPS）、质量措施和进口认证三种类型，发现前两类主要影响生产成本，后一类主要影响交易成本，前两类对贸易没有构成太多的阻碍，后一类对出口有显著的抑制作用。马斯克斯、威尔逊（Wilson）和大崎等[3]将发达国家的进口要求分为产品质量和性能、测试/认证要求，发现产品质量标准是影响企业出口能力的最重要因素，其次是性能标准和测试/认证要求。陈等[4]则发现进口国实施的检验程序和冗长的检查程序分别减少了9%和3%的出口，其对产品出口的影响大于企业获取标准信息的难易程度（参见表1-3）。

表1-3 不同类型贸易壁垒的贸易效应比较

作者（年份）	主要分类	贸易效应
莫尼乌斯（2004）	进口国特定标准	贸易效应为负
	共享标准	贸易效应为正

---

[1] Moenius J., *Information versus Product Adaptation: The Role of Standards in Trade*, Working paper of University of California, 1999.

[2] Chevassus-Lozza E., Majkovič D., Persillet D., Unguru M., *Technical Barriers to Trade in the European Union: Importance for the New EU Members. An Assessment for Agricultural and Food Products*, International Congress No. 24621, 2005.

[3] Maskus K. E., Otsuki T. and Wilson J. S., *The Cost of Compliance with Product Standards for Firms in Developing Countries: An Econometric Study*, The World Bank Policy Research Working Paper Series No. 3590, 2005.

[4] Chen M. X., Otsuki T., and Wilson J. S., *Do Standards Matter for Export Success*, World Bank Policy Research Working Paper No. 3809, 2006.

续表

作者（年份）	主要分类	贸易效应
谢瓦苏斯-洛扎等（2005）	卫生和植物检疫措施	没有太多阻碍作用
	质量措施	没有太多阻碍作用
	进口认证	抑制作用显著
马斯克斯、威尔逊和大崎等（2005）	产品质量标准	影响出口能力的最重要因素
	性能标准和测试/认证要求	次要因素
陈等（2006）	进口国的检验程序	减少了9%的出口
	进口国的检查程序	减少了3%的出口
	企业获取标准信息的难易程度	对出口的影响小于前两者

资料来源：根据相关文献整理。

2. 基于受影响产品类别的比较

采用这一方法的学者发现，贸易壁垒对贸易的影响具有较为明显的不平衡性。如贸易壁垒限制了鲜花和加工食品的进口，但却促进了谷类、羊毛和淀粉类贸易。[1] 此外，陈等[2]的研究还发现，进口国实施的检验程序和冗长的检查程序对农产品出口的影响大于制造业产品出口，相反，获取标准信息的难易程度对制造业产品出口的影响大于农产品出口。莫尼乌斯[3]的研究也表明，不同的国家特定标准对农产品在内的非制造业产品存在普遍的贸易障碍作用；但对制造业产品，国家特定的标准往往可以促进国际贸易。这种基于贸易壁垒的类型和受影响产品的类别两个不同维度的交叉与比较，进一步深化了其贸易效应的研究（见表1-4）。

---

[1] Anne-Célia D., Lionel F. and Mondhe M., "The Impact of Regulations on Agricultural Trade: Evidence from SPS and TBT Agreements", *American Journal of Agricultural Economics*, 2008, 90 (2): 336-350.

[2] Chen M. X., Otsuki T., and Wilson J. S., *Do Standards Matter for Export Success*, World Bank Policy Research Working Paper No. 3809, 2006.

[3] Moenius J., "Information versus Product Adaptation: The Role of Standards in Trade", *Working Paper of University of California*, 1999.

表 1-4　贸易壁垒对不同产品的贸易效应比较

作者（年份）	产品类别	贸易效应
安－塞莉娅（Anne-Célia）等（2008）	鲜花和加工食品	贸易效应为负
	谷类、羊毛和淀粉类	贸易效应为正
陈等（2006）	农产品	受检验、检查程序影响更大
	制造业产品	受获取标准信息的难易程度影响更大
莫尼乌斯（2004）	农产品在内的非制造业产品	贸易效应普遍为负
	制造业产品	国家特定的标准可促进贸易

资料来源：根据相关文献整理。

3. 基于受影响国家发展程度的比较

以往的研究关注到贸易壁垒对发展中国家出口的影响，发现其对发展中国家的阻碍作用明显大于发达国家。[1] 对于这一现象的产生原因，容瓦尼查（Jongwanich）[2] 认为 SPS（即《实施卫生与植物卫生协定》）缺乏透明度，导致发达国家有充足的空间来调整标准，使其超出所需要的最佳社会保障水平，或者扭曲相关的测试和认证程序，以使它们的竞争性进口更具有竞争力。此外，发展中国家有限的供应能力，特别是在资源、人力以及机构方面的不足，也制约了其克服贸易壁垒的能力。马斯克斯[3] 对发展中国家在检测设施的有效认证和评审能力方面落后于发达国家可能产生的重要影响进行了分析，认为：首先，发展中国家很难制定充分的标准，并与其他国家达成相互承认协议。其次，它们还没有通过接受国外的测试结果来整合自己。最后，因为发达国家的主管部门可能对发展中国家的检验程序没有多大的信任，前者有

---

[1] Anne-Célia D., Lionel F. and Mondhe M., "The Impact of Regulations on Agricultural Trade: Evidence from SPS and TBT Agreements", *American Journal of Agricultural Economics*, 90 (2008), p. 336-350; Henson S. and Loader R., *Impact of Sanitary and Phytosanitary Measures on Developing Countries*, Presented at the Conference on Agriculture and the New Trade Agenda in the WTO Negotiations, 1999.

[2] Jongwanich J., "The Impact of Food Safety Standards on Processed Food Exports from Developing Countries", Food Policy, 34 (2009), pp. 447-457.

[3] Maskus K. E., and Wilson J. S. and Tsunehiro O., *Quantifying the Impact of Technical Barriers to Trade: A Framework for Analysis*, The World Bank Policy Research Working Paper Series 2512, 2000.

可能在标准和互认协议上相互合作，排除后者。在这种情况下，贸易和投资转移的可能性似乎是广泛的。

四、对现有研究的评述

上述学者综合运用理论分析、实证检验、问卷调查、案例研究等多种方式，从比较利益的动态性、比较利益增进的影响因素、比较利益增进战略等不同视角对比较利益增进等问题进行了理论和实证研究，概括起来，主要包括以下几个方面：①比较利益具有动态性，随着比较优势的变化，基于比较优势而获取的比较利益也自然而然地发生变化。②比较优势是影响比较利益增进的重要因素，由于现实中，市场是由供求两方面因素共同决定的，对比较优势不能只从供给角度进行分析，因需求不同而产生的差异所形成的比较优势，在促进比较利益增进中的重要作用也是不容忽视的。③贸易壁垒在对比较利益增进产生不利影响的同时，也可能对出口产生积极的促进作用，现有研究为成功应对贸易壁垒提供了借鉴。④对于比较利益增进路径的选择存在两种观点：一种主张大力发展以竞争优势为特征的产业内贸易，另一种主张根据比较优势选择发展战略。后一种观点虽然有东亚和我国经济改革的经验支持，但"比较利益陷阱"的提出却告诫人们要动态地看待比较优势理论。⑤制度作为非市场因素也是影响社会经济活动的主要原因，应当将不同的制度安排作为分析经济增长的内生变量。⑥相关文献主要从合约执行和产权保护两个维度，分析了制度对国际贸易的影响，这种影响基于制度质量的高低或者彼此制度差距的不同，为国际贸易的开展提供了一种外在的约束，成为一国比较优势的重要来源。⑦当下中国在各方面制度建设中，不可避免地会涉及法律激励问题，聚焦于具体实践操作的法律激励机制设计等问题备受研究者关注。

这些研究成果角度各异，观点纷纭，对本书的研究提供了有益的借鉴。但由于经济背景、动机等方面的原因，目前的研究还存在以下不足：①忽视了对比较利益来源的系统研究，现有文献分别从劳动生产率、要素禀赋、规模经济、消费偏好、制度供给等不同角度展开，相对比较独立，缺乏将上述因素综合纳入比较利益研究框架的系统研究。②宏观层面的理论分析和微观层面的实证研究相互脱节，没有将比较利益理论研究的丰硕成果与具体行业亟待解决的比较利益增进问题有效地结合起来进行综合分析，缺乏具有理论深度的行业比较利益增进研究，进而影响到行业比较利益增进的战略高度。③制度激励的核心是法律激励，现有研究成果注重法律激励理论体系的构建，缺乏对中国语境下法律激励实践的深入考察。④对贸易措施的潜在影响估计不够，影响了应对策略的有效性。贸易壁垒的影响从技术上看似乎很微小，却能够产生放大效应。现有研究未能从国家、社会和企业等不同层面构筑适合本土环境的制度安排，且多局限于事后分析与判断，缺乏有效的事前预防和控制措施，未能充分运用其正面效应、抑制其负面效应。⑤忽视了对我国饮料比较利益的研究。尽管国外关于比较利益的研究比较丰富，国内的研究成果却逊色得多，具体到行业层面，仅涉及汽车、服装和茶叶等部分领域。我国的饮料行业发展迅速，其贸易具有较大的特殊性和复杂性，然而迄今为止国内的相关研究却非常匮乏，研究内容多停留在贸易竞争力的分析上，很少有研究深入到比较利益的层面，从需求等角度分析饮料比较利益的文献数量更少。基于现有研究中存在的不足，本书试图把比较利益的增进与国内产业结构调整和发展的大背景有机结合，利用我国饮料贸易有关数据进行实证分析，揭示比较利益增进的机理，用产业发展理论拓展和解读我国饮料比较利益增进的路径。

第二章
相关理论回顾及模型构建

在传统比较优势理论基础上,国际贸易新理论进一步补充和发展了对比较利益增进动因的解释,强调比较优势具有动态性,可以后天创造,规模经济、技术进步以及制度安排等对于一个国家比较利益的增进都是非常重要的。这些理论分析构成本书研究比较利益问题的逻辑起点。

一、比较利益增进研究的基本理论

传统贸易理论研究主要解决三个关键问题:国际贸易的动因、模式和结果。具体说来,就是一个国家为什么要参加国际贸易,它以什么样的方式出口或进口哪些商品到哪些市场,这些国际贸易活动能否给参与国带来经济利益。这三个问题是相互关联、相互作用的,不能将其简单割裂开来。显而易见,获取贸易利益是人们从事贸易活动的根本目的之所在。但是最终谁能够从贸易中获利,每个国家都能获利吗;如果不是每个人都能获利,那么我们怎么才能知道谁会获利,谁会受损;一个国家从贸易中获利,是否必然会使其他国家受损。这些问题推动着几个世纪以来,有关应当允许进行什么样的贸易的理论和政策争论。

总体上,可以将这些理论归并为比较利益的获取与比较利益的增进两个维度。比较利益的获取从静态范畴进行分析,强调利用现有资源,强化现有比较优势的作用。比较利益的增进则从动态范畴进行分析,强调改变和提升现有的比较优势。

(一)静态比较优势与比较利益的获取

比较利益获取理论主要包括重商主义理论、绝对优势理论、比较优势理论和要素禀赋理论,属于古典贸易理论范畴。这些理论从静态角度出发,探讨了如何通过对现存资源进行最有效配置,进而获取更多的比较利益的问题。

1. 重商主义理论

早在重商主义时代(大约在16世纪—18世纪)就已经开始了对贸易利益的研究。以约翰·海尔斯(John Hales)、威廉·斯塔福德(William Stafford)、托马斯·孟(Tomas Mun)为代表的学者们认为,能使鼓励出口或者限制进口国家的利益得到最好的维护。他们把金银作为财富的唯一形态,因此,判断一个国家是否从国际贸易中获利的标准就是是否使金银流入国内。他们认为,除了开矿外,一个国家只有借助贸易顺差才能使金银流入国内,才意味着该国从贸易中获利。

政治家们将这些理论付诸实践,制定了严禁金银私人出口、用关税和补贴的方法奖出限入、发展本国航运业和工业、禁止外国船只从事本国沿海航运等一系列政策措施,有效地促进了资本的原始积累,推动了资本主义生产方式的发展。这些政策中有不少至今仍为许多国家所采用,如禁止国外奢侈品的进口或对其进口征收高额关税、禁止重要原材料出口以及出口补贴、出口退税等。

但是,重商主义的理论也存在明显错误。首先,它混淆了货币与真实财富的概念,将两者等同起来;其次,它把国际贸易看成一种"零和游戏",即一国之所得就是另一国之所失,认为国际贸易只对单方面有利,强调与关注贸易顺差,错误地把金银等贵金属的流入作为唯一的政策目标,主张各国利用政策手段来保护本国利益。

对重商主义理论,既要认识到其局限性,也要看到其在历史上曾经起过的积极作用。作为对现代生产方式和贸易利益最早的理论探讨,经济学家熊彼特(Schumpeter)对重商主义的评价是:重商主义理论为国际贸易一般理论的形成奠定了基础。

2. 绝对优势理论

18世纪末,随着自由贸易理论的兴起,以亚当·斯密和大卫·李嘉图为代表的自由贸易论者,批判了重商主义论者关于国际贸易只对单方面有利的片面认识,指出让人们按照他们认为合适的方式进行贸易,是既符合国家利益又符合整个世界利益的最好办法,并在此基础上论证了贸易的互利性原理,提出了两国如何从国际贸易中获利的经典陈述。

亚当·斯密认为，如果两国都按绝对优势去进行专业化生产，然后彼此交换，两国都能从分工和贸易中获利。为了更清楚地说明这一点，斯密以 A 国和 B 国为例，分析了两国在分工前和分工后生产铁和小麦的不同情形（见表 2-1）。

表 2-1　A、B 两国分工前后的生产量比较

两国各投入 300 天的劳动量	分工前		分工后	
	铁	小麦	铁	小麦
A 国	100 天 = 1000kg	200 天 = 1000kg	300 天 = 3000kg	—
B 国	200 天 = 1000kg	100 天 = 1000kg	—	300 天 = 3000kg
两国总产量	2000kg	2000kg	3000kg	3000kg

如表 2-1 所示，分工前两国都是自给自足的封闭经济，彼此间没有贸易。为了方便起见，假设两国各投入 300 天的劳动量。A 国将其中的 200 天分配在小麦的生产上，将剩余的 100 天分配在铁的生产上；B 国将其中的 200 天分配在铁的生产上，将剩余的 100 天分配在小麦的生产上。那么，分工前 A 国的铁产量是 1000 千克，小麦的产量是 1000 千克；B 国的铁产量是 1000 千克，小麦的产量是 1000 千克。由于是在自给自足的封闭经济下，两国铁和小麦的生产量也是两国的消费量，因此，分工前两国铁和小麦的总产量和总消费量都为 2000 千克。实现专业化分工后，A 国将 300 天的劳动量全部分配在铁的生产上，B 国将 300 天的劳动量全部分配在小麦的生产上。那么，A 国生产 3000 千克铁而 B 国生产 3000 千克小麦，两国铁和小麦的总产量都由分工前的 2000 千克增加到 3000 千克。同时，由于两国开放自由贸易，A 国在保持分工前的铁消费量（1000 千克）的同时，可以拿出 1000 千克去跟 B 国交换小麦（1000 千克），[1] B 国也在保持原来的小麦消费量（1000 千克）的同时，拿余下的 1000 千克小麦去换 A 国的铁（1000 千克）。[2] 贸易的结果是，A 国在保持分工前的消费量（1000 千克铁和 1000 千克小麦）的同时，多了 1000 千克铁，而 B 国在保持分工前的消费量（1000 千克铁和 1000 千克小麦）的同时，多了 1000 千克小麦，两国都比分工和贸易前增加了生产和消费，两国

---

[1]　假设交换比例为 1:1。
[2]　假设交换比例为 1:1。

都从贸易中获利。

绝对优势理论关于贸易互利性的双赢思想，有力地抨击了重商主义。即使是在今天，这种互利双赢的思想对各国破除国际贸易壁垒、扩大对外开放、积极参与国际分工和自由贸易仍然具有重要的指导意义。然而，绝对优势理论也存在很大的不足，最主要的是它未能回答当时英国人普遍存在的担忧：如果英国没有绝对优势怎么办；如果荷兰在任何产品的制造上都比英国更有效率，英国是否还应该参与国际贸易，是否还能从中获利。大卫·李嘉图令人满意地回答了这个问题，并在此基础上建立了国际贸易新的理论体系——比较优势理论。

3. 比较优势理论

同为自由贸易论者，李嘉图和斯密一样，都认为国际贸易是互利双赢的，无论是出口还是进口都会为一国带来利益，这种获利不是因为一国商品价值总额的增长，而是因为其商品总量的增加。与斯密的绝对优势理论相比，李嘉图提出了更加系统的比较优势理论。

李嘉图的比较优势理论对国际贸易理论的主要贡献在于，证明了国家能否从贸易中获利取决于该国是否具有某种比较优势。根据比较优势原理，一国通过出口在生产率方面具有最大比较优势的商品，进口其比较优势最小的商品，而从贸易中获利。由此，国际贸易的基础不再限于劳动生产率上的绝对差别，即使在生产成本上处于完全劣势的国家，只要存在商品成本的差异，该国依然可以和他国进行国际分工和贸易。该国可以生产其相对成本较低的商品，向他国换取其生产成本相对较高的商品；他国也可以生产其相对成本较低的商品，向该国换取其生产成本相对较高的商品。通过国际分工和贸易，两个国家都可以从贸易中获利。

表 2-2 英国和葡萄牙分工前后的生产量比较

投入的劳动量		分工前		分工后	
		葡萄酒	棉布	葡萄酒	棉布
英 国	220 小时	1 桶	1 码	—	2.2 码
葡萄牙	170 小时	1 桶	1 码	2.125 桶	—
两国总产量		2 桶	2 码	2.125 桶	2.2 码

为了说明比较优势所带来的贸易利益，李嘉图假设了葡萄牙和英国两个国家进行葡萄酒和棉布贸易的例子。如表2-2所示，分工前两国都是自给自足的封闭经济，彼此间没有贸易。为了方便起见，同样假设英国投入了220小时的劳动量生产1码棉布和1桶葡萄酒，葡萄牙投入了170小时的劳动量生产1码棉布和1桶葡萄酒。那么，分工前两国葡萄酒的总产量为2桶，棉布的总产量为2码。由于是在自给自足的封闭经济下，各国棉布和葡萄酒的生产量也是各国的消费量。但如果根据比较优势理论实现专业化分工，即英国集中生产其比较劣势较小的棉布，葡萄牙集中生产其比较优势较大的葡萄酒，则在两国投入的劳动量不变的前提下，两国棉布和葡萄酒的总产量分别增加到2.2码和2.125桶。同时，由于两国开放自由贸易，英国在保持分工前的棉布消费量（1码）的同时，可以拿出1码去跟葡萄牙交换葡萄酒（1桶），[1] 葡萄牙也在保持原来的葡萄酒消费量（1桶）的同时，拿余下的1桶葡萄酒去换英国的棉布（1码）。[2] 贸易的结果是，英国在保持分工前的消费量（1码棉布和1桶葡萄酒）的同时，多了0.2码棉布，而葡萄牙在保持分工前的消费量（1码棉布和1桶葡萄酒）的同时，多了0.125桶葡萄酒。可见，两国都比分工和贸易前增加了生产和消费，两国都从贸易中获利。

综上所述，比较优势理论将国际贸易的基础由劳动生产率的绝对差别，拓展为相对差别，以及由此而产生的相对成本差别，在更普遍的基础上解释了国际贸易的产生和比较利益的动因问题，解释了落后国家和先进国家之间贸易的原因，发展了亚当·斯密的绝对优势理论，在相当长的时间里成为国际贸易理论的主流。但是，无论是绝对优势理论还是比较优势理论，都认为劳动是创造价值、造成成本差异的唯一因素，在分析中都假设生产技术不变，只有一种要素（劳动）投入。在有两种或两种以上要素投入的分析框架下，随着要素边际收益的递减，其许多结论往往不再有效。

4. 要素禀赋理论

要素禀赋理论从实际出发，认为除劳动之外，商品生产中所使用的要素比例和一国的要素禀赋也影响着该国商品的生产成本，进而决定了该国的比

---

[1] 假设交换比例为1:1。
[2] 假设交换比例为1:1。

较优势以及生产和贸易模式。

赫克歇尔和俄林是要素禀赋理论的主要代表人物。他们注意到，不同的商品需要的生产要素配置不同，有的需要较多的劳动投入，有的则需要较多的资本投入；另外，各国的要素丰裕程度也是不同的，有的国家劳动相对充裕，有的国家资本相对充裕。[1] 在两种或两种以上生产要素的分析框架下，商品的生产成本是由劳动生产率、该商品生产中所使用的要素比例以及该国的要素丰裕度共同决定的。因此，劳动相对充裕的国家，劳动力价格往往较低，生产中可以投入较多的劳动力，一般拥有生产劳动密集型产品的比较优势；而资本相对充裕的国家，资本价格往往较低，生产中可以投入较多的资本，一般拥有生产资本密集型产品的比较优势。赫克歇尔和俄林认为，一国应集中生产并出口密集使用其充裕要素的商品，进口密集使用其稀缺要素的商品。

要素禀赋理论也从"双赢"的角度论证了国际贸易的互利性，认为一国不仅可以从扩大出口中获得利益，也可以从开发市场中提高社会福利。以我国和美国的纺织品和计算机生产与贸易为例。

假设图2-1是两国贸易前后的生产可能性曲线和社会无差异曲线。在自给自足的封闭经济中，由于生产资源有限，我国和美国生产和消费的最优组合在S_0点上，社会无差异曲线为L_0。假定我国拥有生产纺织品的比较优势和生产计算机的劣势，美国拥有生产计算机的优势和生产纺织品的劣势。那么，在开放经济条件下，我国会专业化生产并出口纺织品，进口计算机；美国则会专业化生产并出口计算机，进口纺织品。贸易的结果是使我国纺织品的价格相对上涨，纺织品的生产增加，计算机的生产减少，使美国计算机的价格相对上涨，计算机生产增加，纺织品的生产减少，生产点由S_0点转移到S_1点。同时，由于国际市场价格低于国内，我国计算机的进口会增加，美国也会大量进口纺织品，使得消费点由原来的S_0点转移到C_1点，从而达到一条更高的社会无差异曲线L_1。可见，贸易能使一国消费超出其生产能力的商品，提高社会满足程度，获得贸易利益。

---

[1] 一般用资本/劳动的比率（即人均资本）来衡量。

第二章 相关理论回顾及模型构建

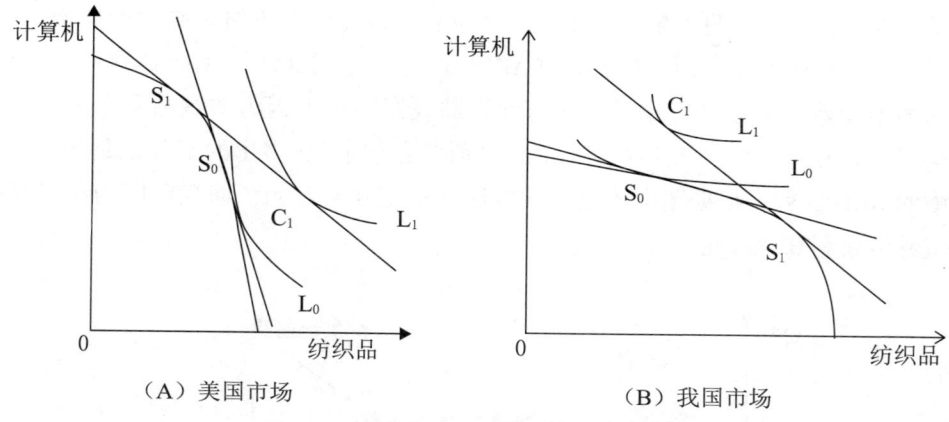

图 2-1 要素禀赋不同的国家之间的贸易

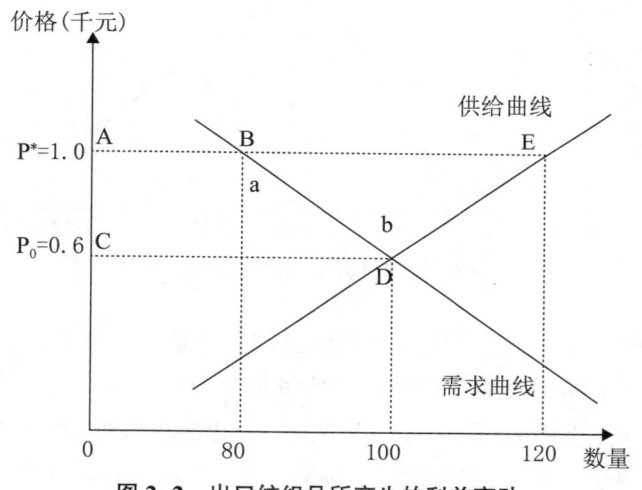

图 2-2 出口纺织品所产生的利益变动

对贸易利益的度量可以采用局部均衡分析方法，假设图 2-2 是我国纺织品贸易前后的情形。贸易前我国的国内市场价格为每单位 600 元，生产量和消费量都是 100 单位。贸易后价格上涨到每单位 1000 元，生产量则增加到 120 单位，消费量下降到 80 单位，供大于求的部分（40 单位）用于出口。由图 2-2 可见，在我国纺织品贸易中，"消费者剩余"减少了，我国消费者没有从出口中得到好处。图 2-2 中的 ABDC 部分就是减少的"消费者剩余"，根据图中的数据可以计算出是 3.6 万元，即我国消费者因为纺织品自由贸易损失

· 039 ·

了 3.6 万元。但对我国生产者来说，纺织品出口能够使价格提高，产量增加，增加"生产者剩余"。图 2-2 中的 AEDC 部分就是增加的"生产者剩余"，根据图中的数据可以计算出是 4.4 万元，即我国生产者因为纺织品自由贸易多赚了 4.4 万元。"生产者剩余"超过"消费者剩余"，多出的部分就是图 2-2 中的 BED 部分，根据图中的数据可以计算出是 0.8 万元，即我国因为纺织品贸易纯获利 0.8 万元。

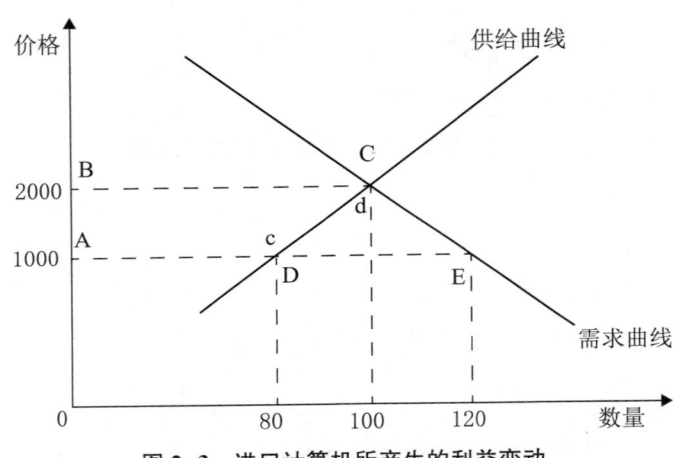

图 2-3　进口计算机所产生的利益变动

同样，假设图 2-3 是我国计算机贸易前后的情形。贸易前我国的国内市场价格为每单位 2000 元，生产量和消费量都是 100 单位。贸易后价格下降到每单位 1000 元，生产量则下降到 80 单位，消费量增加到 120 单位，供小于求的部分（40 单位）依靠进口。由图 2-3 可见，在我国计算机贸易中，"生产者剩余"减少了，图 2-3 中的 ADCB 部分就是减少的"生产者剩余"，根据图中的数据可以计算出是 9 万元，即我国生产者因为计算机贸易损失了 9 万元。但对我国消费者来说，却可以支付更少的钱消费更多的商品，"消费者剩余"增加了。图 2-3 中的 AECB 部分就是增加的"消费者剩余"，根据图中的数据可以计算出是 11 万元，即我国消费者因为计算机贸易增加了 11 万元。"消费者剩余"超过"生产者剩余"，多出的部分就是图 2-3 中的 CDE 部分，根据图中的数据可以计算出是 2 万元，即我国因为计算机贸易纯获利 2 万元。

从局部均衡分析对贸易利益在数量方面的衡量可以看出,我国无论是出口纺织品还是进口计算机,都能获得贸易利益。因此,国际贸易应当是互利双赢的,一国获利的大小取决于该国贸易后价格变动的幅度。国际贸易利益的分配规则是,按贸易带给双方国家价格变化的直接比例进行分配。

要素禀赋理论被认为是继比较优势之后国际贸易理论的最大发现,被普遍接受并用于解释工业革命后国际贸易的产生。在贸易利益的分配问题上,要素禀赋理论提供的预见与实际颇为相符,即国际贸易必然会将社会分为贸易的受益者与贸易的受害者两个部分,从而为我们鉴别哪些集团因为贸易而受益、哪些集团因为贸易受损提供了度量的手段。

5. 启示

综上所述,对贸易利益及其动因的探讨是传统贸易理论永恒的话题(见表2-3)。无论是以劳动生产率为基础的比较优势理论,还是以生产要素供给为基础的要素禀赋理论,都强调贸易利益的结构应当建立在比较优势的基础上,国际贸易利益应当是基于比较优势的产业间分工和贸易的利益,我们将其称为比较利益。应当说,这些理论在分析现实中比较利益的获取和分配方面是相当成功的。以要素禀赋理论为例,为了实现预期的比较利益,贸易的典型流向应当是劳动力充裕的国家生产并出口劳动密集型产品,资本充裕的国家生产并出口资本密集型产品。但要素禀赋理论在实证检验中也遇到了挑战,其中最著名的要数"里昂惕夫悖论"的提出。

表 2-3 传统贸易理论比较

理论名称	贸易利益动因	关键假设
重商主义	贸易顺差 金银流入	
绝对优势	劳动生产率的绝对优势	所有市场是完全竞争的; 规模报酬不变; 只有一个要素(劳动)投入,并且是给定的; 两国在不同产品上的生产技术不同,且保持不变; 需求是给定的。

续表

理论名称	贸易利益动因	关键假设
比较优势	劳动生产率的相对优势	所有市场是完全竞争的； 规模报酬不变； 只有一个要素（劳动）投入，并且是给定的； 两国在不同产品上的生产技术不同，且保持不变； 需求是给定。
要素禀赋	生产要素供给的相对优势	所有市场是完全竞争的； 规模报酬不变； 存在两种要素（劳动与资本）； 要素密集度不发生逆转； 两国的生产技术完全相同； 需求是给定。

里昂惕夫对 1947 年和 1952 年美国 200 个行业部门进出口产品的投入产出进行分析时，发现其出口产品的资本密集度只有进口产品的 77% 和 95%（见表 2-4），这说明美国实际上是一个资本密集型产品的净进口国。这一结论与要素禀赋理论相违背，因为，众所周知，美国在资本上是具有资源优势的，根据要素禀赋理论它应当生产并出口资本密集型产品，进口劳动密集型产品。继里昂惕夫之后，很多学者在检验其他国家的贸易结构时，也发现存在类似的现象。

表 2-4　1947 年和 1952 年美国进出口产品资本和劳动比率

年份	产业	资本	劳动	资本劳动比	进出口的资本劳动比
1947	进口替代	3 091 339	170	18 184	1.30
	出口替代	2 550 780	182	14 015	
1952	进口替代	2 303 400	168	13 726	1.06
	出口替代	2 256 800	174	12 977	

注：根据每 100 万美元进口替代产品和出口替代产品中的劳动和资本的数量计算。

不容忽视的是，无论是李嘉图的比较优势理论，还是赫克歇尔和俄林的要素禀赋理论，其比较优势的产生都是建立在一系列的前提和假设基础上的，这些前提和假设包括：两个国家、两种产品在所有市场上竞争；产品是同质的；市场是完全竞争的；规模报酬不变；不存在技术进步和经济发展；需求是给定的，等等。由此可见，比较优势和要素禀赋理论通过假设，把现实中复杂多变的经济环境抽象为静态凝固的世界，排除了时间和技术进步等因素的作用，忽视了比较优势的动态转化和培育，容易导致一国的比较优势被长期固定在某些商品上。按照这种静态的比较优势参与国际分工和贸易，相对落后的发展中国家应当专业化生产和出口资源密集型产品与劳动密集型产品，进口发达国家的资本密集型产品与知识密集型产品。伴随着初级产品贸易条件的不断恶化，发展中国家将会陷入"贫困化增长"的不利局面。

"里昂惕夫悖论"和"贫困化增长"的提出，促使学者们从更深入的角度思考传统贸易理论。在这之后，学者们纷纷对其作出了各种各样的解释，这些解释补充和发展了传统贸易理论，推动着比较优势和比较利益的研究由静态向动态转化。

（二）动态比较优势与比较利益的增进

与比较利益获取理论的静态分析不同，比较利益增进理论是从动态和发展的角度来进行分析的。所谓动态比较优势，是指比较优势可以通过专业化学习、投资创新及经验积累等后天因素人为地创造出来，动态比较优势强调的是规模报酬递增、不完全竞争、技术创新以及经验积累。[1] 以比较优势和要素禀赋理论为核心的古典贸易理论认为，各国依据自身的比较优势进行生产和贸易，从而获取贸易利益。这一结论是基于完全竞争、规模报酬不变、技术不变、需求给定等一系列假定得出的。"贫困化增长"和"里昂惕夫悖论"，特别是二战后国际经济中出现的产业内贸易等新现象，都是传统贸易理论无法解释的。围绕这些新现象和新问题，学者们沿着放宽传统贸易理论假定的方向逐步展开研究，将要素积累和技术进步等因素纳入到比较优势和比较利益的动因分析中，形成了规模经济理论、要素变动理论、技术变动理论、产品异质理论、市场结构理论等一系列国际贸易新理论。

1. 技术变动理论

传统贸易理论假定技术是给定的，不会发生变动。技术变动理论打破这一假定，在要素禀赋不变的条件下考察技术变动对比较优势及比较利益的影响。其代表性理论主要有产品生命周期理论、"干中学"与技术溢出理论。

---

〔1〕 胡求光：《结构因素、需求变动与中国水产品出口贸易研究》，经济科学出版社 2009 年版，第 17 页。

产品生命周期理论是由弗农在1966年发表的《产品周期中的国际投资与国际贸易》(*International Investment and International Trade in the Product Cycle*)一文中率先提出的。他从产品生产技术的变化角度出发，分析产品在其生命的不同阶段在不同国家的生产和出口，揭示了比较优势不断在要素禀赋不同的国家之间"漂移"的现象。他把国家区分为创新国（一般为最发达国家）、一般发达国家和发展中国家。把新产品的技术发展分成三个阶段：新产品阶段、成熟阶段和标准化阶段。在新产品阶段，产品刚被发明出来，往往还有待于完善，需要先进的技术投入，此时创新国拥有垄断技术优势，在其国内生产和销售；随着新产品的生产技术变得更加成熟、稳定和标准，就进入成熟阶段，创新国的技术垄断被一般发达国家打破。最终，这种技术不再新颖和秘密，对生产者的技能要求也不高，很多甚至被包含在可购买的设备之中，向拥有充足廉价劳动力的发展中国家转移。至此，产品完成了整个生命周期，走向终点。

产品生命周期理论认为，随着产品生产技术的发展和变化，产品对生产要素的需求会有所不同，产品的要素密集度也会发生变动。在新产品阶段，需要先进的技术投入，属于知识密集型产品。由于产品的附加值高，市场竞争者少，替代产品不多，仅在国内市场就能赚取高额利润。进入成熟阶段后，伴随着生产技术的成熟化、标准化和普及化，大批量生产成为可能，这时需要的是机器设备和先进的劳动技能投入，产品由知识密集型转变为资本密集型。由于产品附加值走低，市场竞争者增加，替代产品增多，企业越来越重视产品成本的下降。到了标准化阶段，生产技术已经被设计到设备中，生产过程更加标准化、简单化，只需要廉价的劳动投入即可实现生产成本的差异。这时，产品就变成了劳动密集型产品。由于产品附加值已经降到最低，成本和价格就成为该产品的决定因素。综上可见，技术在国际间的转移以及要素密集度在产业中的变动，决定了一国的比较优势以及比较利益的获取。

"干中学"是指随着累计生产量的增加，工作经验不断积累，引发技术提高，进而导致的单位成本随生产总量递减的现象。在相当多的产业中都或多或少存在"干中学"效应。干同样的活时，一个熟练工人通常比一个新手要快得多，反映的正是"干中学"效应。此时两人干的活同样多，但是熟练工人的产品平均成本却低于新手。可见，"干中学"效应的产生不是由于生产规模的扩大，而是随着生产批次的增多，经验型技术的积累和进步所导致的。

技术溢出是指通过企业间的相互联系和实际工作人员间的相互沟通，所实现的技术传播效应。技术可分为两种：主要制造技术和生产制造过程中的工艺流程、技术秘诀或产品配方等。前者可以物化在产品上，往往借助专利制度获取保障，虽然技术被公开，但是其他企业必须经过权利人许可后才能使用；后者往往没有申请专利，主要依靠企业自身采取的保密措施加以保护，传播相当困难，但通过投资、建立产业聚集地等方式，增加企业间的相互联系和实际工作人员间的相互沟通，也能产生比较明显的技术溢出效应。

综上所述，技术变动理论放宽了传统贸易理论关于技术是给定的假设，认为无论是有目的研发活动导致的技术变动，还是作为生产与投资活动无意识的副产品的技术变动，其所反映的技术进步均对比较优势与比较利益的变动产生重要影响。

2. 规模经济理论

规模经济是指所有投入按某种既定的百分比扩大，所导致的平均成本降低的百分比。也可以说，当所有投入的平衡增长导致平均成本下降时，就存在规模经济。[1] 马歇尔（Marshal）将规模经济分为外部规模经济和内部规模经济。外部规模经济是指行业生产规模扩大所导致的平均成本的下降。内部规模经济则是指企业内部生产规模的扩大所导致的平均成本的下降。无论是外部规模经济还是内部规模经济都能导致劳动生产率的提高或者平均成本的降低。

克鲁格曼在1981年发表的《产业内专业化分工与得自贸易的利益》（Intra-industry Specialization and the Gains from Trade）一文中，通过考察要素禀赋相似的国家间的贸易、相似产品间的贸易以及贸易的收入效应，发现当国家间越来越相似、市场结构变为不完全竞争、达到规模经济的时候，规模经济就取代要素禀赋的差异成为推动国际贸易的主要原因。1985年赫尔普曼和克鲁格曼出版《市场结构和对外贸易：报酬递增、不完全竞争和国际经济》（Market Structure and Foreign Trade：Increasing Returns, Imperfect Competition and the Interatinal Economy）一书，打破传统贸易理论关于规模报酬不变的假设，

---

[1]［美］彼得·林德特：《国际经济学》，范国鹰、陈生军、陈捷等译，经济科学出版社1992年版，第76页。

建立规模经济模型，对产业内贸易等现象进行解释，揭示了比较优势得以形成的又一个重要源泉。

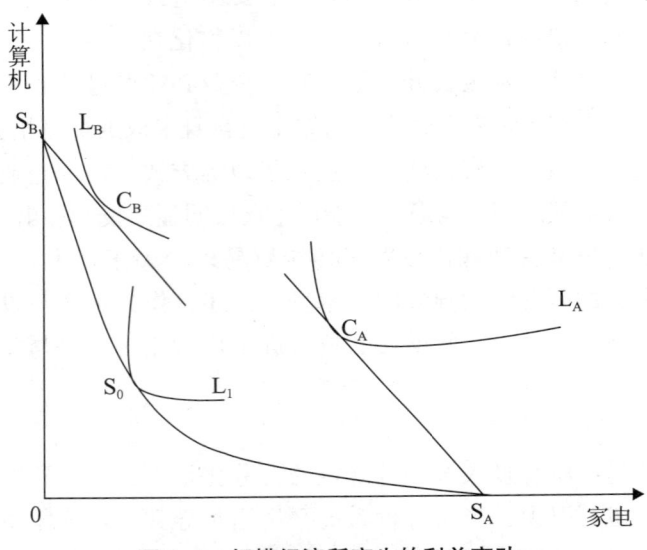

图 2-4　规模经济所产生的利益变动

规模经济对比较利益的影响，可以用我国和美国的家电和计算机生产和贸易为例。假设图 2-4 是两国贸易前后的市场可能性曲线和社会无差异曲线。由于存在规模经济，图中的生产可能性曲线凸向原点。当生产点位于曲线的中间点时，表示资源相对平均分配到两个产业，每个产业的生产规模都较小。随着生产点向两边的偏移，处于偏移一方的产业规模不断扩大，出现规模经济。图 2-4 中横轴表示家电的产量，纵轴表示计算机的产量。假设这两种商品的生产都具有规模经济，两个国家的资源禀赋、生产技术、消费偏好都完全相同。那么，贸易前两国的社会无差异曲线用 L_1 表示，两国生产和消费的最优组合在 S_0 点上。假定我国首先打开了家电出口市场，获得了家电出口的比较优势，美国则首先打开了计算机出口市场，获得了计算机出口的比较优势。那么，在开放经济条件下，由于规模经济的存在，生产的最优点一定是生产可能性曲线与坐标轴相交的那两个端点。为了获取规模经济，我国将专业化生产并出口家电，进口计算机，生产点由 S_0 点转向 S_A 点；美国将专业化生产并出口计算机，进口家电，生产点由 S_0 点转向 S_B 点。当贸易达到均衡状态时，必定在两个国家内形成相同的相对价格，体现在图2-4中，C_AS_A曲线和C_BS_B曲线的斜率是一样的。这两条线分别是我国和美国的预算约束线。此时，我国和美国的最优消费点由原来的S_0分别转移到C_A点和C_B点，从而达到更高的社会无差异曲线L_A和L_B。可见，规模经济导致的成本和价格下降，在扩张贸易的同时，也为所有消费者（本国和外国）和出口商品生产者带来了利益。

3. 要素变动理论

传统的要素禀赋理论建立在一国要素禀赋固定不变的基础上。但在现实中，要素禀赋却是一个动态的概念，一国的要素禀赋可以通过人为方式加以改变。如通过引进外资可以增加实物资本的积累，通过发展教育可以促进人力资本的形成。

要素变动理论着眼于要素禀赋变动所导致的比较优势的动态变化，以及由此所决定的贸易模式与比较利益的变化，提出了著名的雷布津斯基定理，即在商品和要素的相对价格给定的条件下，增加一定数量的某种要素将导致密集使用该要素生产的产品数量以更高的比例增加，密集使用另一要素生产的产品的数量则会减少。如果增加的产品用于出口，则该国的出口产品供给就会增加，贸易条件就会恶化；如果增加的产品不用于出口，则该国的进口产品需求就会减少，贸易条件就会改善。著名经济学家蒙代尔（Mundell）则在研究中进一步考察了要素在国际间的流动效应，指出要素的国际流动改变了各国的要素存量结构和相对要素价格，进而影响其生产结构和贸易结构。

综上所述，要素变动理论隐含着一个重要结论：随着要素禀赋的变动，一国的比较优势发生动态变化，贸易模式和比较利益也随之变化。

4. 需求偏好理论

传统国际贸易理论将国际贸易的动因归结为要素禀赋所导致的生产成本的差异。按此理论，国际贸易应该发生在技术先进、资本丰裕的发达国家与劳动力丰裕的发展中国家之间。然而现实中，发达国家之间的贸易量却远远超过了发达国家与发展中国家之间的贸易量。为了解释这一现象，瑞典经济学家林德尔（Linder）放松了要素禀赋理论中有关国内消费者偏好完全相同的假设（用于导出无差异曲线），认为消费者的偏好是千差万别的。这种差别与收入、价格、财产、利率、分配状况、风俗习惯以及制度等因素密切相关。

同时，由于需求决定供给，每个企业生产什么，生产多少，是根据它所面对的市场需求来决定的。由此，一个国家主流收入阶层的代表性需求决定了该国的生产和贸易结构，培育了该国相应产业的竞争力，进而形成该国在该产业上的比较优势。这时，它所面对的两个国家如果存在重叠需求，就会形成相类似的供给，进而产生潜在的国际贸易。具体来说，就是一国的代表性需求形成足够大的规模，就能够孕育和培育国内的相关产业，使其竞争力不断增强，最终成为该国的比较优势产业，一旦存在来自国外的需求，其产品就会出口到需求偏好相似的国家，该产业就会从国内贸易延伸扩展为国际贸易。该国的非代表性需求由于需求不足，难以培育出有足够竞争力的产业，该产业最终可能沦为该国的比较劣势产业，成为该国的潜在进口产业。由此可见，两国贸易的可能性也取决于两国需求偏好的重叠程度。

5. 产品异质性理论

传统国际贸易理论在分析国际贸易时，都假定产品市场是完全竞争的，存在着许多卖家和买家，各家的产品是同质的，因此，没有哪一家能影响市场价格，只能被动地接受。但综观当前国际贸易的现实，不难发现，为了与千差万别的消费需求相适应，产品的种类呈现多样化的趋势。甚至可以说，大多数产品都是同类不同质的，如德国的大众汽车和日本的丰田汽车、我国的海尔空调和日本的松下空调，等等。虽然它们同属于汽车和空调类，但在性能、造型、品牌等方面却不能完全相互替代。兰卡斯特（Lancaster）将这种产品的差异性分成三类：水平差异、垂直差异和技术差异。水平差异主要指产品品牌、外形、地理分布、交易条件、广告宣传和售后服务等因素形成的差别。垂直差异主要指产品质量因素形成的差别。技术差异主要指产品的核心特征经技术调整后所形成的差别，包括产品原有部分核心特征的变化和新增的某些附加特征。

生产差异化产品往往会与规模经济构成矛盾。兰卡斯特等通过构建产品异质性理论模型解决了这一矛盾。模型中包含两个重要假定：一是所有市场都是垄断竞争市场，市场上的产品具有异质性，消费者对不同产品存在均等需求；二是每一种产品的生产都具有内部规模经济，生产异质产品的企业都具有一定的垄断性。对于存在水平差异的产品，模型的结论是，在产品存在水平差异并存在规模经济的情况下，即使是资源禀赋完全相同的两个国家之间也有可能产生贸易，并且这种贸易会增进两国的福利。对于存在垂直差异的产品，模型的结论是，人均收入较高、资本要素相对充裕的国家出口质量较高的产品，而人均收入较低、资本要素相对稀缺的国家进口质量较高的产品。

综上所述，产品异质性理论从需求的角度揭示了比较利益新的动因，协调了差异化产品与规模经济两者间的矛盾，实现了原先相悖的两个目标之间的统一。

6. 启示

20 世纪 50 年代以来形成的国际贸易新理论，在传统比较优势理论的基础上，进一步补充和发展了对比较利益动因的解释。技术变动理论和规模经济理论引入了技术要素和规模经济等生产要素，丰富了对比较利益动因的解释。要素变动理论则指出要素禀赋是一个动态的概念，可以通过人为方式加以改变，进而导致比较优势和比较利益的动态变化。需求理论摆脱了以往只从供给角度分析比较利益动因的束缚，开辟了从需求角度进行研究的新视角。产品异质性理论则关注到产品同类不同质的特性以及相应垄断优势的形成，使得产品异质性成为继价格差异之外的另一种比较优势和比较利益动因。可见，新贸易理论强调比较优势具有动态性，可以后天创造，规模经济、技术进步以及有效的制度安排对于一个国家比较利益的增进都是非常重要的。虽然与古典贸易理论强调自然资源禀赋对国家及产业间贸易的影响不同，新贸易理论对产业内贸易的解释弥补了国际贸易理论的缺陷，但在分析中多侧重宏观层面的理论探讨，忽视了微观层面的行业乃至企业具体行为的研究。事实上，国际竞争的实质是行业企业之间的竞争，比较优势的创造需要依靠不同行业企业的研发投入、"干中学"、规模经济等具体经济活动才能实现。也就是说，实现比较优势的创造、完成比较利益增进的主体是具体的行业企业，因此，只有将行业企业的行为纳入到比较利益增进的分析框架中，才能很好地弥补国际贸易主流理论研究的不足。

二、比较利益增进研究的理论发展

（一）基于制度质量的新新贸易理论

随着全球贸易的进一步发展，跨国公司的地位与作用逐渐引起人们的重视。全球大约 1/3 的国际贸易都发生在跨国企业内部。[1] 古典贸易理论和新贸易理论对贸易的解释主要基于国家或产业层面，忽略了单个跨国公司的微观行为，无法解释跨国公司内部贸易以及跨国公司内部日益复杂的组织形式。于是，第三代国际贸易理论——新新国际贸易理论开始出现，并将微观的企业动机与宏观的制度环境相结合，构建起一个全新的国际贸易微观理论体系。[2]

与古典贸易理论和新贸易理论不同，新新贸易理论的"新"主要体现在两个方面：一是微观视角的关注。新新贸易理论从企业层面对跨国公司组织形式、投资活动、内部贸易等进行研究，突破了古典贸易理论与新贸易理论侧重于从国家或产业层面解释国际贸易的传统做法，为国际贸易理论研究构建了全新的微观视角。二是制度要素的关注。新新贸易理论在古典贸易理论和新贸易理论强调的比较优势中，加入了制度的要素，比较优势不仅仅来源于要素禀赋、规模经济，制度质量也成为决定比较优势的重要因素，并被嵌入企业的约束条件，纳入到国际贸易的理论分析框架之下。

新新贸易理论对制度要素的关注，主要体现在交易费用、契约不完全等理论对国际贸易新现象、新特征的解释中。这些理论或源于交易费用经济学视角，或源于产权理论视角，但都属于新制度经济学的重要组成，故而新新贸易理论对制度要素的关注，也被视为新制度经济学在国际贸易理论中的应用和发展。

新新贸易理论认为，制度环境决定交易费用和契约不完全的成本，进而决定企业治理模式。因此，要理解跨国公司这种治理结构和贸易模式，必须先理解跨国公司在东道国所面对的制度环境。赫尼兹（Henisz）将其概括为两种风险，即政治风险和契约风险。[3] 跨国公司在东道国做出具有沉没性质的专用性投资之后，可能会面临事后的机会主义行为，导致敲竹杠的风险。如果是制度本身不完备，导致当地政府违背之前的税收优惠等承诺，属于政治风险；如果是当地企业利用合资、合作经营所掌握的股权，隐瞒收入，转移利润，属于契约风险。利用当地企业在获取优惠政策、规避政府规制等方

---

[1] Antràs Pol, "Firm, Contracts, and Trade Structure", *Quarterly Journal of Economics*, 118 (2003), pp. 1375-1418.

[2] 郑辛迎、聂辉华："制度质量对国际贸易的影响——新制度经济学的视角"，载《政治经济学评论》2013 年第 3 期。

[3] Henisz Williamson, "Comparative Economic Organization-within and between Countries", *Business and Politics*, 1 (1999), pp. 261-278.

面的先天优势，与当地企业组建合资、合作经营企业，是跨国公司降低政治风险的有效方法。但考虑到伴随而来的契约风险，如何在两者之间权衡取舍，将敲竹杠带来的交易费用和契约不完全成本最小化，决定了跨国公司未来的治理模式和贸易模式。

此外，契约不完全理论假设了一个环境，即最终品生产者所需的中间品生产。这种中间品生产需要专用性投资，考虑到契约的不完全性，如果采用外包形式，由中间品供应商承担全部投资，他们为了降低敲竹杠的风险，就会减少投资，导致中间品供应不足；如果采用一体化形式，最终品生产者就会控制中间品的所有权，获得中间品所有权的优势，但对中间品供应商的激励就会降低。因此，最优的产权安排应当如下：如果中间品供应商的投资更重要，那么跨国公司应采用外包形式，将中间品外包给供应商，国际贸易在最终品生产者和中间品供应商之间展开；如果最终品生产者的投资更重要，那么跨国公司应采用一体化形式，国际贸易在跨国公司母公司与子公司之间展开，企业内贸易由此出现。在开放经济条件下，跨国公司在海外的一体化或外包选择同样遵循了这一规律。当中间品供应更重要时，跨国公司会选择在国内或国外实行外包；当最终品生产更重要时，跨国公司会选择一体化。

契约不完全理论还假设了贸易在北方和南方两个国家之间进行的情形。南方国家具有劳动力工资低等成本优势，北方国家则具有制度更完善、契约不完全程度更低的优势。为了降低契约不完全导致的敲竹杠风险，跨国公司会将产品放在北方国家生产。特别是在产品处于初创期、尚未形成标准化的时候，从南方国家低工资中获得的收益几乎为零，相反却要承担契约不完全带来的所有成本。但随着产品的日趋成熟，低工资带来的成本优势和收益逐渐显现，当其超过契约不完全带来的成本时，产品的生产开始向南方国家转移，北方国家的企业则演变成为一体化经营的跨国公司，跨国公司再将产权及产品加工转移给南方国家的独立企业，外包经营形式就出现了。

总之，作为新新贸易理论的主流分析框架，交易费用经济学和产权理论都假设当事人签订的契约是不完全的，当资产存在专用型投资时，就会导致敲竹杠的风险，损害并扭曲资产专用性水平。在解决方式上，交易费用理论强调，通过事后的适应性治理，选择最优的治理模式，降低敲竹杠导致的交易费用，抵销东道国政治风险或契约风险的影响；产权理论则强调通过最优的产权设计,将产权安排给投资重要的一方,降低预见成本、证实成本,降低契约不完全性。可见,在新新贸易理论的分析框架下,制度被作为要素禀赋之外的又一个影响一国比较优势的重要因素。资产专用性的程度,则是国与国之间制度质量差异的集中体现。对于国际贸易中一国制度质量高低的衡量,交易费用经济学倾向于分析政治风险和契约风险导致的交易费用,产权理论则倾向于分析契约不完全的程度,这就形成了基于制度质量的新新贸易模式,即具有较高制度质量的国家倾向于出口那些更依赖于制度质量的产品。

(二)新制度经济学理论

新新贸易理论是新制度经济学理论与国际贸易理论相结合的产物,是新制度经济学理论对国际贸易理论的进一步丰富和深化。

1. 新制度经济学的产生

新制度经济学不同于近代制度经济学。作为一个独立的经济学研究分支,近代制度经济学虽然奠定了制度规范和习惯的重要地位,描述了技术的进步作用和制度的约束作用,将制度与技术放在一起,共同作为经济增长的一个函数,却将研究重心集中在了对古典经济学的尖锐批评上,忽略了对制度性质、功能等基本理论的描述和发展,研究成果仅仅表现为对古典经济理论的不满和批判,没有自己的独立理论框架,也没有形成自己的理论工具范式。

新制度经济学是在对新古典经济学的修正中发展起来的。因此有人认为,新制度经济学是应用新古典经济学的理论和方法分析制度的构成和运行,发现这些制度在经济体系运行中的作用和地位,而建立起来的一门新的学科。新古典经济学的代表人物是马歇尔,其所在的剑桥学派一方面承袭古典经济学的许多思想,另一方面又割断其与自然哲学的联系,加入边际理论,运用微观经济学重新进行分析和描述。在分析过程中,新古典经济学往往会加入有关理性和信息等的苛刻假设。隐含的假设制度是既定的,导致新古典模型的僵化,限制了对许多特定问题的进一步探讨。新制度经济学放松这些假设,用"现实的人"代替新古典经济学的"理性的人","现实的人"在由现实制度所赋予的制度条件中活动,人的行为与制度之间存在内在联系,从而为新制度经济学分析制度问题找到了突破口。规则的限制和契约的约束被纳入新制度经济学的经济模型。"完全信息"和"交易无成本"的假设也被放宽,法律、契约、产权、组织等制度对交易成本的影响得到广泛研究。由此形成的产权理论和交易费用理论成为新制度经济学的基本理论工具。

2. 新制度经济学的分析方法

新制度经济学研究在遵循新古典传统的同时，形成了自己特有的制度分析方法，即科斯、诺斯等提出的交易成本方法，布坎南（Buchanan）、托利森（Tollison）等提出的寻租方法，奥尔森（Olson）提出的分利集团方法。[1]

交易成本方法提出了一个关于契约成本的理论框架，并将前人用于解释同样问题的各种因素，即信息因素、风险因素、政府管制等纳入交易费用的概念，赋予其更宽泛的含义。在交易成本方法的分析框架内，交易费用和国家一起决定产权结构，影响市场上生产交换的发生，影响经济组织的结构和运行规则，并决定经济绩效。在完全竞争的世界里，交易费用为零，制度可有可无。交易费用一旦为正，就会减少交易量，许多潜在的交易相继流失，合约安排受到影响，导致社会财富净损失。为了减少交易费用，制度对经济绩效就变得至关重要，制度的存在成为理解经济增长的关键。不同的制度下，交易费用是不一样的，交易费用大小的衡量，决定了国家的制度选择与设计。从外部效应、垄断、垂直一体化，到战略行为、价格黏性、工资等许多领域，交易费用为正的假设正在逐渐被一般化。

寻租方法致力于建立一个政治体系的利益集团模型。所谓租金，指的是支付给要素所有者的报酬中，超过要素在任何可替代用途上所能得到的报酬的那一部分。所谓寻租，指的是为获得政府特许，垄断性地使用某种市场紧缺物资，或任何其他方面的政府庇护，所寻求的政府对现有干预政策的改变，用于保证寻求租金者能按自己的意愿进行生产，或防止他人对这类活动的侵犯。[2] 寻租行为具有显著的非生产性，其利润的来源不是生产的结果，而是政府干预政策的改变，使得寻求租金者能够获得垄断性使用市场资源的特许权，或是获得其他方面的垄断地位与政府庇护，从而带来远高于政策改变前所能获得的利润总和。因此，在寻租方法的分析框架内，政府干预的纳入，决定了决策规则结构的界定，有利于分析无效率制度的形成与根源。

分利集团方法从分析利益集团的相互作用入手，认为利益集团在再分配

---

[1] [美]大卫·柯兰德：《新古典政治经济学——寻租和DUP行动分析》，马春文、宋春艳译，长春出版社2005年版，第21页。

[2] 卢现祥主编：《新制度经济学》（第2版），武汉大学出版社2011年版，第23页。

中相互冲突与妥协的结果导致制度产生。但这些制度并不必然会提高体系的效率和生产力。在制度设计时，如何最大限度地实现利益集团利益才是最初考虑的目标，这些目标可能是与增进全社会福利、满足社会效率原则相悖的。因此，有必要通过人的选择或活动，减少甚至消除利益集团的影响，实现稀缺资源的有效配置，促进制度与效率结果的一一对应。

3. 新制度经济学解决的基本问题

新制度经济学理论主要解决两大问题，即制度的形成与制度如何影响经济绩效。

新制度经济学理论将制度视为规范人的行为的一系列规则。从内容角度，制度可分为四类：①用于降低交易费用的制度；②用于影响生产要素的所有者之间配置风险的制度；③用于提供职能组织与个人收入流之间联系的制度；④用于确立公共产品和服务的生产与分配的框架的制度。[1] 从约束力角度，制度可分为三类，即正式制度（政治制度、经济制度）、非正式制度（社会习俗、文化传统、道德规范、意识形态等）与制度的实施机制。

对制度的形成问题，新制度经济学家们并没有统一的观点。萨缪尔森从"囚徒困境"模型透视人类合作的个人理性与集体理性，阐释制度的形成过程；科斯引入交易费用的分析，揭示其与制度形成的内在联系；诺斯从人的自利性和认知能力的有限性出发，解释契约制度的形成；考特（Cooter）和尤伦（Ulen）构造了一个关于产权制度起源的"思想实验室"，描述人类社会从自然状态到"市民社会"的转变过程，即制度起源与创新的过程。在"囚徒困境"模型中，萨缪尔森假设有两个囚犯甲和乙，因为共同作案而被逮捕囚禁。检察官分别与两个囚犯单独谈话，告诉囚犯："我已有足够的证据判处你们两人一年监禁。如果你单独坦白交代应该判 10 年监禁的罪行，你可以只判 3 个月的监禁，而你的同伙要监禁 10 年。如果你们两人都坦白交代，那么你们两人都要判处 5 年监禁。"[2] 此时，囚犯甲和乙都将面临同样的两难选择：坦白交代还是不坦白交代。出于自私的动机，两个囚犯都会选择坦白交代，因为坦白交代可能最短只监禁 3 个月，比大家都不坦白监禁一年要好。结果

---

〔1〕［美］R. 科斯、A. 阿尔钦、D. 诺斯等：《财产权利与制度变迁：产权学派与新制度学派译文集》，刘守英等译，生活·读书·新知三联书店、上海人民出版社 1994 年版，第 253 页。

〔2〕卢现祥主编：《新制度经济学》（第 2 版），武汉大学出版社 2011 年版，第 160 页。

就是，两个囚犯都监禁5年。但若是两个囚犯进行合作，都选择不坦白交代，结果却是两个囚犯都只监禁一年。

在经济运行中，人与人之间的选择也是相互作用的。个人效用函数不仅依赖于自己的选择，也依赖于他人的选择，个人最优选择是他人选择的函数。人与人之间的选择应当是利益冲突与一致的产物，是竞争与合作的产物，是集体理性与个人理性达成一致的产物。解决这一矛盾与冲突的办法，就是通过相应的制度设计，促进人与人之间的合作。换句话说，依靠亚当·斯密的"看不见的手"，将个人自私自利转化的社会最大福利，只可能是"囚徒困境"模型中的两个囚犯都自私行事，都坦白交代，都监禁5年；但如果通过设计某种制度，促使两个囚犯放弃自私自利，选择利他主义行事，相互合作，他们就会都选择不坦白交代，结果两个囚犯都只监禁1年。这里的制度就是市场交换中的合作规则。市场交易主体在个人效用函数里，既可以选择利己主义也可以选择利他主义，最终结果则要受到制度因素影响。可见，制度的形成与重视集体理性的合作博弈具有实质上的联系。合作协议的达成过程，其实就是制度的形成过程。

对于制度如何影响经济绩效的问题，新制度经济学的研究主要集中于制度创新和制度变迁两个方面。制度创新理论认为，制度创新包括制度的调整、改革、更替与完善等内容，制度需要借助这些创新不断拓展自身的绩效范围。可以说，制度创新是制度主体基于成本收益进行权衡分析的结果。这种分析包括三个方面：①某制度设立与该制度缺位在成本—收益方面的比较。②对同一制度安排和制度结构的运行收益和运行成本加以比较。③对可供选择的多种制度的成本收益进行比较，选择净收益最大的一项制度。[1] 诺斯等人则建立"诺斯模型"，假定制度创新主体追求利润最大化，并采用成本—收益方法进行分析，揭示了制度创新的动因在于个人或集团认为创新的成本是有利可图的，可以借创新获取在旧的制度安排下不可能得到的利益。诺斯等人将制度变迁视为一种"均衡—非均衡—均衡"的过程。所谓制度均衡，是指在现存制度下，已经实现了各要素资源的所有潜在收入增量，或者改变现存制度的成本超过潜在利润，或者不改变现存制度就不能实现收入的重新分配。

---

[1] 卢现祥主编：《新制度经济学》（第2版），武汉大学出版社2011年版，第174页。

总之，制度均衡实质上就是现存制度处于帕累托最优（Pareto Optimality）的状态。一旦这些条件被打破，就意味着现存制度处于非均衡状态，产生帕累托改进（Pareto Improvement）的可能，此时通过制度创新会再次回到帕累托最优的均衡状态。

制度变迁理论认为，制度变迁实质上是一种效率更高的制度对原有制度的转换、替代、交易过程。一项新制度之所以会出现，是因为对它的预期收益超出了预期成本，通过这项新制度，可以降低交易费用，推动规模经济，规避各类风险，进一步追求潜在的获利机会。制度变迁分为诱致性制度变迁和强制性制度变迁两种类型。诱致性制度变迁强调制度变迁的自发性、主动性，是基层经济主体为响应潜在的获利机会，自下而上倡导和推动的制度。制度变迁路径具有非暴力、非突发的渐进式特点，需要根据制度需求和决策安排逐步推行。有利于制度演进机制的优化，降低决策失误率，提高改革路径和速度的可控性，避免社会产生较大动荡。同时，受改革主体来自基层、力量薄弱等因素所限，难以突破核心制度，可能存在改革时滞较长、试错成本较大等弊端。强制性制度变迁强调制度变迁的国家干预性，通常是自上而下由政府命令或法律引入，制度变迁主体为国家或政府，推动力度大，更替作用明显，可以从核心制度入手，改革过程迅速激进，能够有效解决制度供给中的搭便车难题，满足社会对制度的需求。同时也会因为触动既得利益集团的利益或脱离现实，导致制度供给陷于低效甚至被破坏，带来较大的社会动荡。

以产权制度的安排为例，对这一制度以法律的形式加以规定，并赋予其法律的强制力以保证其实施，任何人不能侵犯产权所有者的合法权益，只有强制性制度变迁，才能推动这一制度的真正建立与付诸实施。产权制度确立后，经济主体在各自权利范围内，基于利益最大化目标，进行生产性、交易性、分配性的制度选择，以满足自身利益需求，由此，形成诱致性制度变迁。可见，如果没有产权制度的强制性安排，优化资源配置，提高经济运行效率等诱致性制度变迁就很难产生并实现。诱致性制度变迁和强制性制度变迁，各有优缺点，两者是相互联系、相互补充、相互制约的关系，共同推动着整个社会的制度变迁，并形成新制度经济学有关制度变迁的两个代表性模型。实践中，基于制度初始条件、制度需求状况、预期制度和制度环境的兼容性，灵活地将不同制度变迁方式加以组合，可以有效地降低制度变迁成本，最大限度地提高制度效率。

（三）法律激励理论

自古以来，作为惩恶扬善的重要工具，法律的激励功能总是与惩罚功能并列存在。早在夏朝时，启发兵攻打有扈氏时的动员令（即"用命，赏于祖；弗用命，戮于社"的规定）中，就同时包含了惩戒性和激励性的法律规范。伏尔泰（Voltaire）曾感叹，欧洲的法律不如中国，依据就在于中国古代法律不仅可以用于治罪还可以用于褒奖善行。[1] 但总体看来，法学研究对激励问题的关注并不多。二战后，"服务性政府""柔性管理"等理念相继提出，强调政府在公共事务管理中，应尽可能使用发号施令、施加权威之外的新方法。在这一背景下，行政奖励作为一种新的方法，受到崇尚与重用。孟德斯鸠（Montesquieu）、边沁（Bentham）、哈特（Hart）、弗里德曼（Friedman）等学者纷纷著书论述，表达对法律激励规范的推崇与肯定。我国学者对法律激励问题的关注始于改革开放，姜明安在《行政法学》一书中，将行政奖励作为一种独立的行政行为，专门加以分析；[2] 沈宗灵在《法理学研究》一书中指出，大量具有奖励表彰后果的规范的制定，体现了法律由"约束"消极行为向"激发"积极行为的发展；[3] 谢邦宇在《行为法学》一书中认为，法律对个体控制的重要部分，就是激励个体的合法行为；[4] 王利明在《合同法的目标与鼓励交易》一文中，指出了合同法对法律激励的关注，即《合同法》的另一个重要功能和目标，就是鼓励合同的订立、促成合同成立并生效、保障合同利益的实现。[5] 这些研究成果或是从法律规范、法律行为视角进行不同区分，或是从法的功能和目标视角进行进一步的探究，缺乏对法律激励概念、内涵、外延等的系统深入论述，因此，只能说是对法律激励理论的一些模糊认识，或是法律激励理论的萌芽状态。

进入21世纪后，行政法学领域率先开始对激励机制理论及运用进行系统论述。以倪正茂为代表的学者，在科技法的研究中提出了激励法的概念。之

---

[1] 倪正茂：《激励法学探析》，上海社会科学院出版社2012年版，第22页。
[2] 姜明安编：《行政法学》，法律出版社1998年版，第103~104页。
[3] 沈宗灵主编：《法理学研究》，上海人民出版社1990年版，第208~209页。
[4] 谢邦宇等：《行为法学》，法律出版社1993年版，第144~145页。
[5] 王利明："合同法的目标与鼓励交易"，载《法学研究》1996年第3期。

后，丰霏、胡元聪、夏黑讯等学者纷纷加入，尝试从法律激励的内涵、概念、类型、模式、契约化特性、理想形态等角度进行完整的理论阐述，法律激励理论雏形渐现。

法律激励理论认为，在法律这一层面，存在激励法、惩戒法和组织管理法的划分，这些法均具有法律的一切特征，即权威性、稳定性、普遍性和强制性，其中对人的特定行为实施激励的法就是激励法。激励法所具有的激励性是正向的、积极的，是利用奖励进行的正面引导，表现为一种动力或拉力。这种奖励许诺隐性存在于法律文本之中，只有当人们按法律去行事后，才能予以兑现。激励法建立在激励契约的基础上。没有激励契约，激励法就无法发挥实际功效，激励法的实施应按激励契约的要求展开，违反激励法的行为，也应按激励契约规定的违约责任处理。

法律激励按部门划分，可分为宪法性激励、行政性激励、民事性激励、刑事性激励、国际性激励，其中，以民事性激励内容最为丰富。按法律实务划分，可分为实体性激励和程序性激励，前者规定实体权利和义务，后者用来保障前者的实施。按激励标的划分，可分为奖赏性激励和授权性激励，其中奖赏性激励包括物质性奖赏和精神性奖赏。物质需要是基础，精神需要是更高层次的需求，在一定条件下，两者可以互相转化，很难截然分开，实践中往往需要将两者同步使用，才能最大限度实现有效激励。授权性激励是指授予相对方一定的权利，使之能够在授权范围内有从事一定行为的自由。由于其激励效果持续时间较长，对象面向全体社会成员，内容可能涉及根本性事项，往往被视为最重要、最持久、最高级的激励形式。法律激励按内容划分，可分为行为激励和结果激励两种类型。这两种激励都指向人们的法律行为，但行为激励仅止于人们的法律行为，结果激励则是通过对行为结果的评价来激励人们的法律行为。法律行为的制约因素包括行为主体的需要、法律的价值判断、资源的具体分配、行为的方式、行为的机会、行为的耗费等，对这些因素的调控，往往能够达到激励人们积极从事某种行为的效果。现代社会，行为激励的运用越来越广泛，如通过专利法、著作权法，法律保护智力成果、鼓励发明创造；通过减免税收，法律鼓励企业安装使用环保节能设备；通过奖励举报，法律鼓励个人参与食品安全的社会监督。但这些受到法律保护与激励的行为，并不一定都会产生预期的肯定性后果。发明创造带来技术进步的同时，也可能造成资源浪费和环境污染；花费巨资安装的环保节能设备，可能因各种原因搁置不用，却又造成环保假象，导致对偷排等行为的疏忽监管。总之，与行为激励相比，结果激励既激励行为，又激励结果，更有利于鼓励人们的进取心，更有利于激励目标的真正实现。因此，大力发展结果激励，应当是当前以及未来立法的重心所在。

从法律文本角度看，法律激励主要分为三种类型：制定专门的规范性文件、制定专门章节、制定专门条款。这三种激励方式的激励力度与效果存在较大差异。一般情况下，制定专门的规范性文件的激励力度最大，制定专门条款的激励力度最小。对于需要产生较大社会效益的情形，往往会采用制定专门的规范性文件的方式，在明确客观的激励原则的同时，还要细化具体的激励措施。在三种激励方式中，这一方式的激励效果也是最明显的。相反，制定专门条款的方式，往往体现为若干宏观性的指导原则，内容简单冲动，缺乏可操作性，难以具体落实，法律激励效果在三种激励方式中是最差的。

从激励模式角度看，法律激励分为三种：着眼于权利义务责任的分配、着眼于成本收益的配置、着眼于荣誉资格待遇方面。三种模式激励的侧重点不同，实施条件也各异。其中，后两种模式往往直接涉及经济内容，经济激励特征明显，经济收益看得见摸得着，法律激励效果非常直接；前一种模式一般不直接涉及经济内容，被激励者得到的只是获得经济收益的可能或者权利保障，不会立即获得经济收益，法律激励效果相对间接。但后两种模式资金需求较大，需要一定的国家财力作为基础；前一种模式一般不需要国家财力支持，但相关立法制定和实施的周期较长，牵涉问题太多，影响历时久远。因此，解决好法律激励模式之间的衔接问题，合理配置不同激励方式，才能更好地实现法的激励功能。

综上，法律激励理论关注到法律激励规范的客观存在，以及法律激励功能的重要实践价值，虽然从纯理论角度看，它并未形成一个成熟的理论体系，对于激励本身是否包含"赏"与"罚"两个维度、是否同时兼具"正向激励"和"反向激励"等问题尚存在争议，但都强调法律应被看作一种激励体系，[1]应当从法学理论重构层面对法律激励理论进行研究，探索社会由惩罚性法治向激励性法治转型的过程。

三、比较利益增进模型的作用机理

本书遵循传统贸易理论关于比较优势决定贸易动因与贸易利益的判断，但比较优势绝非仅源于国家间生产率的差异，以及国家间要素禀赋的不同。结合近现代国际贸易及相关理论的发展，本书认为供给与需求、制度彼此配合，从多层次共同展开，从多角度相互作用，共同推动比较优势的动态发展。基于此，本书在国际贸易及相关理论前沿研究的基础上，吸取国际主流贸易学研究方法，试图建立一个较为科学合理的、能够全面解释其作用机理的比较利益增进模型，并将该模型命名为"起飞模型"（如图2-5所示）。在"起飞模型"中，供给、需求和制度三个因素相互作用，产生相互增强的利益，共同推动我国传统饮料行业沿既定的"航线"发展，为比较利益的增进提供了强有力的内部和外部保障。

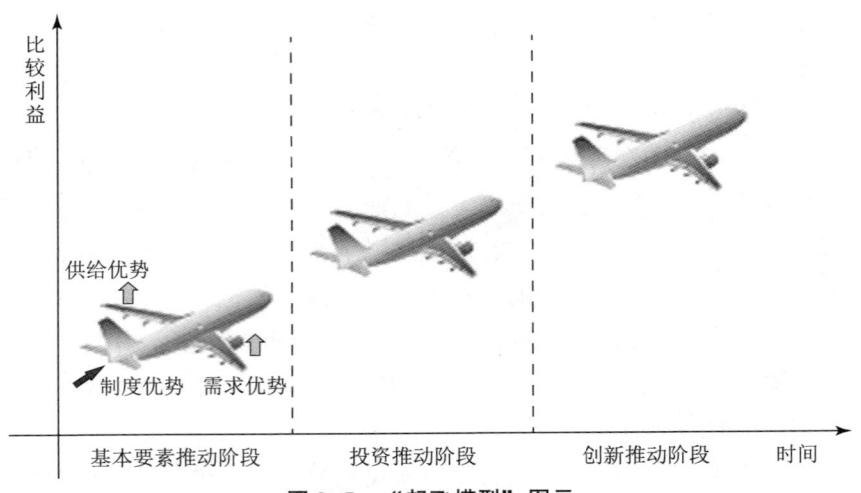

图2-5 "起飞模型"图示

（一）比较利益增进模型之"航线"设计

比较利益的增进是一个阶段性的、动态的过程。根据产业发展现实和国

---

[1] 丰霏："当代中国法律激励的实践样态"，载《法制与社会发展》2015年第5期。

际贸易相关理论，比较利益增进的"航线"，即比较利益增进路径，可以按以下三个阶段设定。不同阶段，比较利益的来源也有所不同：

1. 基本要素推动阶段

在此阶段，主要依靠该国原有的基本要素优势，即在现存的资源约束条件下发展贸易，获取比较利益。根据波特的定义，基本要素就是自然禀赋或不需要花费太大代价即可获取的要素。"亚洲四小龙"在工业起步阶段，都曾利用本国充裕、廉价的劳动力大力发展劳动密集型产业，在国际市场获得丰厚的比较利益，有力地促进了本国经济的发展。这一阶段应充分挖掘现有比较优势的潜力，逐步积累高级要素，为第二阶段的比较利益增进打下坚实基础。

2. 投资推动阶段

在此阶段，主要依靠资本要素优势发展贸易，实现比较利益的增进。通过持续投资，改善基本要素的素质，大量更新设备，培训技术和管理人员，引进先进技术和管理经验，生产能力得到提高，国际竞争能力有所增强。此时，国内需求不断上升，消费档次不断提高，国内市场开始培育，规模经济日益显现。结合仍然低于工业化国家的工资水平以及充裕的劳动力优势，比较利益进一步增进。

3. 创新推动阶段

在此阶段，主要依靠创新优势发展贸易，实现比较利益的进一步增进。此时，仅仅依靠廉价的劳动力、特殊的资源已经难以维系，只有通过在生产技术、生产方法、管理和营销等方面的不断创新，将竞争的侧重点转移到非价格竞争上，才能适应国内日益成熟的消费者市场和复杂性日益增强的竞争需要，实现比较利益的持续增进。

比较利益增进路径的设计，可以部分地用产品生命周期等理论进行解释：

（1）根据产品生命周期理论，同一种产品在其生命周期的各个阶段，要素密集度是不一致的。在产品生命周期的第一阶段，创新国凭借雄厚的技术力量研发制造出新产品，这时的新产品应当属于技术密集型产品；到了产品生命周期的第二阶段，发达国家凭借充裕的资本和丰富的实践经验也能制造出该产品，这时，产品应当属于资本密集型产品；到了产品生命周期的第三阶段，生产技术已经成熟并趋于标准化，发展中国家仅凭丰富的劳动力资源就可生产制造，这时，该产品已成为劳动密集型产品。不难看出，在同一产品生命周期的不同阶段，推动其生产制造的要素是不一样的，产品附加值也是不一样的，相应地可能创造的比较利益也不相同。根据产品生命周期理论，在新产品阶段，产品属于知识密集型产品，附加值高，市场竞争者少，替代产品不多，仅在国内市场就能赚取高额利润。进入成熟阶段后，产品由知识密集型转变为资本密集型，产品附加值走低，市场竞争者增加，替代产品增多，企业利润开始下降。到了标准化阶段，产品变成劳动密集型产品，附加值已经降到最低，成本和价格是产品的决定因素。传统行业（如饮料、服装、纺织品等）往往处于产品生命周期的最后阶段，这时，技术发展已经稳定，生产制造采用标准化流水线，相对于产品生命周期的前两个阶段，这一阶段多依靠自然资源和劳动力优势，产品技术含量低、附加值低。但随着要素密集度或者技术水平的提高，这些行业会逐步向资本密集型或知识密集型方向发展，产品附加值也会随之增高。

（2）产品生产中使用的资本和技术要素，比自然资源和劳动力要素更具备流动性和传播力，这使得一国比较优势更具有动态提升的可能。流动性是经济发展的重要动力。资本先天具备的逐利性决定了其只会往有收益的方向流动，资本的全球流动实质就是一个逐利的过程。通过金融债权的流动，放贷者和借款者之间的流动，或者资产所有者和投资者之间的流动，资本被交给借款者或公司经理使用，放贷者或资产所有者凭借持有的借据或公司股票，获取投资的利息或股息。技术的流动性源于其外部性特征。所谓外部性也叫技术外溢，指的是产业内不同企业间的知识扩散、知识共享或学习模仿。外部性一般发生在同一区域的相同产业内，如美国的硅谷、底特律汽车城等都是外部性的典型地区。通过国际贸易、技术引进等渠道，技术的外部性突破了单一国家的限制，扩展到其他国家。技术与资本较强的流动性和传播力，为一国低成本地借用别国资本和先进技术，形成本国资本优势和技术优势，提供了可能。随着资本越来越充裕，技术越来越接近前沿，无法再继续廉价借用时，它们将不得不转向自己投资研发新技术。长期的资本积累也为技术研发活动的开展提供了充分的支持，传统行业贸易发展将进入创新推动阶段。

（3）收入增长使需求转向非生活必需的奢侈品，而高技术含量的产品往往都是非生活必需的奢侈品。收入增长对需求的影响，反映在需求的收入弹性（η）中，即：

$$对某种商品需求的收入弹性(\eta) = \frac{对该商品需求变化的百分比}{引起上述变化的收入变化的百分比} \qquad (2.1)$$

其中，$\eta > 1$ 的商品为非生活必需品，也被称为奢侈品，在其他因素不变的条件下，当收入增长 10% 时，对非生活必需品的需求增长大于 10%，需求量增加的百分比超过了收入增长的百分比，即消费者收入越高，其用于非生活必需品的支出就越多；$0 < \eta < 1$ 的商品为必需品，在其他因素不变的条件下，当收入增长 10% 时，对非生活必需品的需求增长小于 10%，需求量增加的百分比低于收入增长的百分比，即消费者收入越高，其用于非生活必需品的支出就越少；$\eta < 0$ 的商品为劣等品，当收入增长时，对劣等品的需求会减少。

二战后，世界经济进入平稳发展时期，各国平均收入保持持续增长，从 1965 年到 1986 年人均国民生产总值年平均增长速度在发展中国家达到 2.8%。[1] 受世界性收入持续增长的影响，世界贸易逐渐转向 $\eta > 1$ 的非生活必需的奢侈品。这里的奢侈品是与必需品相对应的概念，具有技术水平高、附加值高、品种多样化等特征，反映了消费者对商品品质的追求，以及对商品效用多样化和最大化的追求。非生活必需的奢侈品中往往使用了尖端、复杂和先进的技术，集中了高科技的成果，技术性能复杂，属于技术密集型产品。多样化商品也可以视为奢侈品，消费者的收入越高，越有可能变换他们对消费品的选择，从而使产品的花色品种变换本身也产生价值。消费者的收入水平越高，多样化消费的愿望就越强，可以相互替代的产品品种就越繁杂。

（二）比较利益增进模型之"动力"设计

比较利益增进模型的动力源于供给优势、需求优势和制度优势的共同作用。供给优势和需求优势相互配合，犹如飞机之两翼，产生巨大的向上作用力。制度优势犹如飞机之发动机，产生强大的向前推动力。在制度优势与供给优势和需求优势的共同推动下，我国传统饮料行业向国际市场起飞和翱翔的梦想才能变成现实，比较利益的增进才能实现。

---

[1] 资料来源：世界银行数据库。

1. 供给优势

供给是指卖方愿意而且能够出售的商品或服务数量。在早期的国际贸易理论中，大多认为，有可供交换的剩余产品和各自为政的社会实体是国际贸易产生的前提，由此得出结论：供给是决定贸易动因和贸易利得的主要因素。包括亚当·斯密的绝对优势说、大卫·李嘉图的相对优势说、赫克歇尔—俄林的要素禀赋说，以及被誉为新贸易理论的规模经济理论，在分析中往往假设需求强度既定，将国际比价停留在固定的相同便利值上，集中讨论供给方面，强调供给在国际贸易动因和利得问题上的重要作用。

绝对优势和比较优势理论认为，国家能否从贸易中获得利益，取决于它们是否具有某种绝对优势或相对优势。绝对优势和相对优势源于贸易前两国是否具有不同的比价。亚当·斯密认为，所有经济上的"价值"都是由劳动的小时数决定和测度的。受其影响，大卫·李嘉图也认为在没有国际贸易的情况下，劳动成本决定经济价值和价格，即生产 1 单位某商品所花费的劳动就是该商品的单位价值或价格。可见，一国能否更有效率地进行生产或能否相对更有效率地进行生产，是该国是否拥有绝对优势或相对优势的关键所在。赫克歇尔和俄林对于技术因素能否解释现实世界的大部分国际价格差别提出了质疑。他们发现，相对成本的差别关键在于要素禀赋和要素使用密集度的差异。基于不同国家的相对要素禀赋不同，和不同产品使用不同的生产要素比例的客观事实，他们预言了国际贸易的格局：各国出口密集使用其充裕的生产要素的商品，进口密集使用其稀缺的生产要素的商品。

2. 需求优势

随着国际贸易实践的发展，需求对贸易的作用日益凸显，越来越多的学者开始放松原先对需求的假定，从需求的角度研究国际贸易的动因以及贸易利得问题。从穆勒（Mill）的相似需求说和林德的偏好相似理论，到波特的竞争优势理论，相关领域的研究与日俱增。

理论上，需求是人们在一定欲望驱动下的有条件的、可行的选择。构成需求必须具备两个要件：一是购买方愿意购买商品，二是购买方有能力购买商品。需求是怎样创造贸易基础、影响比较利益的呢？我们可以不同的需求偏好为例加以说明。如图 2-6 所示，两国都生产大米和小麦，假设供给条件没有差别，两国的生产可能性曲线应当是相同的，生产点都在 T 点，两国生产同样的商品束。但由于需求偏好不同，B 国偏好面包，社会无差异曲线为 B_0，消费点为 R；A 国偏好大米，社会无差异曲线为 A_0，消费点为 S。贸易前 B 国的小麦价格高于 A 国，而 A 国的大米价格却高于 B 国。开放贸易后，A 国的小麦被卖往 B 国，B 国的大米被卖往 A 国，以从中获利。与此相应，B 国通过进口小麦，到达 B_1 这条位置较高的社会无差异曲线，消费点上升到 U 点；A 国通过进口大米，到达 A_1 这条位置较高的社会无差异曲线，消费点上升到 V 点。可见，在供给条件不变的情况下，需求偏好的不同也会导致很大程度的消费专门化，进而影响到贸易的产生以及比较利益的获取。

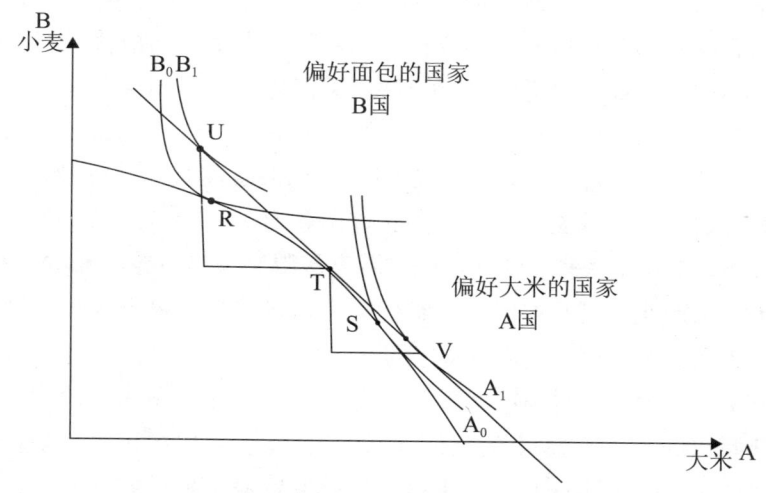

图 2-6　需求偏好不同所产生的利益变动

对需求的分析可以分为水平构成和层次构成两个方面。水平构成是指对不同种类产品的相对需求，层次构成则是指对某一产业内不同质量产品的相对需求。一方面，巨大的市场需求有助于生产规模的扩大和成本优势的获取，促使本产业扩张，巩固和加强在国际市场的竞争地位。另一方面，需求的层次往往与收入水平相适应，一般说来，发达国家的收入水平较高，发展中国家的收入水平较低，因此，发达国家倾向于高质量产品的消费，发展中国家倾向于低质量产品的消费。近年来全球经济的发展、各国收入水平的提高，为越来越多的消费者追逐更高质量的产品提供了可能，客观上促使企业在质量要求的压力下持续创新，不断提高产品质量，保持竞争优势。这样，在水平构成和层次构成的共同作用下,需求因素直接影响和决定着一国的竞争优势和贸易利得。

3. 制度优势

理论上认为,比较利益的增进需要制度的保障和促进。在传统国际贸易理论中,贸易能使贸易国互利,基于比较优势的自由贸易似乎是最好的选择。但在现实贸易中,拥有比较优势并不等同于比较利益的必然实现。在贸易国内部,往往同时并存着因国际贸易获利和受损两种情形。在自由贸易体制下,如果一国国内某类产品的价格比外国同类产品高,外国该产品就会被进口到本国,本国消费者就可以更低的价格购买到该产品,消费者剩余增加,此时,本国消费者就是自由贸易的获利方;与此同时,大量外国廉价进口品抢占国内市场,本国生产者被迫降价销售,甚至关门停产,本国生产者成为自由贸易的受损方。可见,自由贸易在为贸易国带来利益的同时,也会直接威胁到其相关行业的生存和发展,甚至出现失业增加和经济动荡等一系列社会问题,只要获利方的收益超过受损方的损失,该国就通过国际贸易获得了利益。基于此,各国纷纷制定关税、技术措施或者直接限制进出口等贸易政策和法规,力图保护本国产业,提升本国的供给优势和需求优势,最大限度地减少贸易对本国的不利影响,增加贸易对本国的有利影响。

西方贸易保护理论对制度实现和促进比较利益的作用作了较为系统的阐述。李斯特(List)在 1841 年出版的《政治经济学的国民体系》(*National System of Political Economy*)一书中指出,采取贸易保护措施会使进口品价格上升,损害消费者的利益,却有利于本国生产能力的形成,最终,本国产品的价格也会下降,甚至会低于进口产品的价格,可见,国际贸易的长期利益完全能够补偿短期损失。李斯特认为只有幼稚产业才需要保护,而且保护应该是有期限的,一般不超过三十年,被保护的产业经过一定时期还是发展不起来,就不应该继续保护。凯恩斯(Keynes)关注的重点是贸易额变动与国民收入增长之间的关系。他在《就业、利息和货币通论》(*General Theory of Employment, Interest and Money*)一书中指出,贸易顺差有益,贸易逆差有害。顺差能够带来黄金,扩大支付手段,降低利率,增加投资,促进就业;逆差则会使一国黄金外流,经济衰退,失业增加。他极力鼓吹贸易顺差,反对贸易逆差,主张国家采取各种手段和保护措施干预贸易活动,争取实现贸易顺差。由此，凯恩斯的理论被称为"新重商主义"，也被称为超保护贸易理论。普雷维什则看到"外围国家"和"中心国家"在生产资源状况、经济实力、政治影响等方面的客观差距，指出"中心国家"是国际贸易利益的获得者，"外围国家"向"中心国家"提供原料，引进资本，模仿技术，是"中心国家"的附庸，主要生产和出口初级产品，随着"外围国家"贸易条件的不断恶化，国际贸易反而成为"外围国家"经济不发达的原因之一。

对制度实现和促进比较利益进行较为系统阐释的，是战略性贸易保护理论。战略性贸易保护理论认为，假设生产同一产品的两个国家企业在国际市场竞争，双方势均力敌，谁也无法战胜对方，迫使对方撤出。这时，其中的一国政府如果对本国企业提供资助或其他支持，该国企业就可能将竞争对手逐出市场。这种政府为支持本国企业而有意识地采取的措施，被称为战略性贸易政策。随着新贸易保护主义的兴起，战略性贸易保护理论受到各国政府的广泛推崇，国际贸易的实践也证明了战略性贸易保护政策在制度优势形成中的重要作用。采用战略性贸易保护政策成功增进本国比较利益的典型例子，是20世纪五六十年代日本经济和贸易的飞速发展。一些学者将其归结为技术发展的结果，但也有学者认为其发生在技术赶上西方国家之前，可能是有远见的日本政府通过经济政策有意识培育的结果。[1] 20世纪五六十年代，日本还是一个劳动力充裕而资本匮乏的国家，日本政府超越当时的要素禀赋条件，明确支持将日本变为技术和资本丰裕国家的发展战略，有计划地发展日本在技术和资本密集型产品方面的比较优势。实践证明，日本的这一经济产业政策取得了空前的成功，为日本创造出在技术和资本密集型产品方面的全新比较优势，极大地促进了日本比较利益的增进。

新新贸易理论则直接从比较优势角度论证制度质量对国际贸易的影响。通过衡量不同产业对制度质量的依赖程度，发现对于制度依赖程度高的行业，所属国家制度质量越高，出口就越多。[2] 制度构成比较优势的重要来源，对

---

[1] [美]彼得·林德特:《国际经济学》，范国鹰、陈生军、陈捷等译，经济科学出版社1992年版，第76页。

[2] Levchenko A. A., "Institutional Quality and International Trade", *The Review of Economic Studies*, 74 (2007), pp. 791-819.

于制度质量较高的国家,制度依赖程度较高的行业出口往往较多。[1] 可见,制度质量的好坏会影响企业的技术选择,影响对企业生产率的激励,进而影响一国比较优势。

综上所述,供给因素、需求因素和制度因素相互作用、相互促进,共同推动了比较优势的提升与比较利益的增进。供给因素总是建立在需求因素的基础上的,需求优势的提升为规模经济的实现提供了可能,同时也对技术进步提出了更高的要求。供给因素反过来会影响需求优势的提升,供给是需求实现的保障,没有充足的供给,需求在数量上无法满足,更无从谈及需求在质上的要求。同时,制度因素的作用也是不容忽视的,有效的制度供给能够在供给优势和需求优势的提升中发挥重要的促进作用。

(三) 比较利益增进模型之运行分析

1. "动力偏好" 的变动

在比较利益增进模型中,供给因素、需求因素和制度因素相互作用、相互促进,共同推动了比较优势的提升与比较利益的增进。但这种作用体现在比较利益增进的不同阶段,运行过程并不相同。

在基本要素推动阶段,一国的比较优势主要源于该国原有的基本要素存量。一国先天的要素供给条件往往决定着贸易基础的建立,决定着比较利益的获取。这可以用国际贸易理论中大量使用的生产可能性曲线来说明。生产可能性曲线标出的是某个经济体在实现了充分就业,并发挥了其最大劳动生产率的情况下,可能生产的不同产品的所有组合。一国的生产可能性曲线是从有关生产要素总供应量的信息,以及各行业的生产函数(即把某一商品的产出表示为该商品投入的函数)信息推导出来的。生产函数是描述技术水平的常用方法。可见,一国要素的供给条件和组合这些要素进行生产的技术条件共同决定着其生产可能性曲线的形状,造成了不同国家比较成本和贸易利益的差别。

在投资推动阶段,通过持续投资,生产能力得到提高,国内需求数量与档次不断上升,需求因素的影响逐渐显现。应当说,需求源于供给,没有充足的供给,需求在数量上无法满足,更无从谈及质的要求;反过来,供给总

---

[1] Nunn N., "Relationship-specificity, Incomplete Contracts and the Patten of Trade", *Quarterly Journal of Economics*, 122 (2007), pp. 569-600.

是建立在需求基础上,需求优势的提升为规模经济的实现提供了可能,也对技术进步提出了更高的要求。需求与供给对贸易的共同作用,可以用图 2-7 加以说明。假设在某产品的生产上,A 国相对于 B 国具有资源禀赋的优势($K_A > K_B$),其技术水平也高于 B 国($1/b_A > 1/b_B$),从供给角度来看,A 国应当是该产品的出口国,B 国应当是该产品的进口国。但如果 A 国国内需求较大,导致其国内均衡价格高出国际市场均衡价格($P_A > P_O$),A 国则可能成为该产品的进口国;相反,如 B 国国内需求较小,导致其国内均衡价格低于国际市场均衡价格($P_B < P_O$),B 国则可能成为该产品的出口国。可见,到了投资推动阶段,一国产业结构中具有供给优势的不一定就是净出口行业,而不具有供给优势的也不一定是净进口行业。实际上,比较优势应当是供给优势和需求优势共同决定的,当某一行业具有供给优势,而不具有需求优势时,该行业也有可能成为净进口行业,反之,当某一行业不具有供给优势,却具有需求优势时,该行业也有可能成为净出口行业。

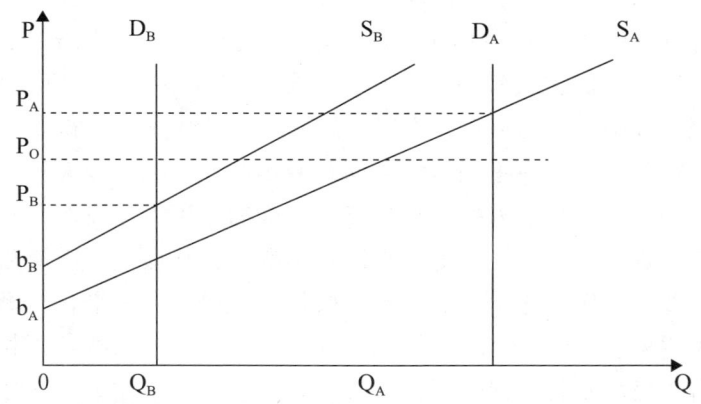

图 2-7 供给与需求对贸易比较利益的共同作用

在创新推动阶段,竞争的侧重点逐渐转移到非价格竞争上,需求的复杂性日益增强,依靠先天的、固有的供给优势和需求优势已经难以维系,如何借助生产技术、管理方法、市场营销等方面的创新与发展,实现供给优势与需求优势的提升,成为影响一国比较利益增进的决定性因素。基于此,各国政府纷纷制定政策和法规,通过有效的制度供给,从外部影响企业,形成市场供求机制和政府干预的合力,共同推动供给优势和需求优势的提升。在创新推动阶段，制度因素的作用越来越难以忽视。

可见，在比较利益增进模型中，供给优势、需求优势、制度优势虽然同为比较利益增进的动力来源，但随着增进路径的演变，不同阶段的"动力偏好"并不相同。在基本要素推进阶段，对某产品拥有比较优势的国家，进入投资推动阶段后，可能成为该产品的净进口国；在投资推动阶段亦然。

2. 制度因素与增进路径的动态演进

在比较利益增进模型中，不同阶段的比较利益增进来源各不相同。理论上，一国基于不同阶段的"动力偏好"，确定自身比较优势，生产并出口相应的产品，实现比较利益的增进。但由于比较优势存在动态提升的可能，处于比较利益增进路径末端的国家，也有可能站到比较利益增进路径的最前端，成为依靠制度推动创新、实现比较利益增进的生产者。制度因素推动比较利益增进路径动态演进，主要体现在以下几个方面：

（1）供给优势提升。供给优势的提升主要体现在要素禀赋、生产率、规模经济三个方面。①要素禀赋的动态提升。要素禀赋是一国要素供给条件变化的充分体现。近年来国际贸易理论与实践的发展，进一步拓展了早期的国际贸易理论。早期的古典经济学家认为，劳动和资本等生产要素是天赋的、固有的，只能在国内自由流动，在国际上却不可以，这就使得要素的收益在一国内部往往相等，但在不同国家之间却并不相同。到了今天，古典经济学家指出的这种差异仍然部分的存在，但在制度的作用下，任何一国的自然资源、劳动力、资本等生产要素都不是固定不变的，其存量、质量和结构都可能发生较大变化。如放开"计划生育"政策，会促进人口增长，增加劳动力的数量；引进外资政策，会增加可利用的资本总量；鼓励技术创新制度，会激励创新者积极投身技术研发活动，推动科技发展。事实上，开放经济条件下，国际间要素相对价格和收益存在较大差距，受不断追逐更高经济利益的动机驱使，国际间的要素流动已经成为更主要的趋势。[1] 此时，一国以有效的制度供给，促进要素在国际间的流动，利用他国要素缓解本国要素稀缺矛盾，满足本国经济发展需要，可能的结果是，他国原先拥有的要素禀赋优势可能会逐渐丧失，本国原先没有的要素禀赋优势却可能逐渐产生。此外，科

---

[1] 著名社会学家齐格蒙特·鲍曼在《流动的现代性》一书中曾指出，流动性是现代社会的基本特征。

第二章 相关理论回顾及模型构建

学技术的发展颠覆了要素禀赋是先天、固有的传统观点,新的人造替代品取代了生产中所必需的原材料。这方面的典型例证包括人造橡胶和人造纤维的诞生,前者剥夺了巴西和马来西亚等橡胶生产国的收入,后者降低了对棉花和羊毛的需求。雷布津斯基定理(Rybczynski Theorem)证明,在商品和要素的相对价格不变的前提下,要素数量的增加将导致密集使用这一要素的产品数量增加,如果增加的产品是出口产品,该国的贸易量就会增加。由此可见,有效的制度供给推动着要素存量的改变,决定了相对要素的价格,进而影响到生产和贸易的结构,影响到比较利益的增进。②生产率的动态提高。在要素禀赋不变的情况下,要素边际生产率的提高也会影响到该国的生产函数,进而影响到该国的比较优势变动。相对于要素禀赋,将这些要素组合起来进行生产的技术条件更具有可变性,这使得一国在技术方面的供给优势具有很大的提升空间。借助技术创新、"干中学"和技术外溢政策,一国可以比其他国家更快地获取和积累新技术,提高劳动生产率,并逐步超越出口国,最终成为原先进口商品的出口国。这方面最突出的事例就是,20世纪五六十年代日本在技术和资本密集型产品贸易中取代美国成为出口领先者。而美国在技术密集型产品出口中比较优势的丧失,似乎是美国单位劳动力技能发展较慢的结果。有研究表明,自1963—1984年期间,美国研究与发展方面的科学家及技术工人数量的增长速度在主要工业国中最慢。[1]

此外,阿西莫格鲁(Acemogula)认为,企业选择的中间品投入越多,技术越先进,就会拥有更高的生产率,在制度质量较差的国家,契约的不完全程度较高,中间品供应商面临的敲竹杠风险较大,投资就会不足,反过来影响企业对先进技术的采用,导致比较优势的差异。[2] 科斯蒂诺(Costinot)从劳动分工角度进行解释,认为制度环境的差异会导致不同国家合约不完全程度的不同,进而影响该国的劳动分工程度和范围。劳动分工状况是生产效率的具体体现,在制度环境相对完善的国家,合约不完全程度较低,劳动分工造成的道德风险较小,对于那些生产迂回程度较长,合约依赖较大,分工

---

[1] [美]彼得·林德特:《国际经济学》,范国鹰、陈生军、陈捷等译,经济科学出版社1992年版,第112页。

[2] Acemoglu D., Paul Anstra, Helpman E., "Contract and Technology Adoption", *The American Economic Review*, 97 (2007), pp. 916-943.

程度较高的产业或产品来说，生产效率就会提高，从而在国际贸易中获得较强的比较优势。[1]

③规模经济的形成。规模经济是指企业或产业规模扩大所导致的边际收益递增现象，也称为规模收益递增。在各国资源禀赋和技术水平相同的情况下，一国劳动投入系数的大小取决于该国的生产规模。生产规模越大就越有利于成本的节约，越有利于成本优势和价格优势的形成。这种大规模生产的经济性既不是因为要素禀赋的差异，也不是因为技术水平的不同，而是由生产规模造成的。建立在不完全竞争、产品差异化和规模经济假设基础上的新贸易理论强调，对规模经济效应的追求决定了贸易的动因和比较利益的获取。很多资本密集行业和技术密集行业都具有规模经济的特征。与其他经济部门相比，它们可以更迅速地扩张，降低整个行业的成本，而又不使产品的相对价格上升。通过有效的制度供给，促进资本、技术等要素的流入，或是推动技术创新和产业组织形式的完善，提高生产的标准化和集约化程度。可能的结果是，产品的排他性增强，单个企业只生产有限的产品系列，这些产品仅由一家或少数几家企业生产，先进入的企业生产规模逐步扩大，形成单位产品的成本优势，能够控制产品的价格以获取更大的比较利益。在国际贸易中，生产规模较大的国家其生产成本往往低于规模较小的国家。前者有能力继续扩大，最终成为该产品在世界市场的专业生产和出口国。后者则会逐步减少甚至退出该产品的生产，转而生产和出口其他相对有利的产品。另外，企业还可以借助外部规模经济增进比较利益。根据外部规模经济理论，行业间某个时点上的发展规模差异也可能产生比较优势。一般说来，一国某个行业的发展规模较大，就会产生外部规模经济，进而形成相应的行业规模优势。具体表现为，该行业的资源和劳动力等生产要素能够共享，企业间的余缺可以相互调剂，技术成果能够迅速普及，企业在资源和要素禀赋不变、自身规模不变的前提下，也能获得比较利益。

此外，制度供给可以借助外部经济，推动更大规模的扩张，降低整个行业的成本和价格。外部经济指的是同行业内部单个厂商规模的扩大给其他厂商带来的生产率提高、成本下降等效应。基于外部经济，整个行业规模的扩

---

[1] Costinot A., *Contract Enforcement, Division of Labor and the Pattern of Trade*, Mimeograph, Princeton University, 2005.

大，为行业内各厂商提供了更多的接触机会，进而为各厂商平均成本的下降提供了可能。外部经济是对单个厂商来说的，对行业来说，外部经济却是内部的。技术密集行业往往表现出显著的外部经济特征。在技术密集行业，新技术可以通过直接的信息传播或技术人员的流动，从一个公司扩散到另一个公司。受制度供给影响，外部经济会加剧行业规模的扩大，提高整个行业的产出量，厂商之间的接触更频繁，更多有用的信息得到相互交换，生产率得到进一步提高，整个行业的成本也进一步降低。厂商将获取较低的供给曲线之上的生产者剩余，本国和外国的所有消费者也将获取价格下降带来的利益。

（2）需求优势提升。需求既来自国际市场，也来自国内市场。一方面，国际市场需求越旺盛，就越有利于出口额和出口价格的提高，进而带动比较利益的增进。另一方面，国内需求总量越大，越有利于规模经济的形成和技术的积累，从而为国际市场竞争打下坚实可靠的基础。波特在国家竞争优势理论中，强调必须高度重视国内需求。他将需求分为需求总量和需求结构两个方面：需求总量指需求市场的容量和规模，需求结构指需求在不同商品之间的分布。需求结构又可以划分成三个方面：一是需求的细分结构，一国在某一市场细分部分的需求量越大，该国在该部分就越占据优势；二是尖端而紧迫的需求，国内消费者越挑剔、要求越复杂、标准越高，对生产者改进产品品质、性能等的压力就越大，对该国国际竞争优势的提升就越有利；三是消费者的先行需求，国内消费者向其他先进国家看齐的心理越强烈，越有利于本国厂商加快产品改进、提升本国竞争优势。

需求因素是比较利益增进的重要动因，但需求作用的提升，往往需要借助有效的制度供给才能实现。首先，突破要素禀赋的限制。对于大国来说，即使不具有生产某种产品的要素禀赋优势，也能借助促进消费的制度，激发国内消费潜力，形成巨大的国内市场需求，不断扩大生产规模，获得规模效益，降低单位产出的平均成本，形成价格优势。价格竞争力提高后，在其他非价格竞争力一定的情形下，一国原先难以和别国竞争的产品，也可能成为出口产品。其次，强化要素禀赋。借助减税降费等制度扩大内需，增加需求量，促使企业生产规模不断扩大，在内部规模经济和外部规模经济的共同作用下，企业成本不断降低，价格竞争力不断提高，一国原先拥有的要素禀赋优势随之不断增强，有效地限制和阻止了其他竞争对手的进入，巩固了该国已有的分工地位。最后，为差异化生产赢得先机。在一个具有庞大国内市场的国家，其代表性需求往往能够对产品的创新产生巨大的推动作用。消费者越敏感、越挑剔，激发的创新潜能就越大。通过完善收入分配等制度，构建更成熟的消费细分市场，促进消费不断提档升级，能够有效地推动新产品研发，为差异化生产赢得先机，提高产品的国际竞争力。

可见，一定规模的需求借助有效的制度供给，不仅能够突破要素禀赋的限制，为竞争优势的获取争取更大空间，还能加强一国原有的要素禀赋优势，并借助科技创新赢得差异化生产的先发优势，推动具有这一优势的产业迅速发展。优先发展起来的产业凭借资源禀赋和规模经济等优势，不断降低成本和价格，又会激发出新的消费需求，推动产业竞争优势的进一步提升，实现比较利益的进一步增进。

（3）制度自身优势的发挥。新制度经济学家将制度视为更广泛定义的资源禀赋的组成部分。每一代所拥有的资源禀赋中都包含从过去继承下来的制度，人类发展的早期，只拥有少数制度安排，随着经济的发展，更大的制度集合形成，逐渐取代自然资源禀赋，成为影响经济发展模式的更重要禀赋。在原始社会，天气、地理、动物、植物、矿产等初始禀赋的差异，使得各个原始部落从制度和技术变化中产生了不同的获利机会，此时，资源禀赋是影响制度预期回报的重要因素。随着经济和科技的发展，人们能够通过物质投资、科技创造、知识传递等途径提升禀赋，从而突破初始禀赋的限制，禀赋来源地与禀赋使用地发生分离，初始禀赋对制度的影响逐渐减弱，制度本身作为经济内生增长因素的重要性越来越突出，由制度转化的资源在禀赋中所占的比重越来越高。

对"资源诅咒"现象的研究进一步揭示了这一规律。"资源诅咒"指的是丰富的自然资源对经济发展产生限制作用，以及拥有丰富自然资源的国家反而呈现令人失望的经济绩效的现象，也称为"富饶的贫困"。对资源诅咒现象的解释包括：初级产品贸易条件波动大，对储蓄投资和创新研发等产生挤出效应、制度弱化效应等。也就是说，"资源诅咒"的发生并不是绝对的。以制度弱化效应为例，一国所拥有的制度质量降低，往往会对经济增长产生负面影响，导致较差的组织制度、交易效率改进，产权制度缺失或不明晰，取而代之的是资源使用的掠夺性制度，结果只会导致"公地悲剧"。

第二章 相关理论回顾及模型构建

从合约角度的考察也表明,合约执行力比实物资本和熟练劳动力对国际贸易模式的形成更有解释力,完善的合约以及良好的执行效率,能够有效降低某些行业的制度成本,形成出口的比较优势。[1] 产品越复杂,交易双方不可控的因素就越多,就越需要好的合约监督机制促进合约的有效执行。由此,一国拥有的制度质量越好,该国在复杂性产品出口方面越具有比较优势。[2] 较为完善的制度,能够促进某些部门采用互补性更高、更先进的技术,拥有更高的生产率,从而在国际贸易中具有更强的比较优势。这些部门往往是对合约依赖较大的中间品供应部门。制度越完善,合约不完全程度越低,它们采用的技术就越先进,生产效率就越高。[3] 相反,制度质量越差,合约执行效率越低,资产专用性投资就会减少,额外成本就会增加。由此导致的效率损失,依专用性投资在产品生产过程中作用的不同而不同。[4]

---

[1] Nunn N., "Relationship-specificity, Incomplete Contracts and the Patten of Trade", *Quarterly Journal of Economics*, 122 (2007), pp. 569-600.

[2] Berkowitz D., J. Moenius & K. Pistor, "Trade, Law and Product Comlexity", *Review of Economics and Statistics*, 88 (2006), pp. 363-373.

[3] Acemoglu D., Paul Anstra, Helpman E., "Contract and Technology Adoption", *The American Economic Review*, 97 (2007), p. 916-943.

[4] Levchenko A. A., "Institutional Quality and International Trade", *The Review of Economic Studies*, 74 (2007), pp. 791-819; Nunn N., "Relationship-specificity, Incomplete Contracts and the Patten of Trade", *Quarterly Journal of Economics*, 122 (2007), pp. 569-600.

Chapter 3

第三章
我国饮料出口比较利益现状

饮料业是我国发展最快的行业之一，我国已超过日本成为世界第二大饮料生产国。近年来饮料生产和出口变化较为明显，出口结构已由20世纪90年代初茶出口独大的局面，变成目前果蔬汁和茶出口两雄并立、咖啡出口虎视眈眈、可可和其他饮料出口势力日渐衰弱的局面，不同种类的饮料出口，对于比较利益获取的贡献各不相同。

一、我国饮料生产与出口现状

（一）我国饮料生产现状

1. 饮料业是我国发展最快的行业之一

进入21世纪以来，我国饮料行业保持了较高的发展速度。2006年我国软饮料及矿泉水行业的企业数量为1049家，到2010年增加到1766家，增长幅度达68.4%。[1] 2000—2014年，我国饮料累计总产量从1491万吨上升到16 677万吨，每年的同比增长率均超过10%。特别是2005年以来，更是每年越过一个千万级的关口：2005年越过3000万吨大关，2006年越过4000万吨大关，2007年越过5000万吨大关，2008年越过6000万吨大关，2009年越过8000万吨大关，2010年越过9000万吨大关，2011年更是越过了1亿吨大关（如表3-1所示）。对比1978年的20多万吨，改革开放30年来增长了近500倍，我国已超过日本成为全球第二大饮料生产国。2014年后，我国饮料产量同比增幅虽有所下降，但年产量仍达到15 000万吨以上，2019年甚至达到了

---

[1] 数据来源：联合国数据库。

17 099 万吨的水平。

表 3-1 我国饮料产量及增长趋势

产量（万吨）增长（%）

	2019	2018	2017	2016	2015	2014	2013	2012	2011	2010
产量	17 099	15 679	18 051	18 345	17 661	16 677	14 927	13 024	11 762	9984
同比增长	9.1	-13.1	-1.6	3.9	5.9	11.7	14.6	10.7	17.8	23.5

	2009	2008	2007	2006	2005	2004	2003	2002	2001	2000
产量	8086	6415	5110	4220	3380	2620	2374	2025	1669	1491
同比增长	26	25.5	21.1	24.9	29	10.4	17.2	21.3	11.9	

数据来源：国家统计局（2019 年数据仅包括 1—11 月份）

2. 饮料结构变化明显

从饮料结构来看，近年来我国饮料结构变化较为明显。2011 年我国包装饮用水的产量为 4788.99 万吨，以 40.71% 的份额高居饮料行业榜首；碳酸饮料产量逐年下滑，2011 年仅为 1606.61 万吨，以 13.66% 的份额退居行业第三；果蔬汁饮料和茶饮料近年来发展速度较快，2011 年果蔬汁饮料产量达 1920.24 万吨，超过碳酸饮料，以 16.33% 的份额位居行业第二；2011 年茶饮料产量约为 900 万吨，占整个饮料行业 7.65% 的份额。

表 3-2 2011 年我国饮料主要品类产量表

品类	产量（万吨）	同比增长（%）	占比（%）
软饮料	11 762.32	22.00	100
包装饮用水	4788.99	25.67	40.71
果蔬汁	1920.24	8.66	16.33
碳酸饮料	1606.61	26.46	13.66
茶饮料	900.00	—	7.65

数据来源：中投顾问发布的《2012—2016年我国饮料行业投资分析及前景预测报告》，茶饮料数据为估计值，参见http://wiki.jd.com/knowledge/5274.html2014-3-22。

3. 饮料在国内食品生产中的地位

饮料行业是改革开放以来我国增长最为迅猛的行业之一，从最初的国内市场供不应求、生产规模小、效能低，到国内品牌受"两乐"冲击全线溃退，再到今天的国内品牌重新崛起，在国内和国际市场上激烈竞争，我国饮料行业在国内食品生产中的地位越来越突出。根据《国民经济行业分类》（GB/T 4754-2011），食品行业应当属于第二产业C门类的制造业，同时跨13、14、15三个大类（农副食品加工业、食品制造业和酒、饮料及精制茶制造业）。如表3-3所示，2003年我国规模以上饮料制造业产成品金额为166亿元，在我国食品生产中所占据的份额为27%，之后金额持续增长，到2018年我国规模以上饮料制造业产成品金额达到920亿元。虽然在我国食品生产中所占据的份额略有下降，但总的看来，饮料在我国食品生产中始终占据着不低于20%的份额。

表3-3 饮料在我国食品生产中的地位

产值（亿元）占比（%）

行业	指标	2010	2009	2008	2007	2006	2005	2004	2003
农副食品加工业	产值	2022	2123	2157	2116	2115	1979	1780	1510
	占比	55	57	57	58	60	61	61	59
食品制造业	产值	747	712	716	674	639	554	530	496
	占比	20	19	19	19	18	17	18	20
饮料制造业	产值	920	877	907	840	797	718	603	532
	占比	25	24	24	23	22	22	21	21
总计	产值	3689	3712	3779	3630	3551	3251	2912	2538
	占比	100	100	100	100	100	100	100	100
行业	指标	2010	2009	2008	2007	2006	2005	2004	2003
农副食品加工业	产值	1285	1045	912	773	563	482	394	323

续表

行业	指标	2010	2009	2008	2007	2006	2005	2004	2003
食品制造业	占比	60	58	57	58	56	56	54	53
	产值	410	378	338	263	217	185	164	126
饮料制造业	占比	19	21	21	20	22	21	22	20
	产值	431	381	360	305	230	200	174	166
总计	占比	20	21	22	23	23	23	24	27
	产值	2127	1805	1610	1340	1010	867	732	615
	占比	100	100	100	100	100	100	100	100

数据来源：根据国家统计局数据库计算所得。

(二) 我国饮料出口现状

1. 饮料出口大幅提高

我国饮料出口经历20多年的发展，得到长足进步。如表3-4所示，1992年到2018年，我国饮料总出口额从5.689亿美元上升到39.887亿美元，年均增长率为7.8%。其中，咖啡的出口增速最快，出口额从1992年的0.015亿美元上升到2018年的3.354亿美元，年均增长率为23.1%；果蔬汁的出口增速虽然略低于咖啡4个百分点，但出口额的绝对数值却远高于咖啡，2018年达到7.382亿美元，年均增长率为19.1%；可可的出口增速较慢，出口额从1992年的0.295亿美元上升到2018年的0.785亿美元，年均增长率仅为4%；茶是我国的传统饮料，茶叶出口拥有悠久历史，出口额的基数较大，在1992年3.636亿美元的基础上，2018年的出口额仅上升到19.147亿美元，年均增长率为6.6%，远低于咖啡和果蔬汁；其他饮料的出口增速与可可相近，出口额从1992年的1.676亿美元上升到2018年的9.219亿美元，年均增长率为6.8%。

表 3-4 我国饮料主要品类出口情况

出口额（百万美元）增长率（%）

年 份	咖啡	可可	茶	果蔬汁	其他饮料	总 计
1992	1.5	28.5	363.6	7.8	167.6	568.9

续表

年份	咖啡	可可	茶	果蔬汁	其他饮料	总计
1995	8	32.7	279.1	35.5	229.1	584.3
2000	16.5	18.1	357	142.8	319.5	854
2001	22.5	16.9	352.4	179.2	350.9	921.9
2002	26.5	17.1	339.9	199.3	354.7	937.4
2003	37.7	26	375.9	285.4	320.9	1045.9
2004	43.6	29.5	451.9	366.3	472.3	1363.6
2005	50.1	63.4	500.9	525.5	414.5	1554.4
2006	73.3	65.1	574.5	670.9	367.4	1751.1
2007	79.5	77.4	635.1	1353.3	423.3	2568.6
2008	103.7	114.4	715.9	1258.7	405.3	2598
2009	115.5	52.5	739.8	762.4	437.5	2107.7
2010	135.2	99.3	825.2	864.1	458.7	2382.5
2011	223.3	129	1017.6	1226	599.9	3195.7
2012	286.8	110.2	1121	1305.2	646.1	3469.3
2013	271.7	117.2	1340.6	1042.5	706.9	3478.9
2014	343.1	137.1	1378.3	775.1	758.4	3392.0
2015	446.7	107.9	1488.3	695.9	809.6	3548.4
2016	946.6	86.5	1602.2	668.6	848.2	4152.1
2017	433.4	60.4	1729.1	762.1	890.3	3875.3
2018	335.4	78.5	1914.7	738.2	921.9	3988.7
平均增长率	23.1	4.0	6.6	19.1	6.8	7.8

数据来源：根据联合国数据库计算所得。SITC：Rev.3 产品代码 071、072、074、059、111。

2. 出口结构有所偏重

近年来，我国的饮料出口结构发生了十分明显的变化。如表 3-5 所示，20 世纪 90 年代初，我国的饮料出口以茶为主，1992 年出口比重高达 63.9%，之后迅速下降，到2007年仅为24.7%，下降了39.2个百分点，2008年后虽略有回升，但到2018年为止仍只占全部饮料出口的48%。相对于茶出口增长的缓慢，果蔬汁在我国饮料出口中的比重迅速提高，1992年的果蔬汁出口仅为780万美元，只占全部饮料出口的1.4%，远低于茶出口63.9%的水平。2000年后我国果蔬汁出口飞速发展，2007年出口额达到13.53亿美元，占全部饮料出口的52.7%，高出同期茶出口比重28个百分点，之后有较大回落，但到2018年仍保持了18.5%的比重。此外，咖啡在我国饮料出口中的比重也在稳步提高，从1992年的0.3%上升到2018年的8.4%，近几年波动较大；可可在我国饮料出口中的比重变化不大，始终维持在5%左右的水平；其他饮料在我国饮料出口中原先占据了较大比重，1992年为29.5%，1995年曾达到39.2%的水平，但到2018年维持了23.1%的比重。可见，我国饮料出口结构已由20世纪90年代初茶出口独大的局面，变成目前果蔬汁和茶出口两雄并立、咖啡出口虎视眈眈、可可和其他饮料出口势力日渐衰弱的局面。

表3-5 我国饮料出口结构

贸易额（百万美元）占比（%）

年份	咖啡			可可			茶			果蔬汁			其他饮料		
	贸易额	占	比	贸易额	占	比	贸易额	占	比	贸易额	占	比	贸易额	占	比
1992	1.5		0.3	28.5		5.0	363.6		63.9	7.8		1.4	167.6		29.5
1995	8		1.4	32.7		5.6	279.1		47.8	35.5		6.1	229.1		39.2
2000	16.5		1.9	18.1		2.1	357		41.8	142.8		16.7	319.5		37.4
2001	22.5		2.4	16.9		1.8	352.4		38.2	179.2		19.4	350.9		38.1
2002	26.5		2.8	17.1		1.8	339.9		36.3	199.3		21.3	354.7		37.8
2003	37.7		3.6	26		2.5	375.9		35.9	285.7		27.3	320.9		30.7
2004	43.6		3.2	29.5		2.2	451.9		33.1	366.9		26.9	472.3		34.6
2005	50.1		3.2	63.4		4.1	500.9		32.2	525.5		33.8	414.5		26.7
2006	73.3		4.2	65.1		3.7	574.5		32.8	670.9		38.3	367.4		21
2007	79.5		3.1	77.4		3	635.1		24.7	1353.3		52.7	423.3		16.5
2008	103.7		4	114.4		4.4	715.9		27.6	1258.7		48.4	405.3		15.6

续表

年份	咖啡		可可		茶		果蔬汁		其他饮料	
	贸易额	占比	贸易额	占比	贸易额	占比	贸易额	占比	贸易额	占比
2009	115.5	5.5	52.5	2.5	739.8	35.1	762.4	36.2	437.5	20.8
2010	135.2	5.7	99.3	4.2	825.2	34.6	864.1	36.3	458.7	19.3
2011	223.3	7	129	4	1017.6	31.8	1226	38.4	599.9	18.8
2012	286.8	8.3	110.2	3.2	1121	32.3	1305.2	37.6	646.1	18.6
2013	271.7	7.8	117.2	3.4	1340.6	38.5	1042.5	30.0	706.9	20.3
2014	343.1	10.1	137.1	4.0	1378.3	40.6	775.1	22.9	758.4	22.4
2015	446.7	12.6	107.9	3.0	1488.3	41.9	695.9	19.6	809.6	22.8
2016	946.6	22.8	86.5	2.1	1602.2	38.6	668.6	16.1	848.2	20.4
2017	433.4	11.2	60.4	1.6	1729.1	44.6	762.1	19.7	890.3	23.0
2018	335.4	8.4	78.5	2.0	1914.7	48.0	738.2	18.5	921.9	23.1

数据来源：根据联合国数据库计算所得。SITC：Rev.3 产品代码 071、072、074、059、111。

对于我国果蔬汁出口迅速增长贡献最大的，应当数苹果汁生产和出口的发展。从 1982 年山东乳山果汁厂引进第一条浓缩果汁生产线开始，凭借特有的资源优势，经过 30 多年的迅猛发展，生产工艺技术日渐成熟，质量日趋稳定，产品逐步被国际市场认同，投资规模不断增加，浓缩苹果汁行业整体加工能力在 2003 年达到 1800 吨/小时，较 2002 年增长 500 吨/小时，增幅为 40%，年产量从 1992 年的 3200 吨迅速增加到 2002 年的 37 万吨，成为世界浓缩苹果汁生产的第一大国。此后，我国苹果汁行业发展更为迅猛，2006 年和 2007 年的产量均突破 100 万吨，占全球 60%以上。受全球金融危机影响，2008 年和 2009 年产量均有下降，2009 年产量为 65 万吨，此后迅速回升，到 2010 年，行业生产总能力已达到约 4750 吨/小时，内外销数量逐年增长。[1] 如表 3-6 所示，1992 年我国的苹果汁出口额为 302 万美元，仅占全部果蔬汁出口总额的 38.59%，

---

[1] 资料来源：商务部《中国浓缩苹果汁出口质量安全手册》。

1995 年出口额迅速增长到 2588 万美元，占全部果蔬汁出口额的比重上升到 72.92%，比 1992 年增加了 34.33 个百分点。之后继续上升，到 2007 年达到 91.92% 的最高点后略有下降，到 2018 年为止仍维持了 84.20% 的较高比重。可以说，每 100 美元的果蔬汁出口中，有近 90 美元是靠苹果汁出口赚取的。可见，苹果汁生产和出口的快速发展决定了果蔬汁在我国饮料出口中的重要地位。

表 3-6 我国果蔬汁出口结构

贸易额（百万美元）占比（%）

年份	果蔬汁 贸易额	苹果汁 贸易额	占比	橙汁 贸易额	占比	葡萄汁 贸易额	占比
1992	7.84	3.02	38.59	0.29	3.76	0.0002	0.00
1995	35.48	25.88	72.92	0.51	1.44	0.30	0.85
2000	142.81	116.38	81.50	2.44	1.71	0.22	0.16
2001	179.21	147.67	82.40	3.19	1.78	0.21	0.12
2002	199.31	173.07	86.83	3.17	1.59	0.23	0.11
2003	285.38	254.18	89.07	3.24	1.14	1.88	0.66
2004	366.33	325.35	88.81	3.12	0.85	0.87	0.24
2005	525.50	458.17	87.19	3.75	0.71	0.60	0.12
2006	670.91	594.85	88.66	4.81	0.72	0.16	0.02
2007	1353.32	1243.99	91.92	9.20	0.68	0.06	0.00
2008	1258.66	1130.08	89.78	11.47	0.91	0.07	0.01
2009	762.36	655.51	85.98	13.12	1.72	0.05	0.01
2010	864.10	747.09	86.46	15.26	1.77	—	—
2011	1225.99	1081.24	88.19	16.33	1.33	—	—
2012	1305.17	1142.00	87.50	10.63	0.81	—	—
2013	1042.50	906.62	86.97	10.26	0.98	0.13	0.01
2014	775.09	637.80	82.29	9.15	1.18	0.13	0.02
2015	695.87	561.25	80.65	9.16	1.32	0.06	0.01
2016	668.64	546.81	81.78	8.45	1.26	0.02	0.00

续表

年份	果蔬汁 贸易额	苹果汁 贸易额	占比	橙汁 贸易额	占比	葡萄汁 贸易额	占比
2017	762.11	648.22	85.06	8.28	1.09	0.04	0.01
2018	738.19	621.54	84.20	8.05	1.09	0.07	0.01

数据来源：根据联合国数据库计算所得。SITC：Rev.3 产品代码 059、05994、0591、0592。

表3-7 我国其他饮料出口结构

贸易额（百万美元）占比（%）

年份	其他饮料 贸易额	不加糖或其他甜味物质、香料 贸易额	占比	加糖或其他甜味物质、香料 贸易额	占比
1992	167.6	139.9	83.5	27.6	16.5
1995	229.1	198.6	86.7	30.5	13.3
2000	319.5	280.3	87.7	39.2	12.3
2001	350.9	304.0	86.6	46.9	13.4
2002	354.7	301.7	85.1	53.0	14.9
2003	320.9	250.8	78.1	70.1	21.9
2004	472.3	387.9	82.1	84.4	17.9
2005	414.5	317.1	76.5	97.4	23.5
2006	367.4	258.4	70.3	108.9	29.7
2007	423.3	298.1	70.4	125.2	29.6
2008	405.3	271.4	66.9	134.0	33.1
2009	437.5	306.3	70.0	131.3	30.0
2010	458.7	324.9	70.8	133.8	29.2
2011	599.9	453.1	75.5	146.9	24.5
2012	646.1	489.6	75.8	156.5	24.2
2013	706.9	529.0	74.8	177.9	25.2

续表

年　份	其他饮料	不加糖或其他甜味物质、香料		加糖或其他甜味物质、香料	
	贸易额	贸易额	占　比	贸易额	占　比
2014	758.4	577.6	76.2	180.8	23.8
2015	809.6	614.7	75.9	194.9	24.1
2016	848.2	673.8	79.4	174.3	20.6
2017	890.3	704.0	79.1	186.2	20.9

数据来源：根据联合国数据库计算所得。SITC：Rev.3 产品代码 111、11101、11102。

我国出口的其他饮料分为两种：不加糖或其他甜味物质、香料的饮料与加糖或其他甜味物质、香料的饮料。如表 3-7 所示，1992 年我国不加糖或其他甜味物质、香料的饮料出口额为 1.399 亿美元，占全部其他饮料出口总额的 83.5%，2000 年出口额继续增长到 2.803 亿美元，占全部其他饮料出口总额的比重上升到 87.7%，比 1992 年增加了 4.2 个百分点，之后略有下降，2008 年降到 66.9%，之后略有回升，到 2017 年为止仍然维持在 79.1% 的较高比重上。与不加糖或其他甜味物质、香料的饮料相比，我国加糖或其他甜味物质、香料的饮料出口比重明显偏低，1992 年出口额为 0.276 亿美元，仅占全部其他饮料出口总额的 16.5%，之后经历了小幅波动，2008 年出口额达到 1.34 亿美元，比重达到最高点，即占全部其他饮料出口总额的 33.1%，2009 年比重开始回落，到 2017 年出口额虽然增长到 1.862 亿美元，比重却下降到 20.9%，比 2008 年下降了 12.2 个百分点。

3. 出口市场多元化

我国饮料出口至全球 100 多个国家和地区，呈现多元化的发展趋势。如表 3-8 所示，在我国饮料出口中占据最大比重的果蔬汁，出口市场包括了全球近 80 个国家和地区，排在前五位的分别是美国、日本、俄罗斯、加拿大和澳大利亚。美国是我国果蔬汁最大的海外市场，占据主导市场地位，2012 年从我国进口 34.088 万吨，占我国出口总量的 49.8%，涉及金额 6.498 亿美元，占我国出口总额的 49.8%。日本是我国果蔬汁第二大出口市场，2012 年从我国进口 7.3 万吨，占我国出口总量的 10.6%，贸易金额 1.438 亿美元，占我国出口总额的 11%。日本是我国浓缩苹果汁稳定的高端进口市场，2009

年进口量约占我国出口总量的7%。俄罗斯是近几年新兴的市场，发展潜力较大，2012年的进口量为6.05万吨，约占我国出口总量的8.8%，贸易金额为1.14亿美元，约占我国出口总额的8.8%。加拿大在我国果蔬汁出口市场的地位与俄罗斯相当，2012年的进口量和贸易金额分别占我国出口总量的7.9%和出口总额的8.6%。澳大利亚2012年从我国进口的果蔬汁分别为2.898万吨和0.53亿美元，分别占我国出口总量的4.2%和出口总额的4.1%。

我国的茶出口有着悠久的历史，出口遍及120多个国家和地区，出口市场较为分散，排在前五位的分别是摩洛哥、美国、我国香港地区、日本和俄罗斯。摩洛哥自1993年开放茶叶市场以来，从我国进口的茶叶呈逐年增长趋势，目前摩洛哥市场上98%的绿茶均来自我国，是我国第一大茶出口市场，2012年从我国进口5.576万吨，占我国出口总量的17.3%，涉及金额1.826亿美元，占我国出口总额的16.3%。美国虽然是我国传统的茶出口市场，但1950—1972年一度停止出口，1972年后逐渐恢复，主要从我国进口花茶和乌龙茶，2012年从我国进口茶2.58万吨，占我国出口总量的8%，涉及金额1亿美元，占我国出口总额的8.9%。

香港是重要的茶进口和转口市场，香港人酷爱喝茶，2012年从我国内地进口1.327万吨，占我国出口总量的4.1%，涉及金额0.75亿美元，占我国出口总额的6.7%。日本是我国乌龙茶的最大进口国，20世纪80年代日本以我国乌龙茶为原料创制灌装茶水，获得巨大成功，促进了对我国茶的进口，2012年从我国进口1.81万吨，占我国出口总量的5.6%，涉及金额0.71亿美元，占我国出口总额的6.3%。俄罗斯进口我国茶主要用作加工原料，市场潜力较大，2012年从我国进口1.53万吨，占我国出口总量的4.7%，涉及金额0.51亿美元，占我国出口总额的4.6%。

我国咖啡出口市场包括了全球近50多个国家和地区，排在前五位的分别是德国、我国香港地区、美国、马来西亚和比利时。德国和我国香港地区是我国咖啡的主要出口市场，2012年分别从我国进口2.75万吨和1.79万吨，分别占我国出口总量的31.6%和20.6%，涉及金额分别为1亿美元和0.3亿美元，分别占我国出口总额的35.0%和11.0%。美国、马来西亚和比利时三个出口市场较小，2012年从我国进口咖啡的总量和金额均未超过8.0%和7.0%。

我国可可出口市场包括了全球近70多个国家和地区，排在前五位的分别是荷兰、德国、英国、哥伦比亚、古巴。荷兰和德国是我国可可出口的主要市场，2012年分别从我国进口0.85万吨和0.58万吨，分别占我国出口总量的22.3%和15.3%，涉及金额分别为0.24亿美元和0.17亿美元，分别占我国出口总额的22.2%和15.4%。英国、哥伦比亚和古巴三个出口市场较小，2012年从我国进口可可的总量和金额均未超过10.0%。

我国（内地）其他饮料的出口市场虽然涉及90多个国家和地区，但却集中在我国香港和澳门地区两个市场，香港地区2012年从我国（内地）进口7058亿升，占我国（内地）出口总量的88.42%，涉及金额5.36亿美元，占我国（内地）出口总额的83.0%，澳门地区2012年从我国（内地）进口923.5亿升，占我国（内地）出口总量的11.57%，涉及金额0.44亿美元，占我国（内地）出口总额的6.8%。两个市场2012年共计从我国（内地）进口其他饮料7981.5亿升，涉及金额5.8亿美元，分别占我国（内地）出口总量和出口总额的99.99%和89.8%。

表3-8 我国饮料出口市场前五位（2012年）

单位：%

果蔬汁			茶			咖啡			可可			其他饮料		
市场	(1)	(2)	市场	(1)	(2)	市场	(1)	(2)	市场	(1)	(2)	市场	(1)	(2)
美 国	49.8	49.8	摩洛哥	17.3	16.3	德 国	31.6	35.0	荷 兰	22.3	22.2	中国香港	88.4	83.0
日 本	10.6	11.0	美 国	8.0	8.9	中国香港	20.6	11.0	德 国	15.3	15.4	中国澳门	11.6	6.8
俄罗斯	8.8	8.8	中国香港	4.1	6.7	美 国	5.8	6.8	英 国	9.3	10.0	美 国	0.001	2.0
加拿大	7.9	8.6	日 本	5.6	6.3	马来西亚	7.9	5.7	哥伦比亚	6.7	8.5	日 本	0.003	1.1
澳大利亚	4.2	4.1	俄罗斯	4.7	4.6	比利时	4.0	5.1	古 巴	4.2	8.4	澳大利亚	0.001	0.7

注：贸易量占我国相关饮料出口总量的比重用（1）表示，贸易额占我国相关饮料出口总额的比重用（2）表示。

数据来源：根据联合国数据库计算所得。SITC：Rev.3产品代码071、072、074、059、111。

苹果汁在我国果蔬汁出口中占重要地位，我国苹果汁已出口至全球60多个国家和地区，前五个主要市场分别是美国、日本、加拿大、俄罗斯和澳大利亚。美国是我国苹果汁最大的出口市场，2012年从我国进口29.69万吨，占我国苹果汁出口总量的50.18%，涉及金额5.7386亿美元，占我国苹果汁出口总额的50.25%，美国占据了我国苹果汁出口的主导市场地位。日本是我国苹果汁稳定的高端出口市场，2012年进口量为6.29万吨，约占我国苹果汁出口总量的10.63%，涉及金额1.2418亿美元，约占我国苹果汁出口总额的10.87%。加拿大2012年从我国进口苹果汁总量为5.05万吨，约占我国苹果汁出口总量的8.53%，涉及金额1.0665亿美元，约占我国苹果汁出口总额的9.34%。俄罗斯是近几年新兴的出口市场，发展潜力较大，2012年从我国进口苹果汁5.48万吨，约占我国苹果汁出口总量的9.26%，涉及金额1.0432亿美元，约占我国苹果汁出口总额的9.13%。

表3-9 我国苹果汁出口市场前五位（2012年）

出口市场	贸易量（万吨）	贸易量占比（%）	贸易额（百万美元）	贸易额占比（%）
世界	59.16	100.00	1142.00	100.00
美国	29.69	50.18	573.86	50.25
日本	6.29	10.63	124.18	10.87
加拿大	5.05	8.53	106.65	9.34
俄罗斯	5.48	9.26	104.32	9.13
澳大利亚	2.62	4.42	48.42	4.24

数据来源：根据联合国数据库计算所得。SITC：Rev.3 产品代码05994。

在我国苹果汁出口中，欧盟的地位仅次于美国，是我国苹果汁第二大出口市场，2009年从我国进口15万吨，占我国苹果汁出口总量19%，贸易金额9800万美元。欧盟市场中德国与荷兰为主要进口国。波兰虽然也是苹果汁主产国（主产高酸品种），但每年根据自身产量也会从我国进口相应比例的低酸苹果汁用于混兑。此外，南非、中东、中亚、东南亚等新兴市场发展迅速，苹果汁市场需求量逐年增大。

4. 我国饮料在世界饮料出口中的地位

我国是世界饮料生产大国，近年来饮料生产增长迅速，2010年软饮料及矿泉水产值高达444亿美元，与2006年153亿美元的产出值相比，年增长率达到30%，远远高出同期德国11.0%、法国6.0%、美国5.0%、英国4.0%、墨西哥1.0%的年增长率。[1] 饮料生产的发展推动了我国饮料出口的增长，以苹果汁为例，近年来我国的苹果汁生产迅速发展，2007/2008产季产量达到100万吨以上，2009/2010产季产量为65万吨，约占全球总产量的60.0%，[2] 主要供应美、欧、日几个主要市场并扩展到全球60多个国家和地区，如表3-10所示，2012年我国共出口11.42亿美元，与1992年的302万美元相比，年均增长率高达35.0%，2010—2013年在全球苹果汁市场中，我国苹果汁占32.9%的份额，排在第一位[3]。

我国是美国最大的进口浓缩苹果汁来源地，美国进口总量的80%来自我国。目前，美国市场上每消费10瓶苹果汁，就有7瓶是我国生产的。我国苹果汁生产企业已成为可口可乐、百事可乐、雀巢、嘉吉、三菱、WBD等全球知名企业的指定供货商。波兰、阿根廷、智利、巴西和土耳其也是重要的苹果汁生产国，其中，波兰是世界第二大苹果汁生产国，2009/2010产季产量为22万吨，以3.5以上酸度的高酸果汁品种为主；阿根廷苹果汁产量6万多吨，几乎全部出口，80.0%以上供应美国市场，其余少量供应加拿大、日本、墨西哥和韩国；智利年产量为5万~6万吨；土耳其年产量为5万吨左右，占据出口欧盟没有进口关税的优势，主要供应欧盟市场。匈牙利、意大利、奥地利和其他东欧国家虽然也生产苹果汁，但基本都在欧盟内部消化。[4]

在苹果汁出口增长的带动下，我国果蔬汁出口迅速发展，从1992年的783.5万美元增加到2012年的13亿美元，年均增长率达到35.0%，2010—2013年在全球果蔬汁市场中占6.5%的份额，上升到第五位。我国是传统的茶出口大国，1992年出口额就已达到0.28亿美元，2012年出口额为11亿美元，年均增长率为7.0%，2010—2013年在全球茶出口市场中占13.5%的份额，仅低于斯里兰卡，排在第二位。香港地区和澳门地区地处海岛，水源严重缺乏，我国内地承担了主要的饮用水供应，随着香港地区和澳门地区经济的发展和人口的增长，从我国内地输入的饮用水逐年增加，导致我国不加糖、甜味物质和香料的其他饮料出口有较大增长，由1992年的1.4亿美元上升到2012年

---

[1] 根据联合国数据库计算所得。
[2] 资料来源：商务部《中国浓缩苹果汁出口质量安全手册》。
[3] 根据联合国数据库计算所得。
[4] 资料来源：商务部《中国浓缩苹果汁出口质量安全手册》。

的 4.9 亿美元，年增长率为 6.46%，位居全球第三位。1992—2012 年我国咖啡生产虽然达到 30.0% 的年增长率，但到 2012 年为止，出口额仍和可可一样仅占全球 0.6% 的份额。

表 3-10　世界饮料出口市场前五位及我国的地位（2010—2013 年）

单位：%

果蔬汁		苹果汁		茶		咖啡		可可		其他饮料		不加糖等其他饮料	
出口国	份额	出口国	份额	出口国	份额	出口国	份额	出口国	份额	出口国	份额	出口国	份额
巴　西	17.9	中　国	32.9	斯里兰卡	19.5	巴　西	21.4	科特迪瓦	18.2	法　国	11.1	法　国	33.9
美　国	9.4	波　兰	12.1	中　国	13.5	德　国	8.5	荷　兰	15.6	奥地利	9.9	意大利	13.2
荷　兰	8.0	德　国	8.3	印　度	10.7	越　南	6.9	尼日利亚	10.2	德　国	8.3	中　国	12.7
比利时	7.1	澳大利亚	5.6	肯尼亚	5.3	哥伦比亚	6.0	加　纳	8.5	瑞　士	7.6	比利时	5.4
中　国	6.5	土耳其	4.0	美　国	5.2	瑞　士	4.5	印　尼	8.2	美　国	7.6	美　国	4.6
						中　国	0.6	中　国	0.6	中　国	3.7		
其　他	51.1	其　他	37.2	其　他	45.8	其　他	52.7	其　他	39.2	其　他	55.5	其　他	30.2
世　界	100	世　界	100	世　界	100	世　界	100	世　界	100	世　界	100	世　界	100

注：中国的出口额是按 2009—2012 年加总计算所得的。

数据来源：根据联合国数据库计算所得。SITC：Rev.3 产品代码 071、072、074、059、111、05994、11101。

二、我国饮料出口比较利益评价

（一）比较利益测度指标的选择

现有文献采用了多种可供选择的比较利益测度指标，其中使用较为广泛的有贸易差额（BT）、国际市场占有率（IMS）、贸易竞争力指数（TCI）、显示性比较优势指数（RCA）等。根据研究的需要，本书选取上述指标作为评价我国饮料比较利益的依据，指标计算公式和相关说明如表 3-11 所示。

其中，BT 指数是贸易差额（Balance of Trade）的简称。采用贸易差额作为测算比较利益的指标，是国际贸易研究的传统方法。贸易差额是一国在一定时期内出口额和进口额之间的差额。在研究一国的国际收支时，贸易差额的分析十分重要。贸易差额不仅反映着一国的创汇能力，还是一国在国际分工中贸易地位和贸易利益的直接体现。当 BT 小于 0 时，出现贸易逆差，意味着该国可能存在贸易利益的损失，由此推断该国可能需要改变当前的贸易增长方式，避免逆差继续扩大，贸易漏损更严重。

表 3-11　比较利益评价指标及说明

指　标	公　式	说　明
BT	$BT_{ij} = X_{ij} - M_{ij}$	X_{ij} 表示 j 国 i 产品的出口额 X_{tj} 表示 j 国的出口总额
IMS（MS）	$IMS_{ij} = \dfrac{X_{ij}}{M_{iw}}$	X_{iw} 表示全球 i 产品的出口额 X_{tw} 表示全球的出口总额
TCI	$TCI_{ij} = \dfrac{X_{ij} - M_{tj}}{X_{ij} + M_{tj}}$	M_{tj} 表示 j 国 i 产品的进口额 M_{iw} 表示全球 i 产品的进口额
RCA	$RCA_{ij} = \dfrac{X_{ij}/X_{tj}}{X_{iw}/X_{tw}}$	

IMS 指数是国际市场占有率（International Market Share）的简称。IMS 是一国出口总额与世界出口总额的比值。国际市场占有率能够反映一国某行业或某产品竞争力的强弱以及市场规模的大小。IMS 的值越大，该行业或该产品的竞争力就越强，市场规模就越大，获取的贸易利益就越多。

TC 指数是贸易竞争力指数（Trade Competitiveness Index）的简称，是分析国际竞争力时常用的测度方法。由于一国某项产品是否具有竞争力，直接决定着该产品的贸易利得问题，TC 指数也常被用来作为衡量贸易利益的重要指标。TC 指数用一国进出口贸易的差额占进出口贸易总额的比重来表示，是贸易差额与贸易总额的相对值，TC 指数能够有效剔除通货膨胀等宏观方面因素波动的影响，无论进口和出口的绝对量是多少，TC 指数均在 -1~1 之间。TC 指数为 -1，表示该产品只进口不出口；TC 指数为 1，表示该产品只出口不进口。从 -1 到 1 的上升过程反映出产品从净进口向净出口的变化，越接近 1，说明出口额越来越超过进口额，该产品在国际市场上的竞争力就越强，获取比较利益的可能性就越大。反之，从 1 到 -1 的下降过程反映出产品从净出口向净进口的变化，越接近 -1，说明进口额越来越超过出口额，该产品在国际市场上的竞争力就越弱，获取比较利益的可能性就越小。TC 指数接近 0 时，表示该产品竞争力接近平均水平。

RCA指数是显示性比较优势指数（Revealed Comparative Advantage Index）的简称，由美国经济学家巴拉萨于1965年提出。该指数通过分析国际贸易流量，将一个国家某种商品（或行业）出口占其出口总值的比重与一组国家该类商品占出口总值的比重相比较，计算该国该行业或商品的相对优势或劣势，是衡量一国商品在国际市场竞争力最具说服力的指标。它剔除总量波动的影响，能够较好地反映一国产品出口贸易的强度和专业化优势。一般认为，RCA指数大于2.5，表明j国家i产品具有极强的竞争力；RCA介于2.5~1.25之间，表明j国家i产品具有很强的竞争力；RCA介于1.25~0.8之间，表明j国家i产品具有较强的竞争力；RCA小于0.8，表明j国家i产品的竞争力较弱。

（二）基于贸易差额的评价

表3-12 我国饮料主要品类贸易差额比较（1992—2012）

单位：百万美元

年 份	果蔬汁	茶	其他饮料	咖 啡	可 可
1992	1	360	142	-5	-5
1995	30	277	227	2	-15
2000	129	352	315	9	-19
2005	452	492	396	23	-50
2006	572	563	338	30	-51
2007	1207	616	376	22	-55
2008	1133	689	353	21	-119
2009	621	715	379	46	-110
2010	698	768	387	35	-180
2011	997	951	515	50	-248
2012	1087	1044	523	56	-238
2013	813	1258	523	48	-245
2014	524	1279	489	-8	-246

续表

年　份	果蔬汁	茶	其他饮料	咖　啡	可　可
2015	488	1368	396	-9	-248
2016	442	1478	426	43	-264
2017	479	1561	361	-15	-249
2018	387	1714	258	-147	-259

数据来源：根据联合国数据库计算所得。SITC：Rev.3 产品代码 071、072、074、059、111。

如表 3-12 所示，从横向比较来看，除可可和咖啡外，果蔬汁、茶和其他饮料的贸易差额都为正值，说明我国这些主要饮料品类的出口额均大于进口额，呈现贸易顺差，在比较利益的获取上占据了有利地位。2012 年果蔬汁和茶的贸易差额均超过 10 亿美元，远高于咖啡和其他饮料的贸易差额，说明我国饮料贸易的比较利益主要来自果蔬汁和茶的出口。我国可可的贸易差额始终为负值，咖啡在近几年开始出现贸易逆差，并逐步扩大，我国在可可和咖啡贸易中存在贸易利益的损失。

从纵向比较来看，1992—2012 年我国果蔬汁的贸易顺差增长迅速，从 1992 年的 100 万美元增长到 2012 年的 10.87 亿美元，年均增长率高达 45%，但从 2013 年开始贸易差额逐步缩小，到 2018 年仅为 3.87 亿元。茶和其他饮料的贸易顺差也呈现增长趋势，但其他饮料增速缓慢，近几年有较大回落。相比较而言，茶贸易顺差的年均增长率为 2.32%，其他饮料贸易顺差的年均增长率为 7%。1992—2018 年我国可可的贸易逆差整体呈扩大趋势，从 1992 年的 500 万美元增加到 2018 年的 2.59 亿美元，年均增长率达到 16.4%，说明我国饮料贸易存在比较利益漏损逐步扩大的现象。

进一步分析对我国饮料比较利益贡献最大、增速最快的果蔬汁贸易差额（如表 3-13 所示），发现苹果汁的贸易差额为正值，出口额大于进口额，呈现贸易顺差；橙汁和葡萄汁的贸易差额为负值，出口额小于进口额，呈现贸易逆差。从纵向比较来看，虽然在 1992 年到 2018 年期间，苹果汁的贸易顺差从 300 万美元增加到 6.16 亿美元，年增长率达到 22.73%，但橙汁和葡萄汁的贸易逆差也增加到 1.41 亿美元和 0.19 亿美元，年均增长率高达 20.14% 和

18.82%，我国果蔬汁贸易中的比较利益漏损现象较为明显。

表 3-13 我国果蔬汁贸易差额比较（1992—2018）

单位：百万美元

年 份	果蔬汁	苹果汁	橙 汁	葡萄汁
1992	1	3	—	—
1997	64	35	−3	—
2000	129	116	−7	—
2005	452	458	−56	−2
2006	572	595	−78	
2007	1207	1243	−111	−1
2008	1133	1125	−80	−2
2009	621	655	−60	−12
2010	698	746	−83	−1
2011	997	1080	−149	−1
2012	1087	1141	−134	−3
2013	813	904	−128	−7
2014	524	635	−119	−7
2015	488	557	−91	−8
2016	442	542	−88	−7
2017	479	642	−120	−11
2018	387	616	−141	−19

数据来源：根据联合国数据库计算所得。SITC：Rev. 3 产品代码 059、05994、0591、0592。

其他饮料的贸易顺差增长速度仅次于果蔬汁，从 1992 年的 1.42 亿美元到 2012 年的 5.23 亿美元，年均增长率为 7%。其贸易顺差主要来自不加糖等物质的水（如表 3-14 所示）。加糖等物质的水的在其他饮料的贸易顺差中所占的比重最高不超过 10%，一度从 1992 年的 200 万美元增长到 2012 年的

0.63亿美元,年均增长率达到18%,远远超出其他饮料中不加糖等物质的水6%的增长速度。在这一强劲的增长势头下,加糖等物质的水的出口很可能成为我国饮料比较利益增长的重要源泉。但可惜的是,自2014年起,加糖等物质的水开始出现逆差,并呈现不断扩大的趋势。

表3-14 我国其他饮料贸易差额比较(1992—2018)

单位:百万美元

年　份	其他饮料	不加糖等物质的	加糖等物质的
1992	142	139	2
1995	227	198	29
2000	315	279	36
2005	396	311	85
2006	338	248	89
2007	376	283	93
2008	353	256	97
2009	379	293	86
2010	387	308	79
2011	515	431	84
2012	523	460	63
2013	523	498	25
2014	489	531	-42
2015	396	554	-159
2016	426	605	-178
2017	361	620	-259
2018	258	613	-355

数据来源:根据联合国数据库计算所得。SITC:Rev.3产品代码111、11101、11102。

(三)基于国际市场占有率的评价

如表3-15所示,茶和果蔬汁是我国饮料出口的主要品类。2009—2012年我国茶和果蔬汁的出口分别占国际市场的13.5%和6.5%,成为我国饮料比较利益的主要来源。我国咖啡、可可和其他饮料的国际市场占有率较低,分别为0.6%、0.6%和3.7%。在果蔬汁饮料中,我国苹果汁的国际市场占有率较高,达到32.9%,位居世界第一位,比排在第二位的波兰高出了20.8个百分点。可见,苹果汁的出口对我国饮料比较利益的获取具有重要意义。

表3-15 世界饮料出口市场前五位及我国的IMS比较(2010—2013年)

单位:%

果蔬汁		苹果汁		茶		咖啡		可可		其他饮料		不加糖等其他饮料	
出口国	IMS	出口国	IMS	出口国	IMS	出口国	IMS	出口国	IMS	出口国	IMS	出口国	IMS
巴 西	17.9	中 国	32.9	斯里兰卡	19.5	巴 西	21.4	科特迪瓦	18.2	法 国	11.1	法 国	33.9
美 国	9.4	波 兰	12.1	中 国	13.5	德 国	8.5	荷 兰	15.6	奥地利	9.9	意大利	13.2
荷 兰	8.0	德 国	8.3	印 度	10.7	越 南	6.9	尼日利亚	10.2	德 国	8.3	中 国	12.7
比利时	7.1	澳大利亚	5.6	肯尼亚	5.3	哥伦比亚	6.0	加 纳	8.5	瑞 士	7.6	比利时	5.4
中 国	6.5	土耳其	4.0	美 国	5.2	瑞 士	4.5	印 尼	8.2	美 国	7.6	美 国	4.6
						中 国	0.6	中 国	0.6	中 国	3.7		
其 他	51.1	其 他	37.2	其 他	45.8	其 他	52.7	其 他	39.2	其 他	55.5	其 他	30.2
世 界	100	世 界	100	世 界	100	世 界	100	世 界	100	世 界	100	世 界	100

注:我国的出口额是按2009—2012年加总计算所得的。

数据来源:根据联合国数据库计算所得。SITC:Rev.3产品代码071、072、074、059、111、05994、11101。

进一步分析国际市场占有率较高的茶和果蔬汁,如表3-16所示,2012年我国茶的国际市场占有率虽然比印度、美国、德国和荷兰高出6~13个百分点,但却低于斯里兰卡4.43个百分点。从纵向角度来看,2000—2012年期间,我国茶的国际市场占有率在小幅波动中呈现明显的增长势头。2000年我国茶的国际市场占有率为11.36%,到2012年上升为16.97%,增长了5.61个百分点。相对于我国茶国际市场占有率的逐步提高,斯里兰卡的国际市场占有率始终维持在20%左右的水平,美国、德国、荷兰的国际市场占有率分别提高了3.02%、1.68%、3.25%,印度则出现0.71%的小幅下降。可见,我国茶在国际市场的竞争力日益提高,对我国饮料比较利益增进的影响也在不断增强。

表 3-16　世界茶出口前六国 IMS 比较（2000—2012）

单位：%

年　份	斯里兰卡	中　国	印　度	美　国	德　国	荷　兰
2000	21.88	11.36	11.64	1.56	2.55	0.71
2005	19.54	12.08	9.79	2.00	4.24	1.74
2009	19.05	11.89	9.35	3.12	4.04	3.85
2010	19.11	11.45	9.99	3.26	3.43	3.84
2011	22.08	15.07	13.34	4.10	4.24	3.64
2012	21.40	16.97	10.93	4.58	4.23	3.96

数据来源：根据联合国数据库计算所得。SITC：Rev.3 产品代码 074。

如表 3-17 所示，除巴西始终维持 15% 左右的国际市场占有率，稳居世界果蔬汁出口第一把交椅外，其他五个主要的果蔬汁出口国的国际市场占有率处于相对均衡状态，彼此差距不大。我国 2012 年果蔬汁的国际市场占有率为 8.04%，位居全球第三位，仅比排在第二位的荷兰低了 0.94 个百分点。2000—2012 年期间，巴西、比利时、美国、德国等传统的果蔬汁出口大国的市场占有率均呈现小幅下降的趋势，荷兰也在波动中难有提升，我国作为果蔬汁出口的后起之秀却发展势头强劲。2000 年我国果蔬汁的国际市场占有率只有 2.25%，到 2005 年达到 5.9%，比 2000 年增长了两倍多，2012 年达到 8.04%，超过比利时和美国，跃居全球第三位，成为继茶之后，我国饮料比较利益的又一主要来源。

表 3-17　世界果蔬汁出口前六国 IMS 比较（2000—2012）

单位：%

年　份	巴　西	荷　兰	中　国	比利时	美　国	德　国
2000	17.19	8.16	2.25	8.00	12.43	8.31
2005	13.30	7.05	5.90	8.67	8.66	8.45
2009	14.02	9.27	6.10	8.60	8.20	7.71
2010	14.44	8.70	6.48	8.60	8.54	6.49

续表

年 份	巴 西	荷 兰	中 国	比利时	美 国	德 国
2011	15.21	9.38	7.26	7.94	7.78	5.92
2012	15.09	8.98	8.04	7.73	7.69	5.86

数据来源：根据联合国数据库计算所得。SITC：Rev.3 产品代码 059。

如表 3-18 所示，在我国果蔬汁的国际市场占有率中，苹果汁贡献了非常大的份额。2010 年我国苹果汁的国际市场占有率超过 35%，之后稳定在 34% 以上的水平，远超排在第二位的波兰 23.83 个百分点，稳居世界苹果汁出口市场的第一把交椅。虽然我国在 2000 年已是世界较大的苹果汁出口国，但在 2000—2012 年期间仍继续维持高速增长，市场占有率迅速增加，到 2012 年时比 2000 年增加了 23.5 个百分点，同期的德国、奥地利、土耳其和意大利却分别下降了 4.21、4.17、0.49 和 7.15 个百分点。

表 3-18　世界苹果汁出口前六国 IMS 比较（2000—2012）

单位：%

年 份	中 国	波 兰	德 国	奥地利	土耳其	意大利
2000	11.11	9.50	12.37	9.24	2.91	10.85
2005	27.09	14.42	12.52	7.22	2.82	3.58
2009	34.23	12.14	11.93	7.28	1.99	3.53
2010	35.16	11.33	9.75	6.10	3.90	3.96
2011	34.29	12.22	8.58	6.68	3.42	4.02
2012	34.61	14.08	8.16	5.07	2.42	3.70

数据来源：根据联合国数据库计算所得。SITC：Rev.3 产品代码 05994。

（四）基于 TC 指数的评价

贸易竞争力的大小直接决定了比较利益的获取，因此，从某种角度可以说，贸易竞争力也是比较利益的直接体现。如表 3-19 所示，我国主要饮料品类的 TC 指数分布很不均衡，茶、果蔬汁和其他饮料的 TC 指数接近 1，反映出我国茶、果蔬汁和其他饮料在国际市场上较强的竞争力；咖啡的 TC 指数接近 0，反映出我国咖啡在国际市场上的竞争力接近平均水平；可可的 TC 指数小于 0，反映出我国可可在国际市场上的竞争力较弱。在其他饮料中，不加糖等物质的其他饮料的 TC 指数近年来虽有小幅下降，但仍保持在 0.9 附近，竞争力较强；加糖等物质的水的 TC 指数经历了先升后降，从 1992 年的 0.04 迅速上升到 1995 年的 0.89，之后逐年下降，到 2012 年仅为 0.25，反映出我国加糖等物质的其他饮料虽然具有一定的竞争力，却在逐步减弱。

表 3-19 我国饮料出口 TCI 比较（1992—2012 年）
Table 3-19 TCI of China's beverage export（1992-2012）

年份	咖啡	可可	茶	果蔬汁				其他饮料		
				果蔬汁	苹果汁	橙汁	葡萄汁	其他饮料	不加糖等的	加糖等的
1992	-0.65	-0.08	0.98	0.04	0.98	-0.13	-0.99	0.73	0.99	0.04
1995	0.12	-0.19	0.99	0.73	0.98	-0.57	-1.00	0.98	1.00	0.89
2000	0.40	-0.34	0.97	0.82	1.00	-0.59	-0.36	0.97	0.99	0.85
2005	0.29	-0.28	0.96	0.76	1.00	-0.88	-0.84	0.92	0.96	0.78
2006	0.26	-0.28	0.96	0.74	1.00	-0.89	-0.09	0.85	0.92	0.70
2007	0.16	-0.26	0.94	0.81	1.00	-0.86	-0.41	0.80	0.90	0.59
2008	0.11	-0.34	0.93	0.82	0.99	-0.78	-0.57	0.77	0.89	0.57
2009	0.25	-0.51	0.94	0.69	1.00	-0.70	-0.97	0.76	0.92	0.49
2010	0.15	-0.48	0.87	0.68	1.00	-0.73	-0.92	0.73	0.90	0.42
2011	0.13	-0.49	0.88	0.69	1.00	-0.82	-0.91	0.75	0.91	0.40
2012	0.11	-0.52	0.87	0.71	1.00	-0.86	-0.97	0.68	0.89	0.25

数据来源：根据联合国数据库计算所得。SITC：Rev.3 产品代码 071、072、074、059、05994、0591、0592、111、11101、11102。

如表 3-20 所示，我国茶的 TC 指数与斯里兰卡和印度较为接近，都在 0.9 附近徘徊，三个国家的茶在国际市场上的竞争力都很强。相比较而言，荷兰、德国和美国茶的 TC 指数较低。荷兰和德国经历了由负值到正值的转变，2012 年两国的 TC 指数分别为 0.16 和 0.06，竞争力接近平均水平。1992 年美国茶的 TC 指数为-0.74，之后虽然逐年上升，但到 2012 年仍只有-0.34，竞争力较弱。从纵向比较来看，我国茶的竞争力虽然较强，TC 指数在 1994 年曾达到0.99，但之后却呈现走低趋势，2012年变成0.87，说明茶在国际市场上的竞争力在减弱，直接影响到我国饮料比较利益的获取。

表3-20 世界茶出口前六国TCI比较（1992—2012年）

年 份	斯里兰卡	印 度	中 国	荷 兰	德 国	美 国
1992	0.98	0.99	0.98	-0.08	-0.26	-0.74
1994	0.99	1.00	0.99	0.08	-0.26	-0.66
2000	0.98	0.96	0.97	-0.42	-0.14	-0.65
2005	0.97	0.89	0.96	-0.02	0.04	-0.62
2006	0.95	0.88	0.96	0.10	0.01	-0.55
2007	0.96	0.88	0.94	0.03	0.04	-0.46
2008	0.95	0.87	0.93	0.22	0.06	-0.41
2009	0.96	0.83	0.94	0.33	0.12	-0.41
2010	0.96	0.87	0.87	0.32	0.13	-0.40
2011	0.95	0.90	0.88	0.16	0.08	-0.37
2012	0.97	0.88	0.87	0.16	0.06	-0.34

数据来源：根据联合国数据库计算所得。SITC：Rev.3 产品代码074。

与茶竞争力逐步减弱的趋势相反，我国果蔬汁在国际市场上的竞争力在迅速增强。如表3-19和表3-21所示，1992年果蔬汁的TC指数仅为0.04，1995年迅速上升到0.73，2000年和2008年曾达到0.82，中间虽有小幅波动，但基本保持了较强的竞争力。在果蔬汁中，橙汁的TC指数从1992年的-0.13迅速下降，到2012年时TC指数降为-0.86，接近-1，竞争力下降很快；葡萄汁的TC指数波动较大，但都维持在0~-1之间，近年来更是活动在-1附近，竞争力很弱；苹果汁的TC指数在1992年时就已达到0.98，之后基本保持在1附近，竞争力很强。与其他国家相比，我国苹果汁的TC指数远远超出了德国、奥地利、波兰和意大利等主要苹果汁出口国。德国苹果汁的TC指数始终在0~-1之间，近年来出现小幅下降趋势，竞争力还在减弱；奥地利和波兰的TC指数均为正值，但在波动中呈现较为明显的下降趋势，1992年波兰苹果汁的TC指数为0.99，到2012年下降到0.72。意大利苹果汁的TC指数呈现两头高中间低的态势，2012 年保持在 0.73，具有较强的竞争力。土耳其是我国苹果汁出口强有力的竞争对手，TC 指数基本上保持在 0.9 以上。可见，果蔬汁特别是苹果汁的出口，对于我国饮料比较利益的增进具有重要意义。

表 3-21　世界苹果汁出口前六国 TCI 比较（1992—2012 年）

年份	中国	土耳其	意大利	波兰	奥地利	德国
1992	0.98	0.99	0.74	0.99	0.62	-0.28
1995	0.98	0.96	0.63	1.00	0.62	-0.23
2000	1.00	0.97	0.59	0.82	0.77	-0.32
2005	1.00	0.99	0.66	0.75	0.65	-0.29
2006	1.00	0.94	0.55	0.88	0.64	-0.33
2007	1.00	0.94	0.58	0.59	0.56	-0.32
2008	0.99	0.89	0.68	0.84	0.64	-0.29
2009	1.00	0.91	0.61	0.80	0.60	-0.29
2010	1.00	0.90	0.71	0.58	0.56	-0.27
2011	1.00	0.96	0.71	0.63	0.50	-0.38
2012	1.00	0.95	0.73	0.72	0.43	-0.34

数据来源：根据联合国数据库计算所得。SITC：Rev.3 产品代码 05994。

（五）基于 RCA 指数的评价

表 3-22　我国饮料出口 RCA 比较（2000—2012 年）
Table 3-22　RCA of China's beverage export（2000-2012）

年份	茶	果蔬汁		其他饮料			咖啡	可可
		果蔬汁	苹果汁	其他饮料	不加糖等的	加糖等的		
2000	2.88	0.57	2.81	1.56	4.69		0.11	0.04
2005	1.61	0.79	3.62	0.51	1.82	0.15	0.08	0.05
2009	1.21	0.62	3.47	0.29	1.15	0.11	0.08	0.02
2010	1.07	0.61	3.30	0.29	1.09	0.10	0.07	0.03

续表

年 份	茶	果蔬汁		其他饮料			咖啡	可可
		果蔬汁	苹果汁	其他饮料	不加糖等的	加糖等的		
2011	1.40	0.67	3.19	0.32	1.34	0.10	0.11	0.03
2012	1.42	0.67	2.90	0.31	1.37	0.09	0.12	0.02

数据来源：根据联合国数据库计算所得。SITC：Rev.3 产品代码 071、072、074、059、05994、111、11101、11102。

如表 3-22 所示，可可的 RCA 指数小于 0.8，说明我国可可出口的显示性比较优势较弱。咖啡的 RCA 指数呈现两头略高中间略低的态势，2010 年仅为 0.07，2000 年和 2012 年分别为 0.11 和 0.12，说明我国咖啡出口的显示性比较优势总体上较弱。其他饮料的 RCA 指数在 2000 年时曾达到 1.56，介于 2.5~1.25 之间，产品具有很强的竞争力，之后逐年下降，到 2012 年仅为 0.31，小于 0.8，竞争力较弱，说明我国其他饮料出口的显示性比较优势在迅速变弱。

表 3-23 世界茶出口前六国 RCA 比较（2000—2012 年）

年 份	中 国	斯里兰卡	印 度	美 国	德 国	荷 兰
2000	2.88	258.66	17.35	0.13	0.29	0.21
2005	1.61	322.69	9.92	0.22	0.44	0.51
2009	1.21	326.28	6.45	0.36	0.44	1.09
2010	1.07	340.69	6.71	0.38	0.40	1.16
2011	1.40	388.82	7.80	0.49	0.50	1.21
2012	1.42	391.58	6.47	0.51	0.51	1.22

数据来源：根据联合国数据库计算所得。SITC：Rev.3 产品代码 074。

如表 3-22 和表 3-23 所示，2000 年我国茶出口的 RCA 指数为 2.88，大于 2.5，说明具有极强的相对优势，到 2010 年仅为 1.07，大于 0.8，产品的相对优势迅速下降，但仍然具有很强的相对优势，之后小幅上升到 2012 年的 1.42，维持了很强的相对优势。从横向比较来看，我国仅在 2000 年茶出口的 RCA 指数超过 2.5，达到极强的相对优势，斯里兰卡和印度茶的 RCA 指数却始终保持在 2.5 之上，具有非常稳定的极强的相对优势。荷兰的 RCA 指数增长迅速，2000 年为 0.21，小于 0.8，相对优势较弱，之后逐年上升，到 2012 年达到 1.22，大于 0.8，开始具有较强的相对优势。

表 3-24 世界苹果汁出口前六国 RCA 比较（2000—2011 年）

年 份	波 兰	德 国	奥地利	意大利	土耳其	中 国
2000	19.34	1.42	9.15	2.85	6.67	2.81
2001	18.81	1.33	6.94	1.93	5.97	3.37
2002	20.94	1.76	6.06	1.68	4.11	3.51
2003	21.88	1.36	5.99	1.21	4.26	3.46
2004	17.15	1.43	6.46	0.94	3.41	3.46
2005	16.40	1.30	6.23	0.98	3.90	3.61
2006	16.82	1.24	6.19	0.90	3.09	3.68
2007	9.38	0.97	4.85		3.57	4.67
2008	10.96	1.17	8.29	1.04	1.74	4.06
2009	10.84	1.29	6.76	1.06	2.38	3.47
2010	10.63	1.13	6.20	1.31	5.05	3.28
2011	10.80	0.96	6.55	1.28	4.21	3.00

数据来源：根据联合国数据库计算所得。SITC：Rev.3 产品代码 05994。

如表 3-22 和表 3-24 所示，我国果蔬汁的 RCA 指数呈现两头略低中间略高的态势，2000 年和 2012 年分别为 0.57 和 0.67，2005 年则达到 0.79，由于果蔬汁的 RCA 指数均未超过 0.8，说明我国果蔬汁出口的相对优势较弱。与果蔬汁较弱的相对优势较弱不同，2000—2011 年我国苹果汁的 RCA 指数却始终保持在 2.5 之上，具有极强的相对优势。但从横向比较来看，与波兰、奥地利、土耳其等苹果汁主要出口国相比，我国苹果汁的相对优势并不明显。特别是波兰的 RCA 指数在 2003 年曾高达 21.88，是我国的 6.32 倍；2007 年虽然降至 9.38，仍为我国的 2 倍。此外，分析我国苹果汁 RCA 指数变动的趋势可以发现，在经历了 2000—2007 年的缓慢攀升后，我国苹果汁的相对优势呈现持续下降的态势，年均降幅达 10.47%。

第四章
比较利益增进路径约束:"起飞"模型之"航线"分析

根据模型中的"航线"设计,比较利益增进应当是一个发展的、动态的过程,按照由基本要素推动阶段到投资推动阶段,再到创新推动阶段的动态路径进行,不同阶段的比较利益来源有所不同。综合评价我国当前饮料出口所面临的比较利益增进困境,明确饮料出口可持续增长的路径约束,有助于切实把握我国饮料生产潜在和现实的比较优势,变被动为主动,实现比较利益的增进。

一、我国饮料出口比较利益增进的困境

(一)出口结构偏重初级产品

出口产品结构是指不同种类的产品在一国整个产品出口中所占的比重或地位。该指标一般用于反映一国产业结构特征、资源状况以及技术发展水平。一般来说,产品结构中资本密集型产品和技术密集型产品比重越高,表示该国产业的发展水平越高,在国际贸易中所处的地位越有利。

表4-1 我国饮料出口产品结构情况

单位:%

年份	咖啡	可可	茶	果蔬汁	果蔬汁		其他饮料	其他饮料	
					苹果汁	橙汁		加糖等的	不加糖等的
1992	0.3	5	63.9	1.4	0.5	0.1	29.5	4.9	24.6

续表

年份	咖啡	可可	茶	果蔬汁	果蔬汁		其他饮料	其他饮料	
					苹果汁	橙汁		加糖等的	不加糖等的
1995	1.4	5.6	47.8	6.1	4.4	0.1	39.2	5.2	34
2000	1.9	2.1	41.8	16.7	13.6	0.3	37.4	4.6	32.8
2005	3.2	4.1	32.2	33.8	29.5	0.2	26.7	6.3	20.4
2007	3.1	3	24.7	52.7	48.4	0.4	16.5	4.9	11.6
2008	4	4.4	27.6	48.4	43.5	0.4	15.6	5.2	10.4
2009	5.5	2.5	35.1	36.2	31.1	0.6	20.8	6.2	14.5
2010	5.7	4.2	34.6	36.3	31.4	0.6	19.3	5.6	13.6
2011	7	4	31.8	38.4	33.8	0.5	18.8	4.6	14.2
2012	8.3	3.2	32.3	37.6	32.9	0.3	18.6	4.5	14.1
2013	7.8	3.4	38.5	30.0	26.1	0.3	20.3	5.1	15.2
2014	10.1	4.0	40.6	22.9	18.8	0.3	22.4	5.3	17.0
2015	12.6	3.0	41.9	19.6	15.8	0.3	22.8	5.5	17.3
2016	22.8	2.1	38.6	16.1	13.2	0.2	20.4	4.2	16.2
2017	11.2	1.6	44.6	19.7	16.7	0.2	23.0	4.8	18.2
2018	8.4	2.0	48	18.5	15.6	0.2	23.1	—	—

数据来源：根据联合国数据库计算所得。SITC：Rev.3 产品代码 071、072、074、059、05994、111、11101、11102。

如表 4-1 所示，1992—2018 年间我国饮料出口产品结构变化明显。1992 年，我国的饮料出口以茶为主，占饮料总出口额的比重高达 63.9%；其他饮料次之，占饮料总出口额的比重为 29.5%；可可、咖啡和果蔬汁合计在一起，占饮料总出口额的比重仅为 6.7%。到 2018 年，茶出口仍然占饮料总出口额的 48%；其他饮料占饮料总出口额的 23.1%；可可、咖啡和果蔬汁合计占饮料总出口额的比重为 28.9%。李清光的研究表明，我国生产的茶基本上是初级产品，深加工比重仅为6%左右，[1] 同时，在其他饮料中，资本和技术含量较低的不加糖等物质的其他饮料占83%，附加值较高的加糖等物质的其他饮料仅占17%。可见，我国饮料出口产品结构中，资本和技术含量较低的初级产品占据了近90%的份额，说明目前我国饮料产业的发展水平仍然较低。

（二）存在"量高价低"现象

出口价格是决定贸易利益的重要因素。价格往往是产品品质、技术含量、售后服务等的综合反映，产品品质和技术含量越高，价格就越高。一般情况下，在国际市场中出口价格越高，获取的比较利益就越多。用价格衡量比较利益，易于统计和比较。在其他条件完全相同或差异较小的情况下，价格更高的产品，价格优势更明显，获取的比较利益就更多。如表4-2所示，除果蔬汁以及所包含的苹果汁外，2012年我国其他主要饮料品类的出口价格均处于较低的位置，存在"贸易大国，定价小国"的现象。我国是传统的茶生产和出口大国，2012年的茶出口价格为3.47美元/千克，明显低于其他主要茶出口国，同期荷兰的茶出口价格为12.66美元/千克，是我国的3.6倍，美国和德国分别为我国的2.3倍和2.2倍，斯里兰卡为我国的1.3倍，我国茶出口价格仅比印度高出0.33美元/千克。对于附加值相对较高的加糖等物质的其他饮料，2012年我国的出口价格仅为0.61美元/千克，而同期瑞士的出口价格为2.3美元/千克，是我国的3.8倍，奥地利的出口价格为1.45美元/千克，是我国的2.4倍，荷兰、美国和德国的出口价格也分别是我国出口价格的2.1倍、1.6倍和1.4倍。可见，当前我国饮料行业产品价格普遍偏低，比较利益获取有限。

表4-2 世界饮料出口市场前五位及我国的EP比较（2012）

单位：美元/千克

茶		果蔬汁		苹果汁		加糖等的其他饮料		咖啡		可可	
出口国	价格	出口国	价格	出口国	价格	出口国	价格	出口国	价格	出口国	价格
荷兰	12.66	中国	1.91	中国	1.93	瑞士	2.30	瑞士	33.89	尼日利亚	15.59
美国	7.95	荷兰	1.55	土耳其	1.85	奥地利	1.45	哥伦比亚	5.32	荷兰	3.64
德国	7.55	比利时	1.23	波兰	1.71	荷兰	1.30	德国	5.85	加纳	3.29
斯里兰卡	4.42	巴西	1.23	奥地利	1.55	美国	0.97	巴西	4.07	中国	2.87

[1] 李清光：《我国茶叶国际竞争力研究》，江南大学2012年博士学位论文。

第四章 比较利益增进路径约束:"起飞"模型之"航线"分析

续表

茶		果蔬汁		苹果汁		加糖等的其他饮料		咖 啡		可 可	
出口国	价格	出口国	价格	出口国	价格	出口国	价格	出口国	价格	出口国	价格
中 国	3.47	德 国	1.11	意大利	1.16	德 国	0.86	中 国	3.30	印 尼	2.71
印 度	3.14	美 国	0.93	德 国	0.86	中 国	0.61	越 南	2.24	科特迪瓦	2.49

注:越南的咖啡价格和美国的果蔬汁价格均为2011年的价格。
数据来源:根据联合国数据库计算所得。SITC:Rev.3 产品代码 071、072、074、059、05994、11102。

进一步分析苹果汁的出口价格可以发现,2012年虽然我国苹果汁出口价格位居全球第一位,但如表4-3所示,除2001年高出0.02美元/千克外,2000—2011年期间我国苹果汁出口价格均低于土耳其,2010年我国苹果汁的出口价格仅为土耳其出口价格的0.72倍,比土耳其苹果汁的出口价格低了0.37美元/千克。与波兰相比,我国苹果汁的出口价格也明显较低,仅在2000年、2001年和2008年略微高出波兰少许。可见,我国虽然气候条件适宜,劳动力丰富,具有成为苹果汁生产大国的资源优势和成本优势。但我国的苹果汁出口却长期依赖这一优势,集中于低层次、低附加值的产品出口,产品结构单一,技术含量不高,加工环节少、深度浅,处于产业链的底端,产品主要用于饮料、食品等的原料,缺乏对利润更高的终端饮料市场的探索,在竞争中往往受制于可口可乐、百事可乐、雀巢等国际大饮料公司。导致我国先天的比较优势难以充分发挥,静态效益低下,动态效益也甚微,难以实现向竞争优势的充分转化。以苹果汁的原料质量为例,由于我国发展苹果汁加工业,最初是为了解决苹果鲜销困难的问题。用于生产的原料往往是一些甜度高、酸度低的残次果(以红富士见多),质量不高,更不用说酸度、出汁率等要求。在国际市场上,高酸度苹果汁通常处于更有竞争力的地位,价格也比较高。美国对苹果汁酸度的要求一般在3.5~7.0之间,而我国生产的浓缩苹果汁酸度仅为1.0~2.0,属低酸度浓缩苹果汁,[1] 无法满足国外消费者的要求,出口受到极大的影响。

---

[1] 成喜玲:"浅析我国浓缩苹果汁加工业的发展前景",载《现代企业教育》2006年第15期。

表 4-3　主要苹果汁出口国出口单价比较

单位：美元/千克

年　份	波　兰	土耳其	中　国	奥地利	意大利	德国
2000	0.66	0.89	0.82	1.20	1.11	0.81
2001	0.58	0.63	0.65	0.87	0.85	0.59
2002	0.60	0.68	0.58	0.81	0.83	0.56
2003	0.84	0.79	0.61	0.89	0.83	0.60
2004	0.89	0.77	0.67	0.92	0.74	0.70
2005	1.04	0.83	0.71	1.00	0.82	0.62
2006	1.27	1.02	0.88	1.27	0.92	0.71
2007	1.66	1.96	1.19	1.64	1.36	0.92
2008	1.58	1.90	1.63	2.42	1.58	1.17
2009	0.94	1.02	0.82	1.26	0.86	0.72
2010	1.03	1.32	0.95	1.04	0.87	0.64
2011	1.93	1.86	1.76	1.75	1.21	0.96

数据来源：根据联合国商品贸易数据库数据计算所得。SITC：Rev.3 产品代码 05994。

（三）频繁遭遇国外贸易保护

低迷的全球经济催生了贸易保护主义的抬头，越来越多的国家通过提高进口技术标准、实施反倾销等贸易救济措施、组建区域性经济共同体来限制饮料的进口。我国的饮料生产门槛较低，企业竞争激烈，在争夺国际市场时往往竞相压价，形成以价格竞争为主、靠低价取胜的局面，不仅缩小了我国饮料的利润空间，还容易诱发国外的反倾销调查，削弱了我国饮料在国际市场的竞争力。以 1999 年的苹果汁反倾销调查为例，当时有 8 家美国企业向美国商务部提出，对我国的浓缩苹果汁征收高达 91.84% 的反倾销税，企图将我国浓缩苹果汁挤出美国市场。由于美国是我国苹果汁的主要出口市场，1999 年的反倾销调查直接导致当年我国苹果汁出口额同比减少了 45%，在美国的市场份额由 1998 年的 13.9% 下降到 1999 年的 6.79%。该案虽经我国食品土畜进出口商会多方呼吁和积极指导，有关企业积极应诉，美国联邦国际贸易法院仍在 2003 年 11 月的最终决定中，裁定了 51.74% 的税率，只有 10 家应诉企业中的 6 家获得零税率，其余 4 家获 3.38%的加权平均税率。2005 年 5 月 31 日，美国商务部又对产于我国的非冷冻浓缩苹果汁实施反倾销"日落复审"，虽然复审实施时间后来被推迟，但仍导致当年我国对美国的苹果汁出口增长停滞，同比仅增长了 2.6%，未能延续 2000—2004 年 50%~80%的年增长率。美国是我国苹果汁最重要的出口市场，占我国苹果汁出口总量近一半。以美国为代表的主要出口市场国实施的反倾销调查，对我国苹果汁的竞争力产生了重大影响，导致我国苹果汁出口在美国市场全线萎缩，发展势头严重受挫。此外，以波兰为主的欧洲苹果汁生产国作为我国的主要竞争对手，也试图采取一些针对我国的措施。如匈牙利政府建议欧盟取消给予我国果汁的 25%最惠国关税待遇，波兰和匈牙利政府讨论给果农和浓缩果汁工厂 2000~3000 欧元/公顷的农业补贴，由双方按 50%的比例分享。[1] 这些措施都给我国苹果汁出口设置了重重壁垒，导致不公平的国际市场竞争环境。

表 4-4　我国苹果汁被美国食品药品管理局（FDA）拒绝进口情况

产品	制造商	产地	拒绝进口原因	拒绝进境时间
苹果汁	San Do Food Dong Guan Co., Ltd. 东莞市三多食品有限公司	广东东莞	关于果汁和蔬菜汁成分的标签信息不显著；标签错误，或缺乏营养信息；含有不安全的糖精；关于重量、尺寸、数量的包装说明不完整、不精确	2002-11-27
苹果汁	Shaanxi Zhonglu Fruit Juice Co., Ltd. 山西中鲁果汁股份有限公司	陕西西安	制造厂家没有提交计划的工艺流程档案信息；制造厂家没有登记为低酸罐装食品，或登记为酸化食品制造厂家	2010-03-08
苹果汁	Shaanxi Haisheng Fresh Fruit Juice Co., Ltd. 陕西海升果业发展股份有限公司	陕西西安	制造厂家没有登记为低酸罐装食品，或登记为酸化食品制造厂家	2011-12-29

［1］资料来源：商务部《中国浓缩苹果汁出口质量安全手册》。

续表

产品	制造商	产地	拒绝进口原因	拒绝进境时间
低酸浓缩苹果汁	Youter Food Co., Ltd.	安徽	制造厂家没有登记为低酸罐装食品，或登记为酸化食品制造厂家；含有毒有害兽药残留	2012-01-30
浓缩苹果汁	GUORENYUAN JUICE CO., LTD.	河南信阳	标签未按既有的定义和标准来标示，标签错误或令人费解；含有毒有害物质残留	2012-09-19

资料来源：根据FDA《拒绝进口报告》整理所得。

事实上，包括饮料在内的食品安全问题，在今天越来越受到全球的关注，已经成为我国增进饮料比较利益必须解决的重要课题。由表4-4可见，近年来我国饮料质量管理相对滞后，产品质量安全问题频频曝光，已成为制约比较利益增进的重要因素。以棒曲霉素为例，棒曲霉素是苹果中常见的由真菌产生的毒枝菌素，腐烂或发霉的苹果可能产生高浓度的棒曲霉素。棒曲霉素超标可致癌、致畸、致突变，因此是浓缩苹果汁进口时的重要考核指标，美国相关部门要求浓缩苹果汁中的含量不得高于50ppb。我国当前的苹果汁加工以残次果为主，甚至有些企业为了降低成本使用落地果和腐烂果，极易导致苹果汁成品中棒曲霉素含量超标。[1] 再以2012年FDA在从巴西进口的橙汁中查出的多菌灵为例，多菌灵是一种杀真菌剂，可以用来防治枣、苹果、梨等果树的病害，虽然毒性不强，但半衰期却长达二十多天，所以对其用量和品种往往有严格限定。但在我国卫生部和农业部于2011年1月2日联合发布的《食品中多菌灵最大残留限量标准》中，苹果的最大残留限量为3mg/kg，欧盟的最大残留限量则为2mg/kg，低于欧美标准。此外，由于长期忽视农业环境保护，我国因工业"三废"污染导致的土壤中铅、汞、砷和镉等重金属超标问题非常突出，灌溉用水和空气均受到不同程度的污染，为发展无公害、绿色饮料生产带来较大隐患。随着欧美、日本等主要市场对我国饮料质量指标和农残要求的不断提高，必将影响到我国包括苹果汁在内的饮料出口，进

---

[1] 陈晓梅："中美浓缩苹果汁贸易中的问题及对策"，载《同济大学学报（社会科学版）》2009年第2期。

而影响到饮料比较利益的增进。

(四) 产品差异化程度低

竞争的盲目性往往导致市场上产品同质现象非常严重。众多厂家蜂拥而上，生产和销售同质产品，一旦生产过剩后就会竞相压价，直接损害到比较利益的获取。相反，差异化产品因其与众不同的特点，往往能够与时俱进，满足各种消费者的个性化需求，进而赢得市场，取得竞争优势，实现比较利益的增进。

以苹果汁为例，目前苹果汁在我国饮料出口中占据了最重要的地位，如表4-5所示，我国苹果汁出口以一般贸易为主。2011年我国以一般贸易方式出口苹果汁53.9亿吨，涉及金额9.4亿美元，分别占苹果汁全部出口数量和金额的87.9%和87.1%；以加工贸易方式出口苹果汁4.8亿吨，涉及金额0.92亿美元，分别占苹果汁全部出口数量和金额的7.8%和8.2%。2012年我国以一般贸易方式出口苹果汁50亿吨，涉及金额9.59亿美元，分别占苹果汁全部出口数量和金额的84.5%和83.9%，均比2011年减少了3个百分点左右；以加工贸易方式出口苹果汁7.56亿吨，涉及金额1.49亿美元，分别占苹果汁全部出口数量和金额的12.8%和13.1%，均比2011年增加了5个百分点左右。

表4-5 我国苹果汁分贸易方式出口情况 (2011—2012)

数量（吨）单价（万美元）

贸易方式	2011年			2012年		
	数量	金额	单价	数量	金额	单价
一般贸易	538 601.6	93 994.3	0.17	500 203.5	95 863.4	0.19
加工贸易	48 081.9	9217.3	0.19	75 641.7	14 948.2	0.20
其他贸易	26 174.2	4716.8	0.18	15 786.7	3388.7	0.21

资料来源：根据《我国苹果汁月度统计报告》计算所得，商务部网站。

一般贸易是指全部或绝大部分使用本国资源生产产品并出口的贸易方式，加工贸易则是指全部或绝大部分使用从境外进口的材料加工制成产品并出口的贸易方式。在我国饮料出口中占30%比重的苹果汁出口，以一般贸易为主。比较苹果汁出口单价可以发现，我国苹果汁一般贸易的出口单价低于加工贸易。2011年我国苹果汁一般贸易出口单价为1700美元/吨,加工贸易出口单价为1900美元/吨,加工贸易单价比一般贸易多出200美元/吨;2012年一般贸易出口单价为1900美元/吨,加工贸易出口单价为2000美元/吨,加工贸易单价比一般贸易多出100美元/吨。可见,与一般贸易相比,我国苹果汁加工贸易的产品附加值较高,价格也相对较高。

分析我国苹果汁出口中一般贸易单价低于加工贸易的现象,一般贸易产品差异化程度低,影响了饮料附加值和出口价格的提升应当是主要原因之一。一般认为,加工贸易为企业参与国际分工、融入国际市场提供了重要渠道,特别是深加工结转方式,通过为跨国公司提供配套生产,在使用外方提供的技术、营销渠道实现"借船出海"的同时,也对促进产业升级、提升本国比较优势和增进比较利益起到重要作用。这是因为,加工贸易的发展能够带来大量的新产品、新技术,直接带动相关行业的发展,随着从OEM(贴牌加工)向ODM(委托设计生产)、OBM(自有品牌营销)的转型,产品的技术含量不断提升,进而实现从以基本要素推动为主的初级产品出口,向以资本和创新推动为主的资本和技术密集型产品出口的转变。格罗斯曼(Grossman)和赫尔普曼(Helpman)的研究发现,美国在发达国家加工的产品多为差异化产品,在发展中国家加工的多为同质产品,这些同质产品通常是劳动密集型产品,受该国劳动力成本变化的影响较大,对劳动技能的要求较低,由于低技能劳动力具有较强的替代性,很容易被成本更低的竞争对手所代替。[1]

二、基于市场势力的实证分析

一国对特定产业的价格加成能力通常是用国际市场势力衡量的,国际市场势力反映着一国特定产业国际市场地位的高低及分工利益的多寡。[2] 基于此,本书运用市场势力模型,选取我国苹果汁出口数据,分析当前我国饮料出口比较利益的增进路径。

(一)研究对象的选取

苹果汁是我国饮料出口的传统优势产品。在国际苹果汁市场中,我国苹

---

[1] Gene Grossman and Elhanan Helpman, "Intergration versus Outsourcing in Industry Equilibrium", *Quarterly Journal of Economics*, 117 (2002), pp.85–120.

[2] 李晓钟、李清光:"中国绿茶国际市场势力实证分析",载《国际贸易问题》2011年第8期。

果汁占据着举足轻重的地位。据统计，2009/2010 产季我国浓缩苹果汁产量达65 万吨，约占全球浓缩苹果汁的 60%。[1] 我国苹果汁出口约占全球苹果汁出口总量的 40%,[2] 是世界上最大的苹果汁生产和出口国。从 RCA 指数来看，我国苹果汁有很强的竞争力，并呈上升趋势。我国已成为无可置疑的苹果汁贸易大国，但这一地位并没能为我国带来与贸易份额相匹配的利益。反映在苹果汁的出口单价上，我国长期低于波兰、奥地利、土耳其等苹果汁出口国（见表4-6），存在"贸易大国、定价小国"现象，出现"比较利益陷阱"，阻碍了我国苹果汁出口的可持续发展。有鉴于此，本书选取苹果汁作为实证研究的对象，对我国饮料贸易的国际市场势力问题进行分析，具有较强的代表性。

表 4-6 主要苹果汁出口国 RCA 指数与出口单价比较

单位：美元/千克

年份	波兰		土耳其		奥地利		中国		意大利		德国	
	RCA	单价	RCA	单价	RCA	单价	RCA	单价	RCA	单价	RCA	单价
2000	19.34	0.66	6.67	0.89	9.15	1.2	2.81	0.82	2.85	1.11	1.42	0.81
2001	18.81	0.58	5.97	0.63	6.94	0.87	3.37	0.65	1.93	0.85	1.33	0.59
2002	20.94	0.60	4.11	0.68	6.06	0.81	3.51	0.58	1.68	0.83	1.76	0.56
2003	21.88	0.84	4.26	0.79	5.99	0.89	3.46	0.61	1.21	0.83	1.36	0.60
2004	17.15	0.89	3.41	0.77	6.46	0.92	3.46	0.67	0.94	0.74	1.43	0.70
2005	16.4	1.04	3.9	0.83	6.23	1.00	3.61	0.71	0.98	0.82	1.3	0.62
2006	16.82	1.27	3.09	1.02	6.19	1.27	3.68	0.88	0.9	0.92	1.24	0.71
2007	9.38	1.66	3.57	1.96	4.85	1.64	4.67	1.19	0.94	1.36	0.97	0.92
2008	10.96	1.58	1.74	1.90	8.29	2.42	4.06	1.63	1.04	1.58	1.17	1.17
2009	10.84	0.94	2.38	1.02	6.76	1.26	3.47	0.82	1.06	0.86	1.29	0.72
2010	10.63	1.03	5.05	1.32	6.2	1.04	3.28	0.95	1.31	0.87	1.13	0.64
2011	10.8	1.93	4.21	1.86	6.55	1.75	3	1.76	1.28	1.21	0.96	0.96

数据来源：根据联合国商品贸易数据库数据计算所得。SITC：Rev. 3 产品代码05994。

---

[1] 董朝菊："2011/2012 年度世界苹果产销概况"，载《中国果业信息》2012 年第 5 期。
[2] 根据联合国商品贸易数据库计算所得。

另外，根据联合国商品贸易数据库（UN Comtrade Database）的统计，2007年以来我国苹果汁对其他国家的出口额排名中，占据前五名的始终包括美国、俄罗斯、荷兰三国。我国苹果汁对这三国的出口额之和均占当年我国苹果汁对世界出口总额的60%以上。因此，选取以上三国作为分析我国苹果汁国际市场势力的出口市场国具有较强的代表性（见表4-7）。

表4-7 我国苹果汁出口市场分布及主要竞争国（2011）

贸易额（百万美元）比例（%）

美国			俄罗斯			荷兰		
竞争国	贸易额	比例	竞争国	贸易额	比例	竞争国	贸易额	比例
中国	536	71	中国	92	60	中国	52	27
阿根廷	114	15	乌克兰	48	31	德国	49	25
智利	44	6	伊朗	2	1	波兰	19	10
巴西	28	4	波兰	1	1	土耳其	18	9
加拿大	11	1	德国	1	0	奥地利	14	7

资料来源：根据联合国商品贸易数据库计算所得。SITC：Rev.3 产品代码05994。

在上述三个出口市场国中，按贸易额排序，分别选取前五位国家作为主要来源国和竞争国来估算我国苹果汁的国际市场势力。其中，中国、阿根廷、智利、巴西、加拿大是美国市场进口苹果汁的前五大来源国，中国、乌克兰、伊朗、波兰、乌兹别克斯坦是俄罗斯市场进口苹果汁的前五大来源国，中国、德国、波兰、土耳其、奥地利是荷兰市场进口苹果汁的前五大来源国。鉴于乌兹别克斯坦数据不完整，本书以排名紧随其后的德国代替乌兹别克斯坦作为俄罗斯市场的主要竞争国。

为了方便模型的估算，本书以ISO国家代码标识上述国家名，其中我国为CHN，德国为DEU，美国为USA，荷兰为NLD，俄罗斯为RUS，加拿大为CAN，阿根廷为ARG，智利为CHL，巴西为BRA，乌克兰为UKR，伊朗为IRN，波兰为POL，土耳其为TUR，奥地利为AUT。

（二）我国苹果汁市场势力估算

1. 估算模型的选择和构建

市场势力一般指控制产品价格的能力。市场势力的研究始于古典竞争理

第四章 比较利益增进路径约束:"起飞"模型之"航线"分析

论。亚当·斯密将市场势力视为对完全竞争的偏离。拥有市场势力的经济体往往会通过将价格控制在竞争水平之上或将产出与质量控制在竞争水平之下、抬高进入壁垒、阻碍技术进步等不正当方法破坏市场竞争,以获取垄断利益,因此,阻止市场势力对竞争的不利影响,成为竞争法调控的重要目标。随着产业经济学理论的兴起,市场势力的内涵逐步深化,市场势力被视为单个或一组联合厂商掌握的能影响商品价格或市场份额的能力,市场势力强的厂商可以将价格提高到完全竞争水平之上而不会引起需求的大量减少,市场势力体现了厂商对市场的把握和控制。[1] 罗伯特·S. 平迪克(Robert S. Pindyck)将市场势力与垄断势力作了区分,认为垄断势力是将价格定得高于边际成本的能力,市场势力则是影响价格的一种能力。戈德伯格(Goldberg)和科内特(Kentter)[2]、纳尔迪斯(Nardis)和彭萨(Pensa)[3] 则将市场势力理论用于产业国际竞争层面,将一国同类产品出口看成一个整体,测算了美国瓦楞纸产业、德国啤酒产业和意大利纺织服装产业的国际市场势力,市场势力研究由企业市场势力逐步向产业国际市场势力拓展。

公认的度量市场势力的指标主要有两种:一种是勒纳指数(Lerner Index),另一种是市场集中度(Market Concentration Rate)。其中勒纳指数是最直观的度量市场势力的方法,在实证研究中被广泛采用。[4] 但由于计算勒纳指数时,边际成本的衡量较为困难,很多学者尝试用其他类似指标来代替。贝恩(Bain)将市场集中度作为衡量市场势力的主要方法,证明市场集中度与利润之间存在正相关性。[5] 霍尔(Hall)用价格-边际成本指数作为衡量市场势力的指标,推导出产业层次的市场势力模型,测算了美国50种产品的市场势

---

[1] Landes W. M., Posner R. A., "Market Power in Antitrust Cases", *Harvard Law Review*, 94 (1981), pp. 937-996.

[2] Goldber P. K., Knetter M. M., "Measuring the Intensity of Competition in Export Markets", *Journal of International Economics*, 47 (1999), pp. 27-60.

[3] Nardis S. D. & Pensa C., *How Intense Is Competition in International Markets of Traditional Goods*, ISAE Working Papers 45, 2004.

[4] Lerner (1934) 将企业的市场势力界定为维持在边际成本以上的情况 (P>MC),构建了著名的"勒纳指数",即 (P-MC)/P。

[5] Bain J. S., "The Profit Rate as a Measure of Monopoly Power", *Quarterly Journal of Economics*, 2 (1941), pp. 271-293.

力。[1] 贝克（Baker）和布雷斯纳汉（Bresnahan）提出了一种用剩余需求弹性来测算市场势力的简易方法。[2] 戈德伯格和科内特运用这一方法建立了本国企业在出口市场上的市场势力模型，通过剩余需求弹性的测算，间接地得出了勒纳指数的估计值。[3] 本书采用戈德伯格和科内特的模型，根据"阿明顿假定",[4] 将同一个国家生产的同类产品视为同质且完全可替代的，将不同国家生产的同类产品视为不可替代的，对同一国家出口同类产品的所有厂商进行加总，使得同类产品在出口市场上的竞争以国家为单位展开。

基于此，模型构建如下：

$$\ln P_{mt}^i = CONST + \eta \ln Q_{mt}^i + \alpha_1 \ln GDP_{mt} + \alpha_2 \ln CPI_{mt} + \alpha_3 \ln E_{n-mt} + \alpha_4 \ln C_{nt} + \alpha_5 \ln E_{i-mt} + \alpha_6 \ln C_{it} + \varepsilon \qquad (4.1)$$

其中，i 代表苹果汁出口国，m 代表 i 国苹果汁的出口市场国，n 代表苹果汁的竞争对手国，t 代表年份，P_{imt} 和 Q_{imt} 分别代表 i 国对出口市场国 m 的出口价格和出口量。GDP_{mt} 和 CPI_{mt} 反映出口市场国 m 的需求决定因素，GDP_{mt} 代表出口市场国 m 的国民生产总值，CPI_{mt} 代表出口市场国 m 的消费价格指数。E_{n-mt} 和 C_{nt} 反映竞争对手国 n 的成本因素，分别代表竞争对手国 n 与出口市场国 m 之间的双边汇率和竞争对手国的生产成本。考虑到模型中的出口量 Q 是方程的内生变量，本书将一组外生变量 E_{i-mt} 和 C_{it}（即 i 国与出口市场国 m 之间的双边汇率以及 i 国苹果汁的生产成本）引入方程，作为工具变量，以消除可能存在的解释变量与随机扰动项之间的相关性以及方程估计的不一致性。CONST 为常数项，ε 为随机扰动项，η 为 i 国苹果汁出口价格对出口量的弹性，即模型定义的剩余需求弹性。由于剩余需求弹性与勒纳指数在数值上相等，[5] 可以间

---

[1] Hall R. E., "The Relation between Price and Marginal Cost in U. S. Industry", *Journal of Political Economy*, 96 (1988), pp. 921–947.

[2] Baker J. B. & Bresnahan T. F., "Estimating the Residual Demand Curve Facing a Single Firm", *International Journal of Industrial Organization*, 6 (1988), pp. 283–300.

[3] Goldber P. K., Knetter M. M., "Measuring the Intensity of Competition in Export Markets", *Journal of International Economics*, 47 (1999), pp. 27–60.

[4] Armington P. S., "A Theory of Demand for Products Distinguished by Place of Production", *Staff Papers*, 16 (1969), pp. 159–178.

[5] Goldber P. K., Knetter M. M., "Measuring the Intensity of Competition in Export Markets", *Journal of International Economics*, 47 (1999), pp. 27–60.

接得出勒纳指数的估计值,进而衡量产业的国际市场势力大小。$|\eta|>0$,即勒纳指数为正,就表明该产业能够影响市场价格,使其高于边际成本,该产业具有一定的价格加成能力,也就是市场势力。$|\eta|$ 越大,市场势力也越大。

2. 数据来源

本书选取1996—2011年作为样本区间。其中苹果汁的贸易金额和数量Q的数据均来自联合国商品贸易数据库;出口市场国的GDP数据来自世界银行数据库,并按2000年不变价格以出口市场国的货币对其进行了调整;出口市场国的CPI数据来自联合国金融统计数据库;各竞争国与出口市场国之间的双边汇率E的数据是根据各国对美元的官方汇率计算所得,各国对美元的官方汇率来自世界银行数据库;估算各竞争国的苹果汁生产成本C较为困难,考虑到苹果占苹果汁生产成本的70%,[1] 本书以苹果的生产者价格代替苹果汁的生产成本,苹果的生产者价格数据来自联合国粮农组织价格数据库,并根据出口市场国货币对其作了相应调整。

3. 估算结果

以1996—2011年我国苹果汁出口的时间序列数据为基础,结合相关数据,使用Eviews软件对模型进行回归分析。在回归过程中,基于自由度的考虑,逐步移除了回归系数不显著的初选变量,筛选出拟合程度优于全部变量的回归方程。回归结果如表4-8所示:

表4-8 回归结果

荷兰市场		俄罗斯市场		美国市场	
变量名	系 数	变量名	系 数	变量名	系 数
C	−248.13***	C	−211.11***	C	−48.47**
LQ	−0.74***	LQ	−0.87***	LQ	−0.62***
LGDP	8.90***	LGDP	7.99***	$LE_{CAN-USA}$	−4.14**
LCPI	−6.74**	$LE_{CHN-RUS}$	−3.92***	$LE_{ARG-USA}$	−1.82**
$LE_{POL-NLD}$	4.92***	$LE_{UKR-RUS}$	−2.25***	$LE_{BRA-USA}$	−2.17**

---

[1] "杀鸡取卵陕西果汁生产链整体遭重创",载http://finance.sina.com.cn/roll/20081113/07422512589.shtml,最后访问日期:2013年3月22日。

续表

荷兰市场		俄罗斯市场		美国市场	
变量名	系　数	变量名	系　数	变量名	系　数
$LE_{DEU-NLD}$	-15.68***	LE_{DEU}	0.58***	$LE_{CHL-USA}$	8.35***
LC_{TUR}	1.01***	$LC_{UKR-RUS}$	-0.85***	LC_{ARG}	1.98**
R^2	0.98	R^2	0.97	R^2	0.90
F 值	55.17	F 值	51.83	F 值	13.90
DW 值	2.09	DW 值	1.89	DW 值	2.07

注：*、**、*** 分别表示 10%、5%、1% 的显著性水平。

回归结果显示，模型拟合较好，美国、俄罗斯、荷兰三个出口市场国的剩余需求弹性 η 显著不为零，说明在以上三个出口市场国中，我国苹果汁的出口价格变动可部分地由出口数量变动得到解释。我国是世界上最大的苹果汁生产和出口国，也是美国、俄罗斯、荷兰三个出口市场国的苹果汁最大供应国，市场份额分别保持在 75%、60% 和 30% 左右。高市场份额为我国苹果汁出口带来了较高的国际市场势力。从回归结果来看，LQ 的系数 |η| 的估计值按高低依次为 0.87、0.74 和 0.62。说明我国苹果汁在这三个出口市场国均具有较高的市场势力。其中，我国苹果汁在俄罗斯的市场势力较高，在荷兰的市场势力居中，在美国的市场势力较低。与俄罗斯和荷兰相比，美国是世界苹果汁主要进口市场，2011 年美国进口苹果汁占世界苹果汁进口总额的 24%，[1] 同时，美国也是我国苹果汁的最大出口市场。近年来，我国出口的苹果汁中，45% 以上都是销往美国市场，我国在美国进口苹果汁市场的占有率连续多年高居 70%~80%。因此，对我国苹果汁在美国的市场势力的衡量有不同于其他国际市场的价值。有鉴于此，本书进一步选取美国市场，分别对我国、阿根廷、智利三个美国进口苹果汁主要来源国的国际市场势力进行测算（详见表 4-9）。

---

〔1〕根据联合国商品贸易数据库计算所得。

表 4-9 主要竞争国苹果汁对美出口市场势力分析

中国		阿根廷		智利	
变量名	系 数	变量名	系 数	变量名	系 数
C	-48.47**	C	26.02***	C	16.73***
LQ	-0.62***	LQ	-0.98***	LQ	-0.96***
LCAR	1.98**	$LE_{CIL-USA}$	-1.34*		
LE_{AR-USA}	-1.82**				
$LE_{BRA-USA}$	-2.17**				
$LE_{CIL-USA}$	8.35***				
LE_{CA-USA}	-4.14**				
R^2	0.90	R^2	0.92	R^2	0.89
F 值	13.90	F 值	78.95	F 值	115.55
DW 值	2.07	DW 值	2.48	DW 值	2.23

注：*、**、*** 分别表示10%、5%、1%的显著性水平。

由表 4-9 可知，我国、阿根廷、智利三国 LQ 的系数 $|\eta|$ 均显著不为零，说明这三国在美进口苹果汁市场上均具有一定的市场势力。其中，阿根廷的市场势力较高，估计值为 0.98；智利次之，估计值为 0.96；我国较低，估计值仅为 0.62。由表 4-7 可知，2011 年我国在美国进口苹果汁市场的占有率高达 71%，阿根廷、智利在美国进口苹果汁市场的占有率仅为 15% 和 6%。相比于阿根廷、智利，我国虽然占据了美国进口苹果汁市场近 3/4 的份额，但市场势力却处于较低的水平。反映在价格加成能力上，我国在美国进口苹果汁市场的价格长期低于阿根廷和智利（见表 4-10），出口定价能力较弱，形成苹果汁出口的"贸易大国、定价小国"现象，影响了我国苹果汁出口比较利益的获取。

表 4-10 美国进口苹果汁市场上主要竞争国出口单价比较

单位：美元/公斤

年 份	阿根廷	智利	中国
2004	1.040	1.042	1.016

续表

年份	阿根廷	智利	中国
2005	0.855	0.855	0.853
2006	1.040	1.040	1.039
2007	1.303	1.304	1.300
2008	1.612	1.609	1.593
2009	1.866	1.858	1.811
2010	1.117	1.096	1.106
2011	1.193	1.174	1.180

资料来源：根据联合国商品贸易数据库计算所得。

综上所述，我国虽然是苹果汁出口大国，占据了美国进口苹果汁市场近3/4的份额，占据了世界进口总规模的90%以上，但比较我国苹果汁在主要出口市场——美国、俄罗斯、荷兰的市场势力后发现我国市场势力却处于较低的水平。进一步比较美国市场上的智利和阿根廷苹果汁出口，发现我国的市场势力弱于智利和阿根廷，存在苹果汁出口的"贸易大国、定价小国"现象，直接限制了我国苹果汁行业的价格加成能力，影响了我国饮料比较利益的获取，出现"比较利益陷阱"。当前我国饮料出口增长主要得益于国际市场需求规模的扩大，考虑到市场需求规模有限，容易受外部经济环境的影响，可以预见，世界经济增长一旦放缓，市场需求规模对我国饮料出口的拉动作用就会降低，在其他条件不变的情况下，我国饮料出口的增速就会大幅回落，甚至出现不增反降的现象。以苹果汁的出口为例，2007年席卷全球的美国次贷危机发生后，美国、日本和欧盟等我国苹果汁出口的主要市场经济体逐渐陷于低迷和衰退，对苹果汁的需求大幅萎缩。2007—2009年全球苹果汁进口额从28.39亿美元下降到19.9亿美元，3年时间国际市场需求减少了8.49亿美元，导致我国苹果汁出口出现负增长，与2007年相比，2009年我国苹果汁出口额减少了5.86亿美元，其中由市场需求直接导致的为3.72亿美元，影响达63%。[1] 可见，过度依赖国际市场需求规模的扩大，依靠数量增长的发展

---

[1] 以上数据根据联合国数据库数据计算所得。

模式空间极为有限,一旦受到外部经济环境的冲击,极易陷入被动境地,不利于出口的可持续增长。

三、比较利益增进的应有路径

在"起飞模型"中,比较利益增进是一个发展的、动态的过程,应当按照由基本要素推动阶段到投资推动阶段,再到创新推动阶段的动态路径进行设计。国家参与国际贸易的主要动机,就是为了获取比较利益。为了获取比较利益,不同的国家根据各自不同情况制定了不同的贸易发展战略,即使在同一国家内部,不同时期制定的贸易发展战略也不相同。针对当前我国比较利益的增进,存在两条不同的路径选择:一是依赖现有要素禀赋优势,发展初级产品的出口。我国地大物博,人口众多,具有丰富自然资源和廉价劳动力优势。这一路径强调用最少的政府干预,依据现有要素禀赋优势发展出口。以林毅夫为代表的经济学家赞成这一选择,主张我国应根据比较优势发展传统产业,通过一段时间的资本积累,比较优势转移到资本密集型产品后,再发展资本密集型产业。[1] 二是提升比较优势,发展资本和技术密集的制成品出口。主张政府应加大对生产要素和技术研发的投资,改善劳动者的健康状况,提高教育水平,完善运输和通讯等生产性基础设施建设,促使生产和出口向资本和技术密集的制成品倾斜。以洪银兴为代表的经济学家赞成这一选择,强调利用国际资源,引进国外先进产业,改善我国产业结构和出口结构,大力发展具有国际竞争优势的规模经济产业和高新技术产业。[2] 结合当前现实困境,借鉴不同学者观点,我国饮料出口比较利益的增进之路,应当作如下安排:

(一)基本要素推动阶段是比较利益增进的必经阶段

我国实行改革开放后,经济发展战略从以资本密集型重工业为导向转向以现有比较优势为导向,这一转变重视要素禀赋的差异,立足我国的劳动力优势,注重发掘劳动密集型产品的比较优势,依靠廉价的劳动力资源创造的成本优势,参与国际竞争并获取比较利益。由于遵循了比较优势原理,在过

---

[1] 林毅夫、李周:"战略抉择是经济发展的关键——二战以后资本主义国家经济发展成败的透视",载《经济社会体制比较》1992年第1期。

[2] 洪银兴:"从比较优势到竞争优势——兼论国际贸易的比较利益理论的缺陷",载《经济研究》1997年第6期。

去三十年中极大地刺激了我国经济和贸易的增长。也在一定程度上证明了，根据比较优势发展对外贸易的路径选择，能够为一国带来巨大的比较利益，无视自身比较优势，采用违背比较优势原理的发展战略，只会带来资源的浪费和经济的扭曲，应得的贸易利益也将丧失。

目前，我国的传统比较优势在某些领域仍然较为显著。以劳动力优势为例。一方面，我国的绝对工资和欧美国家的差距依然很大，据统计，美国饮料行业的年人均薪资约为4万美元，法、德、英等欧洲国家约为5万美元，墨西哥也达到1万美元左右，我国到2010年才超过6000美元（详见表4-11）；另一方面，计划生育政策和人口老龄化对我国人口结构虽然产生较大影响，但15~64岁的主要劳动力来源却由1982年的61.5%上升到2012年的74.1%（详见图4-1）。随着接受教育程度和比例的迅速提高，人口素质增长较快，我国的劳动力优势依然存在。

表4-11 各国饮料行业人均薪资比较（薪资/雇佣人数）

单位：美元/人

国家	2010	2009	2008	2007	2006
中 国	6171	5494	4577	3593	2791
法 国	—	—	56 549	49 264	44 209
德 国	—	—	55 662	49 561	44 914
英 国	—	—	55 654	48 222	—
美 国	—	—	43 691	44 629	42 805
波 兰	—	—	17 713	13 225	10 582
墨西哥	10 667	9606	11 975	—	—

资料来源：根据联合国数据库计算所得。

基本要素推动阶段是我国饮料贸易发展进程中的必经阶段。在基本要素推动阶段，传统饮料生产处于产业低端，主要依靠自然资源和劳动力的大量使用，对劳动者的技能以及资本和技术的要求不高。具体体现在生产成本中，自然资源和工资支出与研发和设备折旧支出相比，所占比重较大。与此相应，成本和价格优势就成为基本要素推动阶段比较利益最主要的来源。

一方面，在我国当前的技术水平下，有相当部分的劳动仍然是技术无法

第四章 比较利益增进路径约束:"起飞"模型之"航线"分析

取代的,有些即使可以取代,但高昂的资本和技术成本往往迫使企业重新选择相对低廉的劳动成本;另一方面,经济发展具有一定的阶段性,我国饮料行业在发展初期走基本要素推动之路,经过一定时期的资本积累,实现从无到有的转变后,才有可能对企业加大再投资,改造生产技术,提高技术水平和生产效率,最终走向资本和创新推动的发展道路。

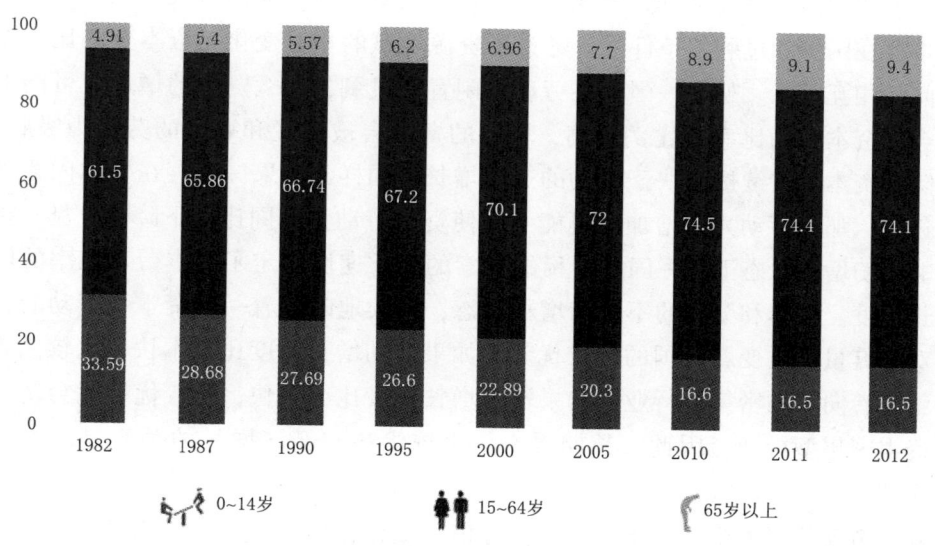

图 4-1 我国人口年龄结构情况

数据来源:国家统计局数据库。

基于此,在基本要素推动阶段,我国饮料贸易仍然应当立足现有比较优势,积极推动具有比较优势的产品发展,发展高档次的劳动密集型产品,才能获取应得的比较利益。李晓钟也认为,当前全力发展资本、技术密集型产业的产品出口尚受到要素投入的约束,继续发挥传统的比较优势有利于我国提高资源在宏观层次上的配置效率,盲目追求产业结构升级,过早地放弃传统的比较优势,只会导致欲速则不达,因此,当前及今后我国仍需继续充分利用传统的比较优势。[1]

---

[1] 李晓钟:《从比较优势到竞争优势——理论与实证研究》,浙江大学出版社2004年版,第272~275页。

(二) 基于前期要素积累迈入资本推动阶段

在资本推动阶段，饮料生产主要依靠大量的资本投入，不再受自然资源和劳动力的限制，具体体现在生产成本中，资本成本和劳动成本相比，所占比重较大。与此相应，成本仍然是资本推动阶段我国饮料比较利益的最主要来源。

非均衡贸易理论放弃传统理论分析框架对充分就业的假设，在劳动和资本存在闲置和过剩的条件下，考察了资源禀赋的相对变化与资本劳动比率之间的相互关系。如果一国存在劳动力闲置和过剩，那么资本的增加就可能不会使资本劳动比率同比例提高，增加的资本会被闲置和剩余的劳动力吸收，除非资本能持续按照快于劳动的速度增长。同样，如果一国存在资本闲置和过剩，那么劳动力的增加也可能不会使资本劳动比率同比例下降。可见，在非均衡增长状态下，一国相对稀缺要素的增长速度决定了资本劳动比率的增长速度。资本和劳动的不平衡增长状态，持续地改变着一国资本和劳动的相对拥有量，改变着一国的比较优势。如果劳动增长速度比资本快，比较优势就会转向劳动密集型行业，如果资本增长速度比劳动快，比较优势就会转向资本密集型行业。因此，长期看来，比较优势与经济增长的关系是动态变化的。

劳动与资本要素的比率这一指标值的变化，能够反映一国比较优势的变动情况，说明劳动和资本哪一个更具有比较优势。如表4-12所示，1997—2011年间我国劳动与资本要素的比率变动较大，从1997年的34.2到2011年的3.81，下降了近9倍，年平均下降14.5%左右，我国的资本优势正在迅速凸显。与我国相同，1997—2011年间各国劳动与资本的比率均呈现一定的下降趋势。其中，斯里兰卡的下降幅度较大，从1997年的50.46下降到2011年的11.78，下降了4倍之多，年平均下降9.87%；土耳其次之，从1997年的12.59下降到2011年的4，下降了3倍之多，年平均下降7.86%；巴西从1997年的11.01下降到2011年的4.02，下降了近3倍，年平均下降6.95%；波兰从1997年的10.5下降到2010年的3.89，下降近3倍，年平均下降7.36%；墨西哥从1997年的9.15下降到2011年的3.96，下降了2倍之多，年平均下降5.22%；英国劳动与资本的比率较为稳定，从1997年的2.48下降到2011年的1.73，仅下降了1倍多，年平均下降2.56%。与其他主要饮料贸易国相比，我国的劳动力优势一度表现得非常突出。2000年前我国劳动与资本的比率高达30以上，仅次于斯里兰卡，同期的英国仅为2以上，墨西哥为7以上，波兰为8左右，巴西为11~18之间，土耳其为10~14之间。

表4-12 各主要饮料贸易国劳动与资本要素比率

单位：万人/亿美元

年份	中国	斯里兰卡	土耳其	巴西	波兰	墨西哥	英国
2011	3.81	11.78	4.00	4.02	—	3.96	1.73
2010	4.69	15.11	5.09	4.50	3.89	4.56	1.83
2009	5.54	19.90	7.83	6.69	4.35	5.34	1.99
2008	6.67	18.02	4.45	5.59	3.01	3.75	1.34
2007	9.06	22.16	5.02	7.59	3.67	4.13	1.18
2006	11.27	25.10	5.90	10.32	5.30	4.32	1.41
2005	13.76	30.00	7.04	12.99	6.53	5.29	1.55
2004	15.55	38.03	8.87	16.21	7.53	5.62	1.60
2003	19.11	46.96	12.43	20.87	9.40	6.48	1.90
2002	23.33	50.22	16.01	21.87	10.36	7.66	2.16
2001	26.56	54.25	21.91	17.71	9.66	7.81	2.32
2000	30.11	41.72	11.58	14.83	9.04	7.21	2.25
1999	31.60	44.60	13.16	17.84	9.13	8.69	2.16
1998	32.99	47.31	10.34	11.78	8.93	9.47	2.17
1997	34.20	50.46	12.59	11.01	10.50	9.15	2.48

资料来源：根据国家统计局数据库计算所得。

资本劳动比的动态变化意味着，随着我国经济持续增长，资本快速积累，就可以实现比较优势的动态提升，进而推动传统饮料行业向资本推动型发展，推动传统饮料行业转型升级，逐步提高在国际贸易中的比较利益。从国际经济发展的实践来看，随着新工艺的应用以及新技术的研发，很多发达国家的劳动密集型产业的资本密集度也在提高，并逐步从劳动密集型产业中分化出来，导致食品饮料行业在很多发达国家已被划入资本密集型行业。

吉生宝等的研究表明，当前我国饮料行业整体规模偏小，饮料生产尚未达到种植生产一体化的要求，整个产业链条相互断裂，影响了规模效应的进一步提升。[1] 通过基本要素推动阶段的资本积累，饮料生产将逐步迈入标准化、规模化的行列，同时，借助控股、兼并等一系列资本运营手段，企业的经济实力将更加雄厚，国际化的大公司也将纷纷涌现。

（三）提升技术要素密集度实现向创新推动阶段的发展

产品的技术密集度决定了企业的定价能力，也决定了比较利益的增进能力。到了创新推动阶段，比较利益增进主要依赖先进技术的采用。由于先进技术往往被垄断，或者受到专利权法的保护，只有少数掌握先进技术的生产者才能使用，因此市场上竞争者较少，竞争不激烈，替代产品也不多，产品附加值非常高。联合国2002年发布的《贸易和发展报告》中曾指出，发展中国家的出口增长速度已超过世界平均水平，占世界商品贸易的近1/3，其中相当大的部分是制成品，已达发展中国家出口的70%，但发展中国家在国际贸易活动中获得的收入与这一动态似乎并不相称，虽然发达国家在世界制成品出口中的份额有所下降，但它们在世界制成品增加值中的份额实际上却在提高。[2] 可见，受产品附加值低等因素的影响，包括我国在内的发展中国家并未获得其对外贸易发展应得的全部收益。与此相应，高附加值就成为创新推动阶段我国饮料比较利益增进最主要的来源。

在国际分工中，我国饮料生产往往处于产业价值链的中低端，产品主要用于高端饮料和食品等的原料，附加值低，分享的产业利润少。在我国其他饮料的出口中，不加糖或其他甜味物质、香料的饮料始终占据了70%～87%的比重，附加值较高的加糖或其他甜味物质、香料的饮料最高只占据了33.1%的比重[3]。低附加值产品只能长期依赖价格优势参与国际竞争，极易招致他国的贸易制裁。一旦产生贸易摩擦，往往处于被动地位，影响到比较利益的获取，甚至出现"顺差在我国，利益在进口国"的不利局面。

有学者认为，现在出口什么产品已不重要，重要的是以哪一种密集资源

---

[1] 吉生宝等："中国食品饮料行业经营绩效评价及影响因素——基于SORM-BCC和Malmquist的DEA-Tobit模型"，载《上海经济研究》2011年第9期。

[2] 联合国：《贸易与发展报告（2002）》，载http://www.doc88.com/p-65220568683.html，最后访问日期：2013年12月3日。

[3] 数据来源：根据联合国数据库计算所得。

第四章 比较利益增进路径约束:"起飞"模型之"航线"分析

来生产这种产品。[1] 基于此,通过提高要素投入中的资本和技术含量,促进生产技术的进步,推动我国饮料行业向创新推动阶段发展,变"以量取胜"为"以质取胜",由传统的粗放型、数量型经营模式向高质量、深加工方向充分转化,延长垂直专业化分工下的产业链,积极开发新产品,培育和保护品牌,扩大产品差异化程度,提高产品附加值,将贸易摩擦发生的可能性降低到最低程度,对于比较利益增进具有重要意义。

---

[1] 胡求光:《结构要素、需求变动与中国水产品出口贸易研究》,经济科学出版社 2009 年版,第 19 页。

第五章
比较利益增进制度激励:"起飞"模型之"动力"分析

在"起飞模型"中,供给优势、需求优势和制度优势相互影响、相互配合,共同推动比较利益的增进,那么我国饮料行业在供给优势、需求优势、制度优势上的表现如何呢?

一、我国饮料出口供给条件分析

供给条件是一国能否拥有比较优势的关键所在,因此也是一国建立贸易基础、实现比较利益增进的关键所在。影响供给的因素很多,主要包括:

第一,生产技术水平。马克思曾指出,价格是商品价值的货币表现,是由价值所决定。而在商品经济条件下,商品的价值量是由社会必要劳动时间决定的。[1] 先进技术的应用能够把商品的个别劳动时间降低到社会必要劳动时间以下,从而取得更多的价格优势,在国际市场竞争中占据有利地位,获取更多的比较利益。一国的R&D投入和知识产权等制度供给,决定了该国的技术要素投入情况以及技术进步的直接产出情况,进而决定了先进技术在该国生产中的推广和应用。生产技术水平的提高可以迅速提高劳动生产率,降低原有的生产成本,实现在同一价格水平下获取更多的利润,生产更加有利可图,供给量也会相应增加。

第二,生产要素价格。资源、劳动、资本等生产要素的价格直接影响到饮料的生产成本。在其他条件不变的情况下,该国的生产要素越充裕,要素价格越低,饮料的生产就越有利可图,供给也会增加。相反,供给则会减少。

---

[1] [德] 马克思:《资本论》,姜晶花、张海编译,北京出版社2007年版,第3页。

第五章 比较利益增进制度激励:"起飞"模型之"动力"分析

第三,生产规模。规模经济能够提高饮料的生产率,降低生产的平均成本。克鲁格曼曾将国与国之间进行专业化生产和贸易的原因归结为两个方面:一是各国在资源和技术上存在差别,二是规模经济。因为资源和技术的差别,每个国家只生产自己擅长的产品;因为存在规模经济,每个国家只能在有限的产品上具有专业化生产的优势。[1]

此外,饮料生产者对未来的预期、厂商的数量等因素也可能会影响到饮料的供给。如果把供给作为因变量,把影响供给的各种因素作为自变量,则可以把它们之间的依存关系表示如下:

$$Q_s = f(T, P_j, E, S, \ldots) \tag{5.1}$$

其中,Q_s代表供给,T代表生产技术水平,P_j代表生产要素价格,S代表生产规模,E代表生产者对未来情况的预期。

结合影响供给的主要因素,本书拟从要素和生产率两个角度对我国饮料行业的供给条件进行分析(如表5-1所示)。

表5-1 我国饮料供给现状分析指标体系

评价目标	影响因素	分析指标	反映内容
供给优势	要素	原料产量	反应一国资源要素的变动情况
		劳动力数量	反映一国劳动要素的变动情况
		资本形成率	反映一国资本要素的变动情况
	生产率	R&D投入	反映一国技术要素基础投入的变动情况
		专利申请	反映一国技术进步的直接产出情况
		劳动产出率	反映一国规模经济的变动情况
		生产集中度	反映一国规模经济的实现情况

---

[1] [美]克鲁格曼、[美]奥伯斯法尔德:《国际经济学》(第4版),海闻等译,中国人民大学出版社1998年版,第113页。

（一）从要素角度的分析

1. 自然资源优势未能充分显现

如表 5-2 所示，我国茶和苹果汁的原料资源非常丰富。1990 年我国茶产量为 56 万吨，占世界茶产量的 22%，之后逐年上升，到 2012 年达到 171 万吨，占世界茶产量的 35%。从 1990 年到 2012 年，我国茶产量提高了 3 倍，年均增长率达到 5%，高出世界同期年均增长率 2 个百分点。1990 年我国苹果产量为 433 万吨，仅占世界苹果产量的 10.5%，之后产量迅速上升，1995 年超过 1000 万吨，2000 年超过 2000 万吨，2010 年超过 3000 万吨，2012 年则达到 3700 万吨，占世界苹果产量的 48%。从 1990 年到 2012 年，我国苹果产量提高了 8.5 倍，年均增长率达到 10%，高出世界同期年均增长率 7 个百分点。与丰富的茶和苹果资源不同，我国橙、咖啡和可可的产量很低，1990 年我国橙产量为 137 万吨，占世界橙产量的比重仅为 2.8%；咖啡产量为 1 万吨，占世界咖啡产量的比重仅为 0.17%。但是我国橙和咖啡的产量增长迅速，从 1990 年到 2012 年橙的产量提高了近 5 倍，年均增长率达到 7%，高出世界同期年均增长率 6 个百分点，到 2012 年橙产量达到 666 万吨，占世界橙产量的比重为 9.8%；从 1990 年到 2012 年咖啡的产量也提高了 7 倍，年均增长率达到 9%，高出世界同期年均增长率 8 个百分点，2012 年咖啡产量上升到 7 万吨，占世界咖啡产量的比重达到 0.79%。

表 5-2 我国饮料供给中的自然资源优势

单位：万吨

	1990 年		1995 年		2000 年		2005 年		2010 年		2011 年		2012 年	
	世界	中国	世界	中国	世界	中国	世界	中国	世界	中国	世界	中国	世界	中国
茶叶	252	56	263	61	299	70	365	95	457	147	462	164	482	171
苹果	4105	433	4931	1402	5905	2044	6239	2402	7058	3327	7613	3599	7638	3700
橙	4971	137	5848	212	6381	118	6312	274	6905	560	6976	601	6822	666
咖啡	606	1	553	—	756	1	742	2	843	5	843	7	883	7
可可	253	—	299	—	337	—	404	—	434	—	468	—	500	—

资料来源：联合国粮农组织数据库。

第五章 比较利益增进制度激励:"起飞"模型之"动力"分析

但在我国饮料生产中,自然资源优势并未充分显现。我国是全球第一大苹果生产国,苹果种植面积与产量均居全球首位。目前,我国苹果汁总加工能力已达到4750吨/小时(鲜苹果加工量),每天可加工超过12万吨苹果,100天可加工1200万吨苹果,约占全国苹果产量的25%。[1] 但随着人们生活水平的提高,国内鲜食苹果的刚性需求不断增大,70%以上的鲜食比例导致加工果供应量日益趋紧,工厂为争夺原料纷纷哄抬原料收购价,再加上自然灾害频发、通胀预期、劳动力成本大幅上升及化肥、农药价格提高等一系列因素,原料果价格不断上涨,产能与原料的矛盾日益突出。

2. 劳动要素在数量上的优势正在弱化

表5-3 世界主要饮料出口国人口资源比较

人口(亿人)增长(%)

年份	中国 人口	中国 增长	墨西哥 人口	墨西哥 增长	土耳其 人口	土耳其 增长	巴西 人口	巴西 增长	斯里兰卡 人口	斯里兰卡 增长	英国 人口	英国 增长	波兰 人口	波兰 增长
2018	13.93	0.46	1.26	1.13	0.82	1.49	2.09	0.78	0.22	1.05	0.66	0.65	0.38	0.01
2017	13.86	0.56	1.25	1.16	0.81	1.59	2.08	0.81	0.21	1.13	0.66	0.7	0.38	0.01
2016	13.79	0.54	1.23	1.2	0.8	1.63	2.06	0.82	0.21	1.1	0.66	0.71	0.38	-0.04
2015	13.71	0.51	1.22	1.24	0.79	1.67	2.04	0.84	0.2	0.92	0.65	0.79	0.38	-0.07
2014	13.64	0.51	1.2	1.28	0.77	1.7	2.03	0.86	0.2	0.93	0.65	0.75	0.38	-0.07
2013	13.57	0.49	1.19	1.32	0.76	1.69	2.01	0.87	0.2	0.78	0.64	0.67	0.38	-0.06
2012	13.51	0.49	1.17	1.36	0.75	1.63	1.99	0.89	0.2	0.13	0.64	0.7	0.38	0
2011	13.44	0.48	1.16	1.39	0.73	1.53	1.98	0.92	0.2	0.67	0.63	0.78	0.38	0.05
2010	13.38	0.48	1.14	1.44	0.72	1.4	1.96	0.94	0.2	0.7	0.63	0.78	0.38	-0.29
2009	13.31	0.5	1.12	1.48	0.71	1.27	1.94	0.96	0.2	0.7	0.62	0.76	0.38	0.07
2008	13.25	0.51	1.11	1.5	0.7	1.2	1.92	0.99	0.2	0.71	0.62	0.79	0.38	0.01
2007	13.18	0.52	1.09	1.49	0.7	1.19	1.9	1.04	0.2	0.78	0.61	0.78	0.38	-0.05
2006	13.11	0.56	1.08	1.46	0.69	1.25	1.88	1.09	0.2	0.77	0.61	0.74	0.38	-0.06
2005	13.04	0.59	1.06	1.42	0.68	1.32	1.86	1.15	0.2	0.81	0.6	0.69	0.38	-0.04
2004	12.96	0.59	1.05	1.38	0.67	1.38	1.84	1.2	0.19	0.84	0.6	0.57	0.38	-0.06
2003	12.88	0.62	1.03	1.36	0.66	1.44	1.82	1.26	0.19	0.84	0.6	0.47	0.38	-0.07

[1] 资料来源:商务部《中国浓缩苹果汁出口质量安全手册》。

续表

年份	中国 人口	中国 增长	墨西哥 人口	墨西哥 增长	土耳其 人口	土耳其 增长	巴西 人口	巴西 增长	斯里兰卡 人口	斯里兰卡 增长	英国 人口	英国 增长	波兰 人口	波兰 增长
2002	12.8	0.67	1.02	1.37	0.65	1.47	1.8	1.31	0.19	0.79	0.59	0.42	0.38	-0.05
2001	12.72	0.73	1	1.4	0.64	1.49	1.77	1.37	0.19	0.71	0.59	0.38	0.38	-0.03
2000	12.63	0.79	0.99	1.44	0.63	1.52	1.75	1.42	0.19	0.61	0.59	0.36	0.38	-1.04
1999	12.53	0.87	0.97	1.48	0.62	1.55	1.72	1.48	0.19	0.53	0.59	0.33	0.39	-0.01
1998	12.42	0.96	0.96	1.52	0.61	1.57	1.7	1.53	0.19	0.51	0.58	0.29	0.39	0.04
1997	12.3	1.02	0.95	1.56	0.6	1.58	1.67	1.56	0.18	0.56	0.58	0.26	0.39	0.07
1996	12.18	1.05	0.93	1.61	0.59	1.59	1.65	1.59	0.18	0.68	0.58	0.25	0.39	0.08
1995	12.05	1.09	0.92	1.66	0.58	1.59	1.62	1.61	0.18	0.82	0.58	0.26	0.39	0.14

数据来源：世界银行数据库。

如表5-3所示，我国人口占世界人口总量的比重居高不下，始终维持在20%左右的水平，远远超过其他主要饮料出口国。与我国庞大的人口数量相比，巴西人口占世界人口总量的比重仅为2.8%左右，墨西哥为1.5%左右，土耳其为1%左右，英国为0.9%左右，波兰为0.5%左右，斯里兰卡为0.3%左右。我国人口总量持续高速增长，1995年我国有12.05亿人，2018年达到13.93亿人，23年间增加了1.88亿人口。与此同时，我国人口增长速度却大幅下降，1995年我国人口增长率为1.09%，2018年仅为0.46%，远低于其他主要饮料出口国，同期的墨西哥年增长率最高达到1.67%，土耳其最高为1.59%，巴西为1.53%，斯里兰卡为1.36%，英国也达到0.77%，波兰为0.91%。另一方面，计划生育政策和人口老龄化现象正在弱化我国劳动力在数量上的优势。虽然我国15~64岁的主要劳动力来源由1982年的61.5%上升到2012年的74.1%，但0~14岁的儿童所占比例却由1982年的33.59%下降到2012年的16.5%，65岁以上的老人所占比例由1982年的4.91%上升到2012年的9.4%。[1]

3. 投资增速较慢

本书选取资本形成率作为分析资本要素的指标。资本形成率是资本形成

---

[1] 数据来源：国家统计局数据库。

总额占国内生产总值的比重。资本形成总额是一定时期内的固定资产和存货的投资支出合计。资本形成率是国民经济核算中 GDP 按支出法计算的重要组成指标,这一指标值的变化反映了一国供给优势中资本要素的变动情况。如表 5-4 所示,1990 年以来,在高收入国家中,英国的资本形成率不高于 20%,德国低于 25%,且都呈现一定的下降趋势;在发展中国家,阿根廷的资本形成率不高于 22%,智利低于 27%,虽有增长但增幅有限;同为高储蓄率国家的韩国,仅在 20 世纪 90 年代资本形成率达到 37% 以上,进入 21 世纪以后,资本形成率迅速下降到 30% 左右,并呈现持续下降的趋势。相比较而言,我国的资本形成率始终维持在 35% 以上的较高水平,2012 年甚至达到 48.1%,明显高出中低收入国家 32% 和高收入国家 24.1% 的资本形成率。目前我国资本形成率处于较高水平,说明国内生产总值中用于资本积累的份额较高。

表 5-4 各主要饮料贸易国资本形成率比较

单位:%

国家和地区	2012	2010	2005	2000	1995	1990
中　　国	48.1	48.1	42.1	35.1	41.9	36.1
韩　　国	27.6	29.5	29.7	30.6	37.7	37.5
阿根廷	21.8	22.0	21.5	16.2	17.9	14.0
智　　利	24.1	21.1	23.3	22.7	26.3	25.2
波　　兰	20.7	21.0	19.3	24.8	18.7	24.3
英　　国	14.5	15.1	16.9	17.7	17.0	20.0
德　　国	17.2	17.5	17.3	22.3	22.3	23.2
意大利	17.6	20.1	20.9	20.8	20.0	22.5
澳大利亚	28.2	27.3	27.4	26.0	25.8	28.7
奥地利	22.9	21.6	22.7	24.5	25.4	25.3
俄罗斯	26.0	22.6	20.1	18.7	25.4	30.1
土耳其	20.3	19.5	20.0	20.8	25.5	24.5
中低收入国家	32.0	31.5	28.8	25.3	28.5	27.0
高收入国家:非 OECD 成员	24.1	23.6	21.0	21.5	25.2	24.9

资料来源:联合国数据库。

进一步分析我国饮料行业的资本要素变动情况可以发现（如表5-5所示），近十年来，我国饮料制造业新增固定资产虽有较大增长，但在新增固定资产中所占的比重却变动不大。2003年饮料制造业新增固定资产146.52亿元，占新增固定资产的比重为0.51%，到2011年，饮料制造业新增固定资产1345亿元，是2003年的9.18倍，占新增固定资产的比重为0.73%，比2003年增加了0.22个百分点。相比较而言，同期的农副食品加工业和食品制造业均高于这一水平。2003年农副食品加工业新增固定资产256.17亿元，占新增固定资产的比重为0.89%，比同期的饮料制造业分别高出109.65亿元和0.38个百分点；食品制造业新增固定资产191亿元，占新增固定资产的比重为0.67%，比同期的饮料制造业分别高出44.48亿元和0.16个百分点。到2011年这一差距继续扩大，2011年农副食品加工业新增固定资产3864亿元，占新增固定资产的比重为2.1%，比同期的饮料制造业分别高出2519亿元和1.37个百分点；食品制造业新增固定资产1839亿元，占新增固定资产的比重为1%，比同期的饮料制造业分别高出494亿元和0.27个百分点。新增固定资产是以价值形式表示的固定资产投资成果的综合性指标，可以综合反映不同时期、不同饮料生产部门的固定资产投资规模、投资速度、投资比例和使用方向。可见，虽然目前我国国内生产总值中用于资本积累的份额较高，但与劳动密集型的农副食品加工行业相比，饮料制造业的占比较低，且增速较慢，吸收新增固定资产有限。

表5-5 我国饮料行业新增固定资产情况

指标	2012	2011	2010	2009	2008	2007	2006	2005	2004	2003
新增固定资产（亿元）	222 399	184 353	136 970	113 943	84 545	67 367	56 290	45 207	34 731	28 664
农副食品加工业新增固定资产（亿元）	5180	3864	2570	2046.6	1498	1161.9	789.63	594.17	224.52	256.17
在新增固定资产中的占比（亿元）	2.33	2.10	1.88	1.8	1.77	1.00	1.40	0.79	0.65	0.89

续表

指标	2012	2011	2010	2009	2008	2007	2006	2005	2004	2003
食品制造业新增固定资产（亿元）	2116	1839	13 129	11 079	854	6704	496	3556	176	191
在新增固定资产中的占比（%）	0.95	1.00	0.96	0.97	1.01	1.72	0.88	1.31	0.51	0.67
饮料制造业新增固定资产（亿元）	—	1345	904.7	783.87	624.72	479.55	349.75	216.08	64.64	146.52
在新增固定资产中的占比（%）	—	0.73	0.66	0.69	0.74	0.71	0.62	0.48	0.19	0.51

资料来源：根据国家统计局数据库计算所得。

（二）从生产率角度的分析

生产率的提高来自技术进步与规模经济，对于影响供给优势的生产率因素，本书选取 R&D 投入、专利申请、劳动产出率、生产集中度四个指标分别进行分析（如表 5-1 所示）。

1. 技术要素基础投入增长较慢

R&D 投入的变化反映了一国供给优势中技术要素基础投入的变动情况，R&D 投入指标越高，相对应的技术进步就越快，生产率水平也越高。如表 5-6 所示，2000 年我国 R&D 经费占 GDP 的比重为 0.893%，2017 年为 2.145%，比 2000 年上升了 1.25 个百分点，年均增长幅度为 5.29%。与日本、韩国、美国、德国、法国和英国相比较，我国的 R&D 经费投入虽然增长较快，但占 GDP 的比重却相对偏低。同期的日本 R&D 经费投入占 GDP 的比重长期高居 3% 以上，同时保持着年均增长率 0.59% 的持续增长；韩国 2000 年的 R&D 经费投入占 GDP 的比重已经高达 2.18%，仍维持着 4.43% 的年均增长率，2017 年韩国 R&D 经费投入占 GDP 的比重为 4.553%，超过日本 1.34 个百分点，超过我国 2.408 个百分点；美、德、法三国 R&D 经费投入占 GDP 的比重始终高居 2% 以上，并维持着 0.25%~1.39% 左右的年均增长率。

表 5-6　主要国家 R&D 经费占 GDP 的比重

单位:%

国家	2000	2005	2010	2011	2012	2013	2014	2015	2016	2017
中国	0.893	1.308	1.714	1.78	1.912	1.998	2.03	2.066	2.118	2.145
日本	2.906	3.181	3.137	3.245	3.209	3.315	3.4	3.282	3.155	3.213
韩国	2.18	2.626	3.466	3.744	4.026	4.149	4.289	4.217	4.227	4.553
美国	2.629	2.517	2.735	2.765	2.682	2.71	2.719	2.717	2.76	2.788
德国	2.401	2.429	2.714	2.796	2.868	2.821	2.867	2.912	2.917	3.038
法国	2.093	2.052	2.179	2.192	2.227	2.237	2.276	2.267	2.217	2.185

资料来源:经合组织数据库。

2. 技术进步直接产出整体质量不高

专利申请数量是一国技术变动情况的直接反映,专利申请数量越多,说明技术进步的直接产出越多,技术进步对生产率的提高作用越明显。

如表 5-7 所示,2001—2015 年间我国 PCT 专利申请申请数量飞速增长,2001 年每百万人申请的 PCT 专利数量仅为 0.6 项,2015 年超过 24 项,年均增长率高达 30%,远远超出其他主要饮料贸易国。同期的巴西 PCT 专利申请申请数量年均增长率仅为 7.49%、土耳其为 19.68%、墨西哥为 6.24%、波兰为 11.84%,英国则为负增长。

表 5-7　各主要饮料贸易国 PCT 专利申请数量比较

单位:项/百万人

年　份	中国	英国	波兰	巴西	墨西哥	土耳其
2001	0.6	98.5	2.9	1.2	1.2	1.1
2002	0.8	99.4	4.1	1.2	1.2	1.6
2003	1.1	98.6	3.1	1.7	1.3	1.7
2004	1.6	98.7	3.1	1.8	1.5	2.7
2005	2.7	98.6	2.8	1.8	1.8	3.6

续表

年 份	中 国	英 国	波 兰	巴 西	墨西哥	土耳其
2006	3.7	106.2	3.6	2.3	1.9	4.4
2007	4.6	104.2	4.3	2.7	1.9	5.3
2008	4.8	97.1	5.1	2.8	2	5.4
2009	7.6	90.5	6.6	2.8	1.8	6.4
2010	10	91.2	7.3	2.9	2	7.6
2011	12.8	91.2	7.7	3.3	1.9	6.7
2012	14.2	90.6	9.7	3.6	2	8.7
2013	16.7	100.5	9.8	3.5	2.3	9.9
2014	19.1	98.5	10.9	3.3	2.6	12
2015	24.2	96.6	13.9	—	2.8	13.6
年均增长率（%）	30.22	-0.14	11.84	7.49	6.24	19.68

资料来源：经合组织数据库。

我国专利申请量虽然位居世界前列，但比较国内外三种专利的申请、授权和有效状况可以发现，我国专利整体质量水平并不高。如表5-8所示，2017年全年，我国实用新型专利申请在三种专利申请中占47.5%，发明专利申请在三种专利申请中占35.2%，而同期国外实用新型专利申请在三种专利申请中仅占4.8%，发明专利申请在三种专利申请中的占比却高达84.1%；我国发明专利的授权量为13.2%，同期国外发明专利的授权量则高达77%；我国发明专利的有效量占22.4%，同期国外发明专利的有效量高达81.5%。专利质量是技术创新程度的体现，专利整体质量不高直接反映了我国技术进步的直接产出不容乐观，对生产力的提高作用有限。

表 5-8 国内外三种专利申请/授权/有效状况比较

数量（件）构成（%）

		发 明		实用新型		外观设计		合 计	
		数 量	构 成	数 量	构 成	数 量	构 成	数 量	构 成
合 计	申请量	1 381 594	37.4	1 687 593	45.6	628 658	17.0	3 697 845	100.0
	授权量	420 144	19.0	973 294	48.1	442 996	32.9	1 836 434	100.0
	有效量	2 085 367	29.2	3 603 187	50.4	1 459 054	20.4	7 147 608	100.0
国 内	申请量	1 245 709	35.2	1 679 807	47.5	610 817	17.3	3 536 333	95.6
	授权量	326 970	13.2	967 416	52.50	426 442	34.3	1 720 828	90.9
	有效量	1 413 911	22.4	3 563 389	56.3	1 346 915	21.3	6 324 215	88.5
国 外	申请量	135 885	84.1	7786	4.8	17 841	11.0	161 512	4.4
	授权量	93 174	77.0	5878	4.5	16 554	18.5	115 606	9.1
	有效量	671 456	81.5	39 798	4.8	112 139	13.6	823 393	11.5

数据来源：2017 年专利统计年报。

3. 劳动产出率处于较低水平

劳动产出率是一国规模经济变动情况的直接体现，规模经济的实现能够提高劳动产出率，降低单位成本，提升比较优势，进而实现比较利益的增进。如表 5-9 所示，2006—2010 年间我国软饮料及矿泉水行业的劳动产出率呈现持续的小幅上升趋势，2006 年为 7.7 万美元/人，2010 年上升到 12.36 万美元/人，上升幅度超过 1.6 倍，年平均上升速度为 12.6%，同期的美国年平均上升速度为 5%，法国为 11%，英国为 4%，德国为 11%，墨西哥为 11%，波兰为 23%。但与同期其他国家相比，我国软饮料及矿泉水行业的劳动产出率始终处于较低的水平。2006 年美国软饮料及矿泉水行业的劳动产出率高达 62.36 万美元/人，是我国的 8.1 倍；法国为 51.94 万美元/人，是我国的 6.75 倍；英国为 41 万美元/人，是我国的 5.32 倍；德国为 28.85 万美元/人，是我国的 3.75 倍；波兰为 11.22 万美元/人，是我国的 1.46 倍。之后各国的劳动产出率均经历了一定的增长，2008 年美国的劳动产出率为 68.19 万美元/人，是我国的 6.37 倍；法国为 64.42 美元/人，是我国的 6.02 倍；德国为 35.7 万美元/人，是我国的 3.34 倍；波兰为 17.11 万美元/人，是我国的 1.6 倍；英国 2007 年的劳动产出率为 42.72 万美元/人，是我国的 4.62 倍。墨西哥是世界饮料生产大国，2008 年墨西哥的劳动产出率为 15.98 万美元/人，超出我国 5.28 万美元/人，是我国的 1.49 倍；2010 年上升到 19.81 万美元/人，超出我国 7.45 万美元/人，是我国的 1.6 倍。可见，我国劳动产出率虽然正在缓慢增长，但与其他国家仍然维持着原有的差距。

表 5-9　主要国家软饮料及矿泉水劳动产出率比较

单位：万美元/人

国家	2010	2009	2008	2007	2006
中国	12.36	11.66	10.70	9.24	7.70
美国	—	—	68.19	66.87	62.36
法国	—	—	64.42	59.60	51.94
英国	—	—	—	42.72	41.00
德国	—	—	35.70	32.10	28.85
波兰	—	—	17.11	15.08	11.22
墨西哥	19.81	17.50	15.98	—	—

资料来源：根据联合国数据库计算所得，ISIC：Rev.3 产品代码 1554。

4. 规模化经营提升缓慢

生产集中度是反映规模经济实现情况的重要指标之一。如表 5-10 所示，长期以来我国饮料生产中规模经济的实现始终处于较低水平。2006 年我国软饮料及矿泉水企业平均产出为 1460 万美元，仅为法国的 0.41 倍、德国的 0.47 倍、英国的 0.51 倍。到 2008 年我国软饮料及矿泉水企业平均产出上升到 1987 万美元，是法国的 0.42 倍、德国的 0.53 倍、英国的 0.65 倍。墨西哥作为世界饮料生产大国，市场集中度非常高，2008 软饮料及矿泉水企业平均产出就达到 11 352 万美元，是我国的 5.71 倍。到 2010 年我国软饮料及矿泉水企业平均产出上升到 2515 万美元，墨西哥虽然下降却迅速回升，平均产出仍然是我国的 4 倍有余。

表 5-10 主要国家软饮料及矿泉水企业产出规模比较

单位：万美元/个

年 份	中 国	墨西哥	法 国	德 国	英 国
2010	2515	10 632	—	—	—
2009	2238	9561	—	—	—
2008	1987	11 352	4709	3758	3044
2007	1805	—	4218	3465	3077
2006	1460	—	3563	3089	2888

资料来源：根据联合国数据库计算所得。ISIC：Rev. 3 产品代码 1554。

以苹果汁生产为例，苹果占据了苹果汁生产成本的 70%，[1] 苹果生产集中度的高低直接决定着下游苹果汁加工成本与质量的高低，是苹果汁行业提高价格加成能力、获取竞争优势的重要支撑。我国虽然拥有适宜苹果种植的独特地域优势和廉价劳动力，但受传统产业组织和管理模式的影响，苹果生产存在集约化、标准化、机械化程度低等突出问题，限制了我国资源优势和成本优势的充分发挥。与发达国家逐渐向大农场集中、户均经营面积多则超过 200 公顷（美国），少则 2~3 公顷（日本）相比，我国的户均经营面积还不到 0.5 公顷。[2] 我国虽然是世界上苹果种植面积最大的国家，据统计，2010 年我国苹果种植面积达 220 万公顷，产量达 3200 万吨，[3] 但单产却只有 14.5 吨/公顷，远远低于智利和阿根廷的水平。根据联合国粮农组织数据，智利苹果种植面积仅占全球苹果种植面积的 0.7%，苹果产量却占世界苹果总产量的 1.5%。2013 年智利的苹果栽培面积为 37 300 公顷，产量为 131 万吨，单产达到 35.1 吨/公顷。[4]

与苹果生产集中度低相比，我国苹果汁行业却呈现一定的规模化发展趋

---

[1] "杀鸡取卵陕西果汁生产链整体遭重创"，载 http://finance.sina.com.cn/roll/20081113/07422512589.shtml，最后访问日期：2013 年 3 月 22 日。

[2] 王慧、刘学忠："世界苹果生产与贸易格局分析——兼论中国苹果产业策略调整"，载《世界农业》2013 年第 2 期。

[3] 张冰冰等："从我国苹果生产到苹果汁产业发展的思考"，载《农产食品科技》2012 年第 1 期。

[4] 董朝菊："2012/2013 年度智利鲜食苹果、葡萄及梨产销概况"，载《中国果业信息》2012 年第 11 期。

第五章 比较利益增进制度激励:"起飞"模型之"动力"分析

势。但由于缺乏较大的资金投入,近几年企业数量变化不大,总体上较为稳定。到 2010 年为止,全国共有苹果汁生产企业 40 余家,产地主要集中在陕西、山西、河南、甘肃、山东等地,其中陕西是我国苹果汁生产和出口的最大集散中心,分别占我国苹果汁出口总量和出口总额的 60% 左右。目前我国苹果汁行业整合也在快速推进,生产集中度不断提高。2009/2010 产季前五位企业的产量占总量 73%,[1] 涌现出海升、恒通、中鲁、安德利等一批龙头企业,2011 年这四家企业的销售收入总额超过 61 亿元,但其占比均在 18%~31%之间,[2] 呈现均衡化的行业经营态势,限制了企业经营规模的进一步提升。相比较,智利和阿根廷的苹果汁加工业规模化发展优势较为明显。为了增强在国际市场的竞争力,智利和阿根廷的苹果汁行业进行了大规模的兼并和整合。继智利埃姆斯塔伊安萨(Empresas Iansa)公司和嘉吉(Cargillagro)公司合资成立智利最大的苹果汁出口企业巴塔哥尼亚(Patagonia)公司(占智利浓缩苹果汁出口总量的 50%)之后,尤格斯(Jucosa)公司与阿罗纳公司也合并成立智利第二大苹果汁生产公司,现在巴塔哥尼亚公司和尤格斯公司又合并,形成南半球最大的苹果汁生产公司,每年生产和出口的苹果汁超过 25 000 吨。除巴塔哥尼亚公司之外,智利规模较大的苹果汁生产公司还有因渥泰克(Invertec)公司(年生产和出口的苹果汁超过 6000 吨)、圣克利门蒂(San Clemente)公司(年生产和出口的苹果汁超过 2000 吨)和科普福特(Copefrut)公司(年生产和出口的苹果汁超过 2000 吨),其他公司每家年生产和出口的苹果汁最多几百吨。仅巴塔哥尼亚公司一家就占据了智利苹果汁生产和出口的大半江山。[3] 阿根廷的苹果汁生产也主要集中在尤格斯公司、约格斯德尔苏(Jugos Del Sur)公司、索尔(Sower)公司和祖摩斯(Zumos Argentinos)公司,仅这四家公司就占据了阿根廷果汁出口总量的 93%。[4]

---

[1] 资料来源:商务部《中国浓缩苹果汁出口质量安全手册》。
[2] 以上数据根据各公司 2011 年年报计算所得。
[3] "智利果汁行业情况分析",载 http://www.chinairn.com/doc/70290/147653.html,最后访问日期:2013 年 6 月 7 日。
[4] 该数据来自《阿根廷苹果汁情况》,载《饮料工业》2007 年第 7 期。

二、我国饮料出口需求条件分析

需求既来自国际市场，又来自国内市场。由于需求是一定时期和一定价格条件下购买方愿意并且有能力购买的商品数量，受购买方意愿和能力的影响，需要的差异、收入水平就成为影响需求，进而影响比较利益增进的最主要因素。此外，考虑到特殊国情，城市化因素对比较利益的增进也具有较为显著的影响，因此也是本书需要讨论的重要方面。

第一，需要的差异，也可以理解为消费偏好的不同。需要与需求不同，它是人们想要得到东西的欲望，不受消费者购买能力的限制。从总体上看，人的需要是无限的，需求会受到需要的激励。马斯洛的需要理论把人的基本需要分为五个层次：生理需要、安全需要、爱的需要、尊重的需要、自我实现的需要。由于每个人的需要不同，消费偏好存在差异，对饮料的需求也各不相同。当人们对某种饮料的偏好增强时，该饮料的需求就会增加；相反，当偏好减弱时，该饮料的需求就会下降。在满足基本的生理需要的同时，人们会不断地追求更高层次的安全需要和其他更高需要，消费偏好会发生改变，需求也随之改变。

第二，收入水平。收入水平决定购买力，从而对饮料的消费产生直接的影响。凯恩斯的绝对收入假说认为，在短期内，收入和消费是相关的，即收入决定消费。收入水平不同，消费结构也不同。随着收入水平的提高，购买方对消费质量和层次的要求也会提高，收入水平往往与需求层次成正比。但收入分配的平均程度却与需求层次成反比，收入分配差距越大，对需求收入弹性大的高质量产品的需求也越大。

第三，人口规模和结构。人口规模直接决定着市场容量，进而影响到需求总量。庞大的人口总量无疑蕴藏着巨大的潜在需求市场。人口规模的扩大，会带来需求量的增加。同时，人口结构和需求结构密切相关，人口规模越大，结构越广泛，需求的水平市场细分程度就越高。

第四，城镇化程度。由于城市和农村居民以及不同规模城市居民的生活方式和饮食偏好不同，在收入一定的条件下，他们对同一商品的需求函数也不同。相对于农村居民，城市居民主食消费较少，非主食消费较多。城镇化水平的提高，使得城市居民人数迅速增加。随着收入水平的提高，城市消费习惯的养成，整个社会食物消费水平不断上升，客观上推动了消费者对食物营养平衡的追求和饮食结构的优化，进而扩大对包括饮料在内的非主食消费的需求。

综上，如果把需求作为因变量，把影响需求的各种因素作为自变量，则可以把它们之间的依存关系表示如下：

$$Q_d = f(T, I, S, C, E, \ldots) \tag{5.3}$$

其中，Q_d代表需求，T代表需要或偏好，I代表收入，S代表人口规模和结构，C代表城市化程度，E代表人们对未来情况的预期。

根据影响需求的主要因素，本书拟从人口规模、城镇化、人均收入、消费偏好五个角度对我国饮料的需求现状分别进行分析。

表 5-11 我国饮料需求现状分析指标体系

评价目标	影响因素	评价指标	反映内容
需求优势	需求规模	人口规模	反映一国需求容量的变化情况
		城镇化	反映一国消费结构的变化情况
	需求性质	人均收入	反映一国购买力的变化情况
		消费偏好	反映一国消费取向的变化趋势

第一，人口规模出现下降趋势。人口规模直接反映了一国市场容量的大小，进而影响到需求总量的大小。我国人口众多，根据国家统计局统计，截止到2012年12月31日，我国大陆人口总数达到13.5404亿，位居世界首位，约占世界总人口的19%，相当于欧洲、澳洲、非洲、北美洲、中美洲五个洲人口的总合。虽然我国人口数量仍维持着增长趋势，绝对数量依旧很大，但如表5-12所示，近年来受计划生育政策和人口老龄化影响，我国人口出生率从1990年的21.06‰下降到2018年的10.94‰，人口死亡率略有增长，维持在7‰左右的水平，人口自然增长率从1990年的14.39‰下降到2018年的3.81‰，我国人口规模呈现下降趋势。

表 5-12 我国人口增长情况

指标	2018	2017	2016	2015	2014	2013	2012
人口出生率（‰）	10.94	12.43	12.95	12.07	12.37	12.08	12.1
人口死亡率（‰）	7.13	7.11	7.09	7.11	7.16	7.16	7.15
人口自然增长率（‰）	3.81	5.32	5.86	4.96	5.21	5.21	4.95

指标	2011	2010	2005	2000	1995	1990
人口出生率（‰）	11.93	11.9	12.4	14.03	17.12	21.06
人口死亡率（‰）	7.14	7.11	6.51	6.45	6.57	6.67
人口自然增长率（‰）	4.79	4.79	5.89	7.58	10.55	14.39

第二，城镇化进程有待深化。城镇化水平的高低，直接决定了城市消费习惯的养成和饮食结构的优化，进而决定了对包括饮料在内的非主食消费的需求。如图 5-1 所示，近年来我国积极推进城镇化建设，2000 年城镇人口占总人口的比重仅为 36.22%，2010 年上升到 49.95%，每年以 1~2 个百分点的速度增长。2018 年居住在城镇的人口为 83 173 万人，占总人口的 59.59%；居住在乡村的人口为 56 401 万人，占总人口的 40.41%。与 2000 年比，2018 年我国城镇人口增加了 39 389 万人，乡村人口减少 25 637 万人，城镇人口比重上升了 24.8 个百分点。我国城镇化进程延续了持续增长势头。但根据世界银行发布的统计数据，截止到 2011 年底，日本的城镇化水平就已高达 91.3%，巴西达到 84.6%，我国现阶段的城镇化尚处于日本 20 世纪 50 年代的发展水平或巴西 20 世纪 60 年代的发展水平。

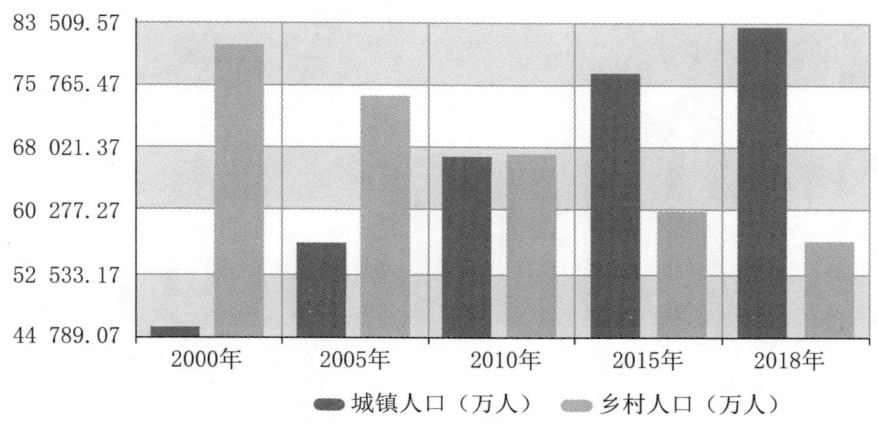

图 5-1 我国城镇化进程情况

资料来源：国家统计局数据库。

3. 人均收入水平限制了需求层次的提高

人均收入直接反映一国购买力的变化情况。随着收入水平的提高，购买方对消费质量和层次的要求也会提高。收入水平往往与需求层次成正比。但收入分配的平均程度却与需求层次成反比，收入分配差距越大，对需求收入弹性大的高质量产品的需求也越大。

如图 5-2 所示，近年来我国经济改革深化，市场经济快速发展，居民收入逐年增加。2000 年我国城镇居民家庭人均可支配收入仅为 6255.7 元，到 2018 年上升到 39 251 元，是 2000 年的 6.27 倍，年均增长率为 10.74%；2000 年我国农村居民家庭人均纯收入仅为 2282.1 元，到 2018 年上升到 14 617 元，是 2000 年的 6.41 倍，年均增长率为 10.87%。伴随着人均收入水平的提高，社会贫富差距不断扩大，食物消费量和消费构成均出现较为明显的变化。主食构成的消费曲线由最初阶段的迅速上升转为下降，非主食消费却始终保持稳定增长的态势。但与国际比较，我国人均收入水平仍远低于美国、德国、澳大利亚、日本、韩国等国。美国 2006 年的人均收入高达 46 048 美元，收入水平较低的韩国也已达到 20 126 美元。

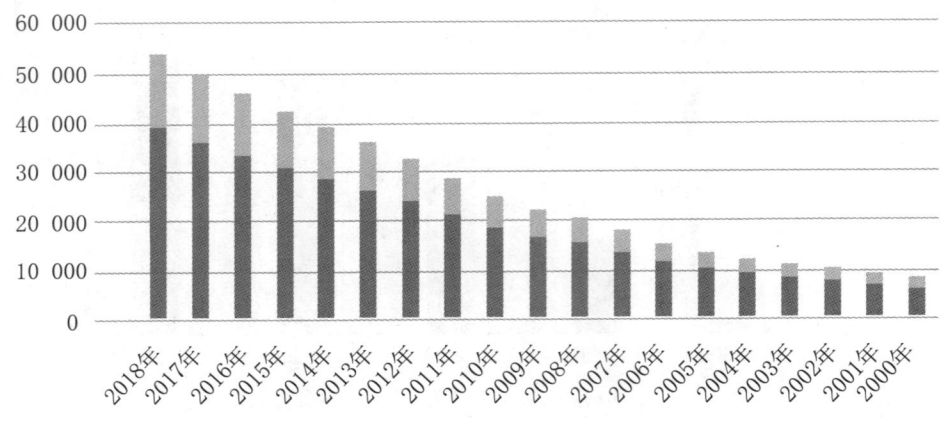

图 5-2 我国城乡居民家庭收入变化情况

资料来源：国家统计局数据库。

第四，消费偏好有待增强。消费偏好是一国消费取向变化的直接反映。一般情况下，消费偏好增强时，相应的需求就会增加，消费偏好减弱时，相应的需求就会下降。如表 5-13 所示，近年来各国健康消费偏好不断增强，智利从 2010 年的人均 1254 美元增加到 2018 年的 2182 美元，年均增长率高达 7.17%；韩国从 2010 年的人均 1890 美元增加到 2018 年的 3192 美元，年均增长率达到 6.77%；此外，波兰、瑞士、澳大利亚、英国、日本、土耳其等国则保持在 4%~6% 之间。

表 5-13 主要国家人均健康消费情况

单位：美元

国　　家	2010	2011	2012	2013	2014	2015	2016	2017	2018
澳大利亚	3595	3809	3854	4091	4191	4381	4566	4791	5005
加拿大	4167	4227	4286	4366	4464	4551	4698	4812	4974
智　利	1254	1355	1485	1656	1752	1838	1898	2095	2182
法　国	4048	4168	4306	4557	4642	4676	4844	4931	4965
德　国	4412	4558	4734	4948	5142	5291	5550	5848	5986

续表

国家	2010	2011	2012	2013	2014	2015	2016	2017	2018
日本	3170	3741	3971	4308	4328	4517	4513	4630	4766
韩国	1890	1977	2080	2135	2236	2488	2678	2870	3192
墨西哥	927	940	1004	1028	1004	1075	1066	1105	1138
荷兰	4473	4567	4782	4924	4935	4928	5018	5155	5288
波兰	1423	1497	1579	1671	1687	1803	1915	2048	2056
瑞士	5296	5477	5796	6188	6439	6761	6942	7147	7317
土耳其	843	888	895	948	1007	1040	1127	1186	1227
英国	2871	2910	2968	3574	3668	3703	3833	3943	4070
美国	7939	8154	8423	8629	9042	9505	9904	10 207	10 586
中国	352	416	482	541	590	641	688	—	—

数据来源：经合组织数据库。

随着各国健康消费偏好的增强，对消费质量和层次的要求也在不断提高。以果汁为代表的非碳酸饮料，以其天然、营养、健康的特点，恰好满足了这一消费取向，因而越来越被人们喜爱。全球果汁消费量以每年20%的速度增长。但比较不同国家的果汁市场容量，美国2009年果汁及果汁饮料消费量为136亿升，仅占非酒精类饮料消费总量的10%；欧盟2009年果汁及果汁饮料总消费量为223亿升，仅占非酒精类饮料消费总量的15%；中东、印度、我国台湾地区等新兴市场果汁消费也极具开拓潜力。[1] 此外，我国人均健康消费从2000年的44美元增加到2006年的94美元，[2] 年均增长率高达13%。进入2010以后，年均增长速度仍然维持在8.74%的水平，2016年我国人均健康消费已达到688美元。但与同期的美国高达9904美元的消费水平相比，我国的健康消费偏好还有待增强。可见，作为一种健康饮料，随着国际和国内健康消费偏好的不断增强，果汁市场发展空间巨大。

---

[1] 资料来源：商务部《中国浓缩苹果汁出口质量安全手册》。
[2] 资料来源：世界卫生组织数据库。

三、制度激励与比较利益增进

供给要素与需求要素自身作用的局限性，决定了制度要素在比较利益增进中的重要推动作用。此外，供给要素与需求要素的发展及提升，也存在一个动力机制问题。

（一）供给要素的作用与局限

比较利益的增进需要借助要素供给和生产率提高从供给要素角度大力推动。一方面，社会资源的有限性，抑制了商品的充分供给。另一方面，受生产和技术水平的限制，有效供给难以保证。理论上，只有生产者愿意并能够提供商品或劳务，才能从根本上保障经济增长和比较利益增进的源泉。我国由于产业结构调整滞后，技术创新能力不足，长期处于全球产业链的中低端，商品差异性不高，商品供给难以满足当前对高质量、高档次消费品的需求。改革开放以来，我国人均收入水平迅速提高，消费结构随之升级，社会对高品质、高档次商品的需求不断增加。由于国内有效供给难以满足，导致当前"海外购"现象突出，购买力流向国外。因此，加大投资力度，努力提高产品自身的科技含量，在产品种类、供给方式和供给质量上不断推陈出新，对于提高生产率和实现比较利益增进具有重要的理论和现实意义。

强调比较利益增进的动力来自于供给要素，极有可能形成将供给作为比较利益增进约束条件的惯性发展，带来供大于求的产能过剩和有效供给不足等社会现象。供给是为需求服务的，需求产生供给，消费者不仅仅是市场和商品的被动接受者。正是因为消费者基于生存需要，在吃穿住行等方面产生需求，以满足这些需求为目的的生产才会出现，并且随着需求形式与内容的发展变化，供给也在不断丰富、延伸与升级。因此，供给必须以满足需求为前提条件，需求决定供给的有效性，无需求则供给亦无效，需求特征决定供给状况。脱离了现实需求的引导，只强调要素和科技的投入，对需求结构和质量缺乏考虑，供给就会失去目的，生产出来的产品卖不出去，造成大量产品积压，或者由于缺乏市场导向而缺乏商业价值，无法实现由商品到货币的转变，资本循环受阻，再生产难以为继，比较利益的增进更是无从谈起。

（二）需求要素的作用与局限

需求要素是拉动比较利益增进的重要力量。一方面，扩大消费需求，提高消费质量和档次，推动消费升级和结构优化，可以形成新的消费热点，产生新的经济增长点，促进消费需求与经济增长的良性循环，直接拉动经济增长，实现比较利益增进。另一方面，积极改善消费需求，引导消费合理升级和优化，把握消费需求的发展变化趋势，及时调整投资方向，避免无效投资、盲目投资，有针对性地研发相应产品，提高产品科技含量和商业价值，转变经济发展方式，对于比较利益增进具有重要作用。借助需求的拉动作用和引导作用，充分考虑消费者的购买能力和购买意愿，成为我国当前应对国际金融危机和国际市场消费疲软双重冲击的重要决策部署。通过挖掘市场有效需求，不断扩大需求市场，关注新的消费热点，推动行业与产品结构及时调整，提高产品质量和档次，以适应国际市场的需求，是当前比较利益增进的应有之策。

同样，需求要素拉动比较利益增进也有其局限性。需求以供给为前提，没有供给，消费的对象就不存在，需求就无法满足，需求的作用也无从谈起。创新需求也有赖于有效的供给。人类的欲望是无限的，马斯洛提出的需求层次论，充分揭示了人类潜在的五种不同层次需求，人类在不同时期对不同需求表现出不同的迫切程度。基于供给对现实需求的满足，人类才可能追求更高一级的潜在需求。可以说，是供给在引导和激发人类没有止境的潜在需求。因此，离开了供给的需求，就如同无本之木，无水之源。此外，消费需求变化本身难以准确预测，引导作用有限，虽然需求条件的改善可能引发比较利益的增进，但多属于渐进性的，无法像供给优势推动那样引发较大的比较利益变动。不过，一般认为，渐进性的过程往往意味着低成本、小风险，对比较利益增进的价值同样不容忽视。

(三) 制度对经济增长的激励作用

新制度经济学关于制度作用和功能的阐述，为探讨制度对比较利益增进的促进作用提供了理论依据。新制度经济学认为，制度要素本身对经济增长具有重要的决定作用。诺斯认为，在既有要素投入没有增加的情况下，只有制度创新也能产生经济增长的效果。他考察了1600—1850年世界海洋运输业的发展，发现这一期间虽然没有出现轮船代替帆船之类的重大技术进步，生产率却在大幅提高，这显然不是生产要素和技术变化的结果。通过对海运成本的统计分析，诺斯发现这一时期市场制度与船运制度变得更加完善，大大降低了海运成本，生产率大幅提高。在他看来，随着专业化与劳动分工的发展，生产要素交易所产生的费用也会增加，并反过来阻碍专业化与劳动分工的进一步发展，导致经济走向衰退，制度的建立能够减少交易费用，激励个人从事生产性活动，促进经济增长。

诺斯在《西方世界的兴起》（Rise of the Western World）一书中曾谈到，近代经济的迅速增长之所以发生在欧洲，而不是其他资源更丰富、历史更悠久的地区，就是因为欧洲率先建立了一套高效率的经济制度，通过建立制度化的设施，确立财产所有权，"把个人的经济努力不断引向一种社会性的活动，使个人收益率不断接近社会收益率"。[1] 可见，好的制度才能促进技术创新，才能导致现在西方的工业文明。诞生于20世纪40年代的发展经济学，则将关注的焦点落在发展中国家经济制度和结构转变的现实问题上，注重其转变的策略和途径，关注其以制度为中心的市场经济范式、以合作博弈为目标的制度建设，认为其政策效果决定了发展的成败。转轨经济学更是以制度因素来解释苏联、东欧和我国经济转型中的绩效问题，并以制度为基础确定分析框架，探讨如何克服旧体制中的制度障碍，以实现经济发展方式的转变。总之，有效的制度激励，能够激发经济主体的生产经营活力，通过及时捕捉市场供需变化的各种信息，主动对生产经营活动进行相应的调整，甚至转变生产经营方式，促使要素资源从低盈利部门向高盈利部门转移，在追求自身利益最大化的同时，实现社会资源配置的最优化，社会总产出得以提高，比较利益得以增进。正是在这个意义上，樊纲认为，现代增长理论和发展经济学，已经把最近几十年来制度经济学研究的成果吸收进来，把制度改进定义为决定经济增长的第四个要素，另外三个要素分别为资源、劳动和知识。[2]

此外，德姆塞茨（Demsetz）、科斯等新制度学派代表人物也对制度激励社会经济活动的作用进行了阐述。总结这些论述，可以将制度对经济增长的激励作用归纳为以下四个方面：

（1）增加可预见性。拉坦（Rutton）认为，制度是一套被用于支配特定行

---

〔1〕 [美] 道格拉斯·诺思、[美] 罗伯斯·托马斯：《西方世界的兴起》，历以平、蔡磊译，华夏出版社1999年版，第1页。

〔2〕 樊纲：《制度改变中国：制度变革与社会转型》，中信出版社2014年版，第XVIII页。

第五章 比较利益增进制度激励："起飞"模型之"动力"分析

为模式与相互关系的行为准则。[1] 制度往往明确规定了哪些行为必须做，哪些行为可以做，哪些行为不能做，这些准则具有规则性、系统性或规律性的共同特点，并辅以内部和外部的强制力，在约束人们行为、保证制度遵守与执行的同时，形成了一个人与人相互作用的稳定结构，有效防止交易中可能出现的机会主义行为，确保交易后果的确定性和可预见性，降低人们交往中的不确定性，通过形成合理的预期，对人与人之间的交往进行协调，促进合作与竞争的实现。可见，制度对于规范、约束和引导市场行为具有非常重要的作用。正如柯武德所说，制度的一个功能就是使复杂的人际交往过程变得更容易理解和更可预见，从而不同个人之间的协调也就更易于发生。

（2）维护市场秩序。《辞海》中制度的本义包含成员们需要共同遵守的、按照同意程序办事的规程。可见制度一旦确定，行为就会受到规范和约束。倘若行为超出制度所允许的范围，就会受到相应的惩罚。制度对行为选择空间和范围的限定，一定程度上约束了市场主体的竞争行为，提高了市场主体的违约成本，使得"经济人假设"中因为追求自身利益最大化，采用隐蔽手段或欺诈伎俩造成市场秩序混乱的现象得到有效地扼制，市场运行秩序和运行效率有效提高。

（3）降低交易成本。随着社会经济活动的愈加复杂，获取准确的市场信息变得越来越困难。人们在作出行为选择时，以及在与他人合作时，不得不花费更多的信息成本，产生更多的谈判合作费用。科斯早在1937年就发现，利用市场价格机制是有成本的，而企业制度能够代替市场，降低交易成本和费用。由此，科斯提出制度具有降低交易成本和费用的功能。科斯理论推动了人们对制度认识得更趋深入。此后，代理关系、外部约束、内部监督以及科层组织之间的各种组织形态等一般性的制度，也都被发现具有类似的功能。此时，对企业来说，制度的建立和完善成为一件有利可图的事。

（4）激励行为选择。制度学派假定人具有唯利是图的行为倾向，为了追求自身利益的最大化，人们在进行行为选择时，往往采取机会主义的投机行为，造成行为的不确定，导致市场秩序的混乱，同时也增加自身的交易成本

---

[1] [美]拉坦："诱致性制度变迁理论"，载[美] R. 科斯、A. 阿尔钦、D. 诺斯等：《财产权利与制度变迁：产权学派与新制度学派译文集》，刘守英译，生活·读书·新知三联书店、上海人民出版社1994年版，第329页。

与费用。产权制度的建立与调整，市场价格机制的引入，以及专利制度、税收奖励等制度，能够将个人的积极活动与辛勤付出转化为私人收益，促进私人利益的实现，并逐步趋近社会收益，从根本上对市场经济中的经纪人起到激励作用。在高效率的制度持续激励下，人们就会积极投入到相应的生产和科研活动中，力求实现个人收益的最大化。由此可见，有效的制度安排能够规范人们的行为方向，改变其行为偏好，影响其行为选择，达到抑制投机行为、增进市场秩序、降低交易成本、鼓励技术创新的目的。

（四）比较利益增进呼唤制度激励

传统贸易理论认为，要素禀赋、规模经济、需求偏好、技术差异等因素决定比较优势，比较优势决定比较利益。除此之外，是否存在其他因素决定比较优势？人们在对贸易模式的探索和解释中，开始考虑制度因素，逐渐揭示了制度是比较优势来源的经济规律。

（1）制度质量较高的国家，合约实施环境较好，资产专用性往往较低，投资不足问题较小。资本成本越小，产品的总成本优势就会越明显。那么，具有较高制度质量的国家，就会倾向于出口更依赖制度质量的产品。换句话说，对于制度质量依赖程度高的产品，制度质量的高低，往往决定着国家的出口。

（2）制度质量影响企业的技术选择，决定了先进技术的采用和比较优势的差异。一方面，企业选择的技术越先进，就会拥有更高的生产力，但同时也需要与更多的中间供应商缔结契约；另一方面，制度质量越高，契约的不完全程度就越低，中间供应商面临的敲竹杠风险降低，预期收益增加，就会增加投资，进而导致最终品生产者采用先进技术的收益增加。总之，先进技术的选择，决定企业的生产率，生产率的差异决定一国的比较优势。因此，制度质量较好的国家，往往在技术密集型产品的出口中具有比较优势。

（3）好的制度可以监督合约执行，减少交易费用和摩擦，促进贸易的发展。制度是否公开透明，以及能否有效实施，决定了商业合同能否顺利履行。好的制度表明该国存在良好的合约监督与执行机制，能够有效减少交易摩擦，降低交易费用，避免价格加成，从而在产品出口中兼具生产成本与交易成本的比较优势。一般认为，产品越复杂，交易中就会有更多的因素不能被交易方所控制，就越需要法院或仲裁机构对交易进行监督。因此，制度质量高的

第五章 比较利益增进制度激励："起飞"模型之"动力"分析

国家，合约监督和执行机制较为完善，在复杂产品的出口方面就会形成成本比较优势。

（4）制度质量通过劳动分工作用于比较优势。劳动分工体现产品的生产效率，进而影响比较优势。不同国家制度环境不同，制度质量存在差异，导致合约的不完全程度也不相同，进而会影响到企业分工所造成的道德风险，影响到分工的程度和范围以及产品的生产效率。制度质量较高的国家，其合约的不完全性对分工的影响较小，那些对合约依赖较强、分工程度较大的企业，就会具有较高的生产效率，取得较强的比较优势。由此，制度质量相对较高的国家，会出口生产迂回程度较长的产品；制度质量相对较低的国家，会出口生产迂回程度较短的产品。

总之，制度要素在很大程度上，决定着一个国家参与国际分工的机会与能力，决定着一个国家获取比较优势、实现比较利益增进的机会与能力。一国的制度质量构成其比较优势的重要决定因素，这种影响甚至超出了物质资本和劳动技术要素的总和。[1]

另一方面，传统理论认为供给要素和需求要素是影响一国比较利益增长的关键性力量。以供给要素中最活跃的技术要素为例，随着科技的迅速发展，新产品、新材料、新工艺不断出现，一大批新的产业部门相继涌现，对产业结构和比较利益增进产生深远影响。但是，面对我国高新技术产业发展不太成功的现状，吴敬琏在《发展中国高新产业制度重于技术》一书中分析，原因主要在于长期以来对制度的过度忽视，对科技创新的过度强调，以为"科技发明是推动高新技术产业发展的主要力量，只要投入足够多的人财物去开发和引进各种高新技术，就能够实现高新技术产业的快速发展"。吴敬琏指出，"一个国家、一个地区高新技术产业发展的快慢，不是决定于政府给了多少钱，调了多少人，而是决定于是否有一套有利于创新活动开展和人的潜能充分发挥的制度安排、社会环境和文化氛围。"在他看来，"制度安排的作用重于技术演进本身。只有建立充满活力的新体制，才能实现经济增长方式的

---

〔1〕 Nunn N., "Relationship-specificity, Incomplete Contracts and the Patten of Trade", *Quarterly Journcl of Economics*, 122 (2007), pp. 569-600.

转变，才能真正做到自主创新，才能最终建成创新型国家。"[1] 综上所述，供给要素和需求要素的发展及提升，存在一个动力机制问题。很多国家技术创新停滞、经济增长缓慢的经验教训表明，有效的制度安排是推动技术创新、提升供给优势和需求优势的强有力动力，也是实现比较利益增进的必然选择和必由之路。

(五) 制度作用的局限性

制度虽然是比较优势的重要来源，决定着比较利益的获取与增进。但制度本身所固有的缺陷却限制了这一作用的发挥。

1. 制度具有非专利特征

制度属于一种公共品，人们通过简单模仿，无需支付任何费用，就可以复制并使用他人创造的制度，这便产生了制度创新的外部性问题。模仿者的行为则被称为"搭便车"行为。对于模仿者来说，模仿别人的制度创新成果，可以减少自己的设计和创新成本，降低创新风险，对于创新者来说，自己的智力劳动成果被他人无偿使用，就会使创新者的个人收益低于社会整体收益，投入的成本得不到收益和保障。制度的非专利特征产生的"外部性"和"搭便车"现象，导致创新者缺乏激励，不愿进行制度的创造。制度供给处于不足状态，难以满足整个社会的最佳需求量。经济行为缺乏制度约束，影响了制度作用的充分发挥。

2. 制度具有资产专用性

与技术的使用没有国界不同，一项新制度的移植与传播会受到来自各方面的制约和限制。在一国效果良好的制度，到另一国不一定行得通。例如，在一些高技术含量的行业中，由于存在强烈的外部性和规模经济特征，政府的制度支持能够有力地降低成本，保护本国市场，促进比较利益增进，这些制度在日本和韩国都已取得了巨大的成功。但在澳大利亚，政府为保护汽车工业实施的各项制度并没有使其发展起来，未能成为有竞争力的出口者。在我国台湾地区，虽然没有政府指导，但制造业甚至某些高技术含量行业的出口也获得了成功。可见，同一种制度支持并不总是能促进比较利益增进的。不同国家的经济发展水平不同，利益格局、价值观念以及意识形态等方面都

---

[1] 吴敬琏："制度安排重于技术演讲——访著名经济学家吴敬琏教授"，载《企业改革与管理》2006年第10期。

存在较大差距，受这些因素的限制，制度很难通过简单移植，在不同国家发挥相同或类似的效果。

3. 制度受资源的稀缺性制约

制度也是一种"产品"。制度形成、实施和创新的一系列过程，同样需要耗费大量资源。首先，一项新制度的形成往往是集体行动的产物，需要组成有效率的行动团体，并对集体的行动进行组织和协调，确保目标一致，这一过程将消耗大量资源。其次，制度形成后，需要借助一定的强制手段才能保障实施，违反制度的行为将会受到惩罚，遵守制度的行为将会得到激励和保障，这一过程同样将消耗大量资源。最后，制度实施过程中，基于知识的积累和技术的进步，需要打破原有的均衡状态，进行制度的创新，这些活动也将消耗大量资源。总之，制度的形成、发展和完善，不可脱离既定时期、既定资源的约束，受资源的稀缺性影响，制度的供给总是相对不足。制度供求之间的矛盾，限制了制度作用的发挥。

四、比较利益增进的制度安排

制度为什么促进比较利益增进？原因在于制度提供了一种激励结构。有效的制度安排，可以刺激个人去从事能引起经济增长的活动，将个人的经济努力变成私人收益率接近社会效益率的活动，推动经济朝着增长的方向发展，反之则会导致经济处于停滞状态。[1] 但并非所有的制度都能促进比较利益增进。根据作用的不同，制度可分为有效率的制度和无效率的制度，有效率的制度安排为提高生产效率、改善要素市场、推动技术创新提供了激励，并最终带来经济增长，有效率的制度安排才是比较利益增进的关键。按照新新贸易理论的分析，产权保护与合约实施构成影响国际贸易制度的两个主要维度。比较利益增进的最优制度安排也应遵循这一理论，将产权保护和合约实施的重点放在知识产权制度和国际贸易法律制度的完善和发展上，并从制度自身的激励作用出发，提出激励契约的制度安排。

（一）产权制度与知识产权法律保护

诺斯在《西方世界的兴起》中曾经指出，近代欧洲经济增长的决定性原

---

[1] [美] 道格拉斯·诺斯、[美] 罗伯斯·托马斯：《西方世界的兴起》，厉以平、蔡磊译，华夏出版社 2009 年版，第 4 页。

因，是私有产权制度的确立。这一制度能够有效地激励生产活动，促进经济迅速增长。可见，在诺斯所谓的"制度安排是经济增长的关键"的观点中，制度指的主要是产权制度。产权制度以产权为依托，通过确定产权归属，对经济主体在产权关系中的权利、义务和责任进行规制，协调整个社会的生产行为以及产品分配问题，减少资源浪费，确保有限的社会资源得到最优配置。

产权制度的建立意味着产权主体权益和责任界限的明晰。为了谋求自身利益的最大化，产权主体会积极努力的行为。这种激励作用与一般的收入分配所产生的经济利益刺激不同，由于产权具有持久性，产权主体往往更注重对长远利益的追求。

不同的产权制度对不同经济主体占有、使用、收益、处分他们的努力成果的保障不同。产权专有程度越强、明晰程度越高，流动性就越大，资源利用效果就越显著。随着经济主体获利可能性的增大，产权制度的激励作用更加突出。

产权制度的建立还有助于消除和减少负外部性，实现外部性的内在化。新古典经济学假定，一个人完全承担自己行为所产生的成本与收益。当一个人的行为所产生的成本与收益，并不完全由自己承担时，或是在他自己没有行为，却要求承担他人行为产生的成本与收益时，外部性就产生了。

科斯在《社会成本问题》（*The Problem of Social Cost*）中指出，当一个工厂有权污染时，污染成本是由被污染者的存在造成的，不是他的个人成本；当一个工厂无权污染时，污染就是他的个人成本，他必须为污染付费。可见，有权和无权是确定成本与收益的前提，负外部性的产生往往是产权界定不清的结果。排他性的产权制度的建立，引入市场价格机制，明确经济主体间相互影响的程度，以及彼此应当承担的责任，有效消除和减少了外部性对经济发展所造成的影响和危害。

随着人类大步跨入知识经济时代，科学技术作为第一生产力的地位越来越突出，技术成为推动经济增长的重要内生变量。技术的生命在于创新，激励科技创新，尤其是用法律手段激励科技创新，往往被视为一个国家或企业成功的关键。在这一背景下，知识产权法律制度应运而生，作为产权制度运用于创新成果的最有效的制度安排，知识产权法律制度的作用主要体现在：

（1）知识产权法律制度将科技创新的智力成果作为一种无形财产，纳入

第五章 比较利益增进制度激励:"起飞"模型之"动力"分析

到私人财产的范围。科技创新的智力成果本身属于公共物品,在使用上和消费上不具有排他性,一旦生产出来,就难以控制谁得到并使用它,容易被"搭便车者"利用,产生负的外部性。如果没有有效的措施加以保护,创新者投入的成本就会超过预期的收益,创新者个人的收益就会低于社会收益,结果将会导致人人都期待免费享用他人的创新成果,没有人再愿意冒着更大的风险,去投资知识产品,从事科技发明创造活动,知识产品的稀缺性将更为突出。基于此,知识产品的私人产权归属问题,即知识产权的界定问题,就成为激励科技创新、保证知识产品生产首先必须解决的问题。在这一问题上,宪法对知识产权制度的构建提供了最为重要的法律基础。1896年,美国联邦法院在裁决中申明,专利权属于宪法条款中的私人财产范围,正式从法律角度明确了知识产权是一种私人财产权利的观点,以确定的产权为基础,用法律的名义实现了知识产权的私权化。

(2)知识产权法律制度借助国家强制力,对产权界定不完全所引发的外部性风险进行规制。产权界定的程度影响外部性的大小。不同的产权界定需要依靠各种不同的社会规范,这些规范包括法律、规章、道德、习俗等,基于其强制力来源的不同,产权界定的成本与收益不同,产权界定的完全程度也会不同。知识产品本身作为公共产品,一直以来被视为可以共享,所以不能通过社会习俗等对其进行界定。知识产权的界定主要通过法律实现,以国家强制力为后盾。

借助国家强制力界定产权,往往会带来更大的社会成本,很难做到产权的完全界定。相应地,权利人面对的外部性风险也会很大。作为一种私有产权,完整的知识产权应当是由个人对知识产品的占有权、使用权、收益权和处分权组成的。这些权利汇集成为权利束,权利人可以决定知识产品的消费,可以决定知识产品的让渡,可以决定如何从中获取收益。如果产权界定是完整的,权利人不仅可以排他性地拥有这些权利,还可以排他性地保障权利的实现,任何其他人有意或无意地使用权利人的知识产权、造成权利人损害的侵权行为也将被杜绝。但由于缺乏完备的法律体系、国家暴力机关威慑不足、法律执行力难以保障等原因,法律对知识产权的界定,也可能不完全甚至接近无效。

(3)知识产权法律制度保护创新、激励创新的同时,促使创新技术公开,使之成为社会财富。以专利法为例，美国立国后不久就制定了《专利法》（1790年），这部法律被誉为"为天才之火浇上了利益之油"。之后，美国科技进步一日千里，专利授权量猛增。到1900年，美国经济总量超过英国，成为世界头号经济强国。可见，作为一部确认发明者所有权，并赋予其垄断性的法律，专利法能够强有力地激励新思想的发现与新发明的创造。这种激励的关键在于，给予发明者以垄断权，同时设置一定的保护期限，从而在发明者和社会之间形成利益平衡。一般而言，垄断必然导致低效率，对消费者造成损害。因此，授予发明者垄断权利，也会产生社会成本问题，如发明创造的使用者需要支付使用费、发明创造长期搁置得不到利用而给社会造成成本等等。在社会成本超过社会收益之前，即一定的保护期限内，给予发明者机会，让其基于垄断权收回投资、获取收益，既可激励发明者本人及其他人继续坚持发明创造活动，又可使社会实现利益最大化，产生巨大的社会经济效益。

（二）合约制度与国际贸易法律保护

合约是交易费用理论的重要内容。新制度经济学认为，交易费用是人与人之间交互行动而产生的成本费用。从合约的角度，交易费用则是达成合约并保证合约执行的费用。通过人与人之间的相互合作，可以实现经济利益的获取。合约是实现合作的具体方式，合约的缔结涉及双方的利益分配，需要通过谈判才能达成协议，谈判和缔约需要付出成本与费用。合约的形式多种多样，有书面形式、口头形式，书面形式可以采用传统的纸质合同，也可以采用现代数据电文形式。不同的合约形式会产生不同的合作效果，耗费的交易费用也不相同。科斯在《企业的性质》（*The Nature of the Firm*）一文中，将合约定义为人与人之间实现合作时，就利益分配达成的协议，合约的本质就是一种制度安排，在合作效果相同的情况下，应当采用交易费用较低的合约，而企业制度的产生就是为了降低交易费用。可见，交易费用的存在导致了合约的产生，合约制度的运行，抑制了机会主义行为倾向，降低了市场的不确定性，保证了稳定有序秩序的形成，进而实现交易费用的节约。

当前国际贸易过于强调竞争，忽略了国与国之间的协助与合作。如果说竞争带来的是活力和效率，那么合作带给国际贸易的则是稳定的秩序和交易费用的降低。在国际贸易中，竞争与合作就像一对矛盾的统一体。由于人的

第五章　比较利益增进制度激励:"起飞"模型之"动力"分析

有限理性以及信息不对称等原因,在利益最大化的追求中,很难正确处理竞争与合作的关系,导致当前国际贸易纷争不断,国际贸易法律保护制度从国际贸易非个人交换形式的复杂性出发,为国际分工与合作更广泛、更深入地开展提供了一个基本框架,为国际合作的顺利实现提供了重要保障。

国际贸易活动具有高度复杂的关联性,对其他贸易体行为的预测,往往构成一个贸易体行为选择的必要前提。受信息不完全及有限理性的影响,对其他贸易体行为的预测很难准确确定。正如新制度经济学对人的行为的假设:人具有随机应变、投机取巧、为自己谋取更大利益的行为倾向。[1]将这一假定放到国际贸易环境中,交易双方在追求自身利益最大化的过程中,也会采取狡黠的伎俩,破坏已经缔结的合约,导致行为结果难以预见。只有将国际贸易活动纳入国际法律制度的约束下,通过约束主体的机会主义行为,形成稳定的市场秩序,相关贸易主体行为的预知才具有可能性。有了交易正确模式的信息后,交易费用的节约才能实现。可见,国际贸易法律保护通过构建相应的制度框架,明确划分和强制规范不同贸易主体的责、权、利,使其行为具备最大程度的稳定性和可预知性,不仅为贸易主体的合作创造了条件,也为市场秩序的稳定有序,以及交易费用的有效节约提供了可能。

(三) 激励制度与契约化法律管控

制度通过规定人们的行为模式,提供了人们关于行动的信息,借助这些信息,行为人不仅可以明确自己哪些行为可以做,哪些行为必须做,哪些行为不能做,还可以对他人的行为进行准确预测。在明确他人的行动信息,知道他人可能的行动,以及对自己行动的反应后,行为人才可能作出正确的理性选择。如果没有制度,或者无法从制度中预测他人以及自己行动的信息,结果只会导致两种情形:一是行为人产生从众心理,二是行为人无所适从。可见,制度可以通过行为模式的规定,引导人们行为的方向,改变人们行为的偏好,影响人们的理性选择。

行为人不仅可以借助制度预知行为后果,还可以计算出哪种行为模式对于目标实现最为合算。当行为模式中传达出来的是提倡什么行为、鼓励什么行为的信息时,制度对于行为选择的影响就会表现为一种正向的激励功能,

---

[1] 卢现祥主编:《新制度经济学》(第2版),武汉大学出版社2011年版,第171页。

如果特定的制度安排鼓励人们进行科技创新活动,参照制度提供的信息,人们会预测自己在制度鼓励的范围内行事可能的获益,进而选择积极投身科学研究和发明创造的活动中。激励制度的有效性决定着个人选择的有效性,不同的制度安排,激励程度的大小不相同,对经济发展快慢的决定作用也不相同。一定程度上,正是因为有了制度对经济创新活动的持续稳定激励,才会实现社会经济的繁荣发展。

制度激励的核心是法律激励。在对制度进行分类时,一般的观点认为,制度的形式多种多样,有的涉及某一具体组织,如国家制度、政党制度、企业制度等;有的涉及某一具体领域,如政治制度、经济制度等;有的涉及某一具体过程,如税收制度、人事制度等。但在这些制度中,有一种制度形式不仅涉及整个国家和社会的各个领域、各个方面,而且涉及社会上所有组织和个人的利益和行为,这一制度就是法律。将制度按规制主体的不同,可以区分为四种类型:与法律体系有关的制度、与行政法规体系有关的制度、与政策体系有关的制度及与组织规定体系有关的制度。前两类均属于法律的范畴。在现代社会中,法律制度是整个社会制度的全体和核心。[1] 正如我国《宪法》第5条所规定的:"一切国家机关和武装力量、各政党和各社会团体、各企业事业组织都必须遵守宪法和法律。一切违反宪法和法律的行为,必须予以追究。任何组织或者个人都不得有超越宪法和法律的特权。"法律允许国家、政党、企业、学校等各类组织构建自己的制度体系,明确内部结构组成、权力划分、职责运行等问题,以实现自身的正常有序运行。这些组织的制度虽然是由各个组织自行制定,却必须置于法律之下,接受法律监督,服从法律制约。可见,法律在现代社会中至高无上的地位,决定了其在现代制度体系中的核心地位。

法律具有组织管理、惩戒、激励的功能,激励是其中的三大功能之一。科斯将交易过程中所付出的各种相关成本或费用,包括搜寻信息的成本、谈判签约的成本、监督执行合同的成本等,作为法律制度影响经济活动以及社会资源配置的主要原因。科斯的这一理论被称为"实证的科斯定理"和"规范的科斯定理"。所谓实证的科斯定理,是指该定理证明了当交易成本不为零

---

[1] 彭和平:《制度学概论》,国家行政学院出版社2015年版,第50~51页。

第五章　比较利益增进制度激励:"起飞"模型之"动力"分析

时,法律对资源配置产生影响的内在原因。所谓规范的科斯定理,则强调法律制度的价值取向,即人们可以通过构建完善法律制度,降低社会活动的交易成本和费用,促成交易活动,更有效地实现资源的优化配置。这时,法律制度被视为一套调节社会活动中人与人利益关系的激励结构。法律制度的变化,往往意味着社会制度中有关激励结构的变化,从而会导致受社会制度约束的人的行为的相应变化,最终导致社会经济活动结果的变化。[1]

伯利(Adolf A. Berle)和米恩斯(Gardiner C. Means)在《现代公司与私有财产》(Modern Corporation & Private Property)一书中谈到,法律掌握着经营者应当遵从的某些行为准则,而这是所有权和经营权之间的法律联系。由于所有权和管理权的分离,经理人员权力越来越大,可能导致经理人员的利益凌驾于社会利益之上,而法律制度对改变企业所有权和经营方式具有重要作用。[2] 陈俊也在《自主创新与立法保障:比较与借鉴》一书中指出,在制度的创新支持中,法律制度的作用是不可替代的。为什么自主创新需要法律的支持?这与法律的独到功能是分不开的。法律对创新的保护,对自主创新的保障,能够起到引导、规范、促进和保障的作用。[3] 法律的激励功能正在被越来越多的人所关注。

法律激励追求的最理想状态,就是法律规范引导行为人积极主动地采取实现个体利益和社会利益最优化的行为。这一目标的实现,不能依靠法律强制性规范的施压与强迫,很难想象在被动遵守法律状态下,行为人还会有任何积极行为。激励性法律规范以非强制性法律规范为主要形式,以激励契约为基础,为立法者与行为人之间形成某种合作提供了可能。激励契约指的是代表国家或政府的立法者,与作为社会成员的行为人之间,基于自由平等原则而达成的,以奖励为内容的契约或协议。[4] 激励契约虽然与一般的契约在主体、客体、内容等方面均不同,但都严格遵循契约的最本质特征,即双方的合意,都是双方真实意思的表示。缔约过程充分体现平等自由的私法精神,

---

[1] 史晋川:《法律经济学趣谈》,江苏人民出版社、江苏凤凰美术出版社2014年版,第10~11页。
[2] [美]阿道夫·A. 伯利、[美]加德纳·C. 米恩斯:《现代公司与私有财产》,甘华鸣、罗锐韧、蔡如海译,商务印书馆2005年版,第229页。
[3] 陈俊:《自主创新与立法保障:比较与借鉴》,复旦大学出版社2009年版,第10页。
[4] 夏黑讯:"激励性法律规范契约化特性及其社会管控模式",载《新疆社会科学》2016年第2期。

不存在立法者对行为人意志的强迫，双方互为尊重，自主决定契约的缔结与履行，力求在最大限度内实现国家利益、社会利益和个人利益的平衡和协调。因此，客观上起到激励行为人选择积极主动行为的作用，有利于引导行为人朝着立法者所倡导和希冀的方向自愿行动，有效化约社会的复杂性和不确定性，推动社会管控和治理目标的实现。

Chapter 6
第六章
知识产权制度安排与比较利益增进

作为产权制度运用于创新成果的最有效制度安排,知识产权法律制度将科技创新的智力成果,作为一种无形财产,纳入到私人财产的范围,实现了知识产权的私权化,并借助国家强制力,对产权界定不完全所引发的外部性风险进行规制。但如果缺乏完备的制度安排,法律对知识产权的界定也可能不完全甚至接近无效,无法产生预期的激励效果,无法实现比较利益增进的最终目标。

一、对我国知识产权法律制度的反思

(一)我国知识产权法的创新价值追求

创新是知识产权法的价值追求,如同秩序、正义是刑法的价值追求,平等、自由是民法的价值追求。随着科技的发展,技术作为经济增长的内生变量,发挥着越来越重要的作用。与此相应,技术创新以及相关的知识产品的生产、分配和使用也受到前所未有的重视与关注。熊彼特(Schumpeter)将创新作为其经济发展理论的核心,马克思将资本主义社会最初一百年创造的巨大生产力和科技创新相联系,指出"生产过程成了科学的应用,而科学反过来成了生产过程中的因素即所谓职能。每一项发现都成了新的发明或生产方法的新的改进的基础"。[1] 为了激励和保障科技创新与经济增长,知识产权制度应运而生。正如艾莉森(Alison)所言,"所有的知识产权法律都是其所

---

[1]《马克思恩格斯全集》(第47卷),人民出版社1979年版,第570页。

处社会和经济政治环境的产物，尽管这一点不是一直在各种历史统计中被强调。"[1]

知识产权制度的形成、发展与完善，建立在人类的创新成果基础上，依附于知识产权法律制度，与知识产权法律制度的建设紧密相关。在我国，《专利法》《集成电路布图设计保护条例》《计算机软件保护条例》等一系列法律法规共同构成知识产权法律制度体系的核心内容。以《专利法》为例，为了保护知识产权，鼓励技术创新，我国早在改革开放之初的1984年，就已制定《专利法》。该法虽然只有简短的69个条文，却为我国科技进步注入了强劲活力。数据显示，《专利法》实施的第一天，国内外申请的专利就达3455件。[2]

为了适应科技发展和改革深化对创新激励的需要，进一步提高专利保护水平，1992年《专利法》进行了第一次修改，扩大了专利保护的范围，将食品、饮料、药品、用化学方法获得的物质等领域的技术创新成果均纳入《专利法》的保护中，同时延长专利保护期限，将专利方法的保护范围扩大到依该专利方法直接获得的产品。

2000年《专利法》进行了第二次修改，共涉及34项内容，包括增加司法保护措施，规定专利侵权赔偿数额的计算原则，允许当事人自行约定专利权的归属，给予职务发明创造的发明人或设计人以发明创造的实施报酬等。

2008年《专利法》进行第三次修改，明确提出将保护专利权人的合法权益写入《专利法》的立法目的，允许专利实施许可合同可以采用书面形式以外的其他形式，增加对公益发明的私权保护。

2018年《专利法》再次启动第四次修改，意图加大侵权赔偿力度，在举证责任方面加强对专利权人合法权益的保护，允许单位采取股权、期权、分红等产权激励方式，处置职务发明创造申请专利的权利和专利权，让发明人合理分享创新收益。

短短三十多年时间里四次大幅度的修改，立足科技进步与创新，有力地推动了科技进步与法制完善的紧密结合，充分反映了科技进步与经济发展对知识产权法律制度的更高要求，对我国科技创新、法律保障以及经济高质量

---

[1] 吴汉东："知识产权法的制度创新本质与知识创新目标"，载《法学研究》2014年第3期。

[2] 张茹："专利大国往事：1984，专利法如何在计划经济下破冰"，载 https://baijiahao.baidu.com/s? id=1615705069605429438&wfr=spider&for=pc，最后访问日期：2018年12月10日。

发展的更深层次融合,发挥了巨大的促进作用。

(二) 我国知识产权法的制度缺陷

经过三十多年的发展,我国知识产权法律制度已初步形成体系,创新推动作用显著,专利申请逐年递增,到2017年全年三种专利申请数量之和已达3 536 333件。[1] 但发明专利占三种专利授权量的比率只占13.2%,与国外77%的占比相比,我国专利质量明显落后于国际水平。新制度经济学认为,理想的制度应当是能够充分激励创新的制度。我国科技创新质量水平的不足,一定程度上说明了我国知识产权法律制度未能有效发挥应有的激励创新功能,制度自身缺陷以及制度运行中潜在的问题,制约了知识产权法律制度对科技创新和经济增长的应有贡献。

1. 利益失衡限制了共享与合作

知识产权法的发展史,也是一部个人利益和公共利益的博弈史,如何寻求两者之间的利益平衡,构成知识产权法的重要使命。知识产权法实现利益平衡的基本手段就是权利限制,即在赋予权利人专有权的同时,也对专有权的行使作出一定限制,以平衡权利人和社会公众的利益关系,实现创新成果的最大限度利用。以《专利法》为例,在一再重申保障专利权人合法权益的同时,《专利法》明确将妨害公共利益的发明创造排除在可专利范围之外,并规定对国家或公共利益具有重大意义的某些专利,可以强制许可实施。但这种做法对公共利益的关注,只是在极偶然的场合,《专利法》的常态则体现为对专有权的赋予保护上。反映到制度运行的实践中,《专利法》保护公共利益的立意逐渐被专用权的保护所掩盖,同行之间竞相申请专利,构建专利模块,排挤竞争对手,扰乱行业秩序。法院裁判中过度关注权利人的权利,偏离了知识产权法律制度的设计初衷,导致利益失衡、权力垄断等现象的出现,限制了创新成果的有效使用,以及创新成果共享所带来的新的合作创新机会。正如有些学者所担忧的,对知识产权的过度保护,可能导致少数人掌握威胁力量,进而造成社会分配不公的现象。[2] 这是因为,以财产权为基础建立起来的专有权,具有突出的反竞争特性,一旦打破利益平衡的限制,极易弱化竞争,形成市场控制和垄断,给创新成果的共享带来额外成本和效率损失。

---

[1] 数据来源:国家知识产权局数据库。
[2] 杜颖:"商标法律制度的失衡及其理性回归",载《中国法学》2015年第3期。

2. 盲目授权带来创新应用的低效

现有知识产权法在权利授予与维持等方面的制度缺陷，客观上不利于知识产权质量的提升。根据国家知识产权局的统计，2017年我国三种专利的申请总量中，发明专利占35.2%，实用新型占47.5%，外观设计占17.3%；同期国外三种专利的申请总量中，发明专利占84.1%，实用新型占4.8%，外观设计占11%。另外，2017年我国发明专利授权量326 970件，占当年发明专利申请量的26.2%，同期国外发明专利授权量93 174件，占当年发明专利申请量的68.6%。三种专利中，发明专利的技术价值最高。我国发明专利占三种专利申请总量的比重明显低于国外水平，在为数不多的发明专利申请中，仅有26.2%获得授权，远低于国外68.6%的授权率。低质量的专利带来的是创新成果应用的低效率。2016年我国有效专利实施率为61.8%，专利许可率为8.1%，专利转让率为5.4%，这些指标作为考量专利价值的重要因素，一定程度上凸显了我国专利法在创新推动方面的制度缺陷。

3. 问题专利阻滞创新进程

近年来，"专利钓饵""专利丛林"等问题专利的出现与泛滥，对我国专利法创新推动功能的发挥提出进一步的挑战。以"专利钓饵"为例。"专利钓饵"是指专利权人申请或购买专利不是为了实施专业技术，将其运用到生产或制造中，或提供利用其专利技术的服务以获取收入，而是为了向实际专利使用者索讨高额使用费。实践中，"专利钓饵"公司往往通过起诉非故意侵权者的方法，达到利润最大化的目的。这种做法客观上源于专利法在专利赔偿计算规则上的制度缺陷。我国《专利法》历经四次修改，最初对侵犯专利权的行为，仅规定了应承担的行政责任和刑事责任，并未涉及民事责任以及民事赔偿问题。直到2000年的第二次修改，才加入了民事责任的内容，但对侵权赔偿数额的计算，仅规定为按权利人因被侵权所受到的损失，或按侵权人因侵权所获得的利益确定，难以确定时，参照该专利许可使用费的倍数合理确定。2009年的第三次修改在此基础上，又加入了对权利人为制止侵权行为所支付的合理开支的赔偿，并在专利许可费等难以确定时，明确了1万元以上100万元以下的具体赔偿数额。2018年《专利法》启动第四次修改进程，修改草案再次加大了赔偿力度，对故意侵犯专利权，情节严重的，可以按权利人受到的损失、侵权人获得的利益或专利许可使用费的1~5倍计算确定赔偿数额，在难以计算赔偿数额的情况下，法院可以酌情确定在10万元以上500万元以下的具体数额。《专利法》不断增加专利侵权行为的赔偿力度，初衷是为了从源头上遏制侵权行为的发生，提高侵权者的违法成本，让侵权者意识到只有通过合法途径获得专利许可使用才是最有效益的，但在客观上却为"专利钓饵"创造了巨大收益来源，动不动高出正常专利许可使用费数倍的赔偿，诱使专利权人把经营模式由生产服务性改为"钓饵"型，甚至刻意购买已授权的他人专利用于实施"专利钓饵"行动。

当前一些技术领域相关技术日益复杂，一个产品的制造往往需要几十个甚至上百上千个专利，随着全球专利数量急剧增加，对现有专利技术的监控更加困难，"专利钓饵"的被侵权现象日益突出。据2018年国家知识产权局调查显示，我国企业"听说过，并接触过""专利钓饵"的比例达到20.6%，比2017年提高了14.1个百分点，"专利钓饵"风险呈现快速上升的势头。"专利钓饵"加剧了"专利丛林"现象。"专利丛林"源于专利的无限增生，新的创新往往需要建立在大量现有专利权人的同意与许可基础上。作为一项积极的应对策略，创新研究者会建立自己的专利模块，大量的专利模块形成"专利丛林"，专利模块建得越多，丛林就越密集，新的专利模块就越难以建立。可见，"专利丛林"法则本身就是一项对技术创新阻碍作用大于促进作用的制度，专利拥有者把持专利，制造专利"地雷"或者坐地起价，垄断了创新成果的实施与应用，使得新的创新变得异常困难。

4. 授权机制缺少对创新方向的引导

专利法授予一项发明专利权的条件，是应当具备新颖性、创造性和实用性。所谓新颖性，是指该发明不是现有技术也没有相同的发明提出过申请。所以创造性，是指与现有技术相比，该发明具有突出特点和显著进步。所谓实用性，是指该发明能够制造或使用，并产生积极效果。作为授权对象的发明，则是指对产品、方法或者其改进提出的新的技术方案。这些规定仅仅关注创新成果的"新""创""效"，只要新的技术方案能够产生商业价值，就会被贴上创新成功的标志并授予专利权。对于经济发展过程中并存的资源环境问题，《专利法》虽历经四次修改，却少有涉及，在专利申请、审查及授权条件等方面，均没有针对绿色技术和绿色专利特殊保护的专门规定。《专利法》授权机制对创新方向的功利性引导，对创新发展方向具有较大的负面影响，绿色生态理念被排除在创新视野之外，造成创新投入领域的失衡。在经济效益显著的领域，创新活动会受到大量人才和资金投入的激励；在成本高、收益慢的生态环保公益领域，创新活动却可能面临投资不足，甚至无人问津的窘境。

5. 高水平保护脱离自身发展需求

我国的知识产权法律制度属于舶来品，体现在立法中，规则多是对国外知识产权法律制度的引进和吸收。受外来压力影响，法律移植很难完全实现与自身发展需求的紧密契合，脱离了内生制度需求，去满足发达国家高水平保护知识产权的要求，丧失了制度成长的必要过渡期，缺乏制度经验积累。有研究表明，专利保护强度和实际人均国民收入之间是 U 型曲线的关系，即人均国民收入达到临界点之前，专利保护需求的变化呈递减趋势；人均国民收入达到中等发达国家水平之后，市场自身需求和政府会逐渐加大专利保护力度，此时专利保护强度的变化呈递增趋势。[1]

美国早期的知识产权法律制度将这一规律运用发挥到极致。当时美国还处于发展初期，属于技术净进口国。为了能够自由地获得并使用外国知识产权，促进本国经济和社会的发展，美国《专利法》规定，专利权仅授予美国公民和居民，拒绝承认和保护外国人的知识产权，放任盗版等侵权行为的发生。进入 20 世纪后，美国仍然坚持低保护、高竞争的政策取向，直到 1982 年美国《专利法》还在坚持使用专利滥用原则，推行积极干预的竞争法则。可以说，美国经济的发展与繁荣在相当大的程度上得益于这一政策环境。我国人均 GDP 至今尚未突破 1 万美元，与发达国家人均 GDP4.5 万美元的水平仍存在较大差距，技术水平明显落后于发达国家，由于自主创新能力不足，其间的技术断层不得不靠技术引进来解决。此时，过高的知识产权保护水平，容易导致制度建设与经济发展和市场自身需求相脱离，进而背离知识产权保护与促进自主创新的初衷。

二、基于专利标准化的实证分析

专利和标准对于技术创新和经济贸易发展的影响，一直受到学者们的关

---

〔1〕 Maskus K. E., "Intellectual Property Rights and Economic Development", *Case Western Reserve Journal of International Law*, 32 (2000), pp. 471-506.

注。随着世界技术贸易的迅猛发展，技术创新的重要性越来越受到重视，与此相关的知识产权制度特别是专利制度的研究迅速增加，学者们纷纷著文阐述知识产权及其专利制度在促进技术创新和经济增长中的战略性作用。相对于专利，标准的研究起步较晚。20世纪80年代中期，标准的研究迅速增加，研究涉及标准的定义、分类和质量，标准对宏观经济的影响、标准对公司行为的影响、标准对消费者的影响、企业标准化的有效性、技术标准的实施程度与总体效果、标准的知识溢出规律、技术标准联盟生命周期、标准的网络效应和载波效应等深层次问题。20世纪90年代以来，随着全球技术进步速度的加快，政府和企业在制定标准化战略的时候，往往将技术创新置于优先地位，以技术创新为引导，专利与标准相互融合，出现令人瞩目的专利标准化趋势，专利与标准相互结合，形成专利联盟、标准联盟，专利标准化促进经济增长、增强贸易竞争力的作用受到越来越多的关注。有鉴于此，本书选择柯布-道格拉斯（Cobb-Douglas）生产函数模型作为框架，通过比较专利标准化制度在不同市场中的不同影响，实证检验其对我国饮料比较利益增进的作用和影响。

（一）专利标准化促进生产和出口的机理分析

从理论上看，专利与标准是两种完全不同的制度。专利是专利权的简称，作为一种知识产权，它是人们对自己的智力创造活动成果依法享有的权利。这种权利具有专有性和排他性，只能由权利人独占享有，属于权利人的"私产"，他人未经允许不得擅自使用或处置该权利。与专利不同，标准具有准公共产品的性质。作为通用的技术规定，标准不排除他人的使用。相反，标准以普遍适用为主要目标。标准的适用范围越广，认可和追随的企业越多，就越能发挥促进分工和推动规模经济发展的重要作用。基于这一目标，标准所采用的技术内容和方案多为现有的成熟技术。而授予发明创造专利权的基本条件却是具备新颖性、创造性和实用性，这就要求发明创造必须是最先进的技术，否则无法获得法律的保障和维护。

专利与标准虽然是两种完全不同的制度，却都对促进技术进步和行业发展发挥着重要作用。一方面，专利在激励创新的同时使行业获得了技术外溢，构筑了企业竞争的利器。专利权的本质是专权人与国家签订的一份特殊"契约"。权利人将其发明创造向社会公开，以换取国家在一定时期对其"垄断"

权利进行保护的对价。[1] 从发明创造者投入—产出的角度来看，专利权不仅授予其一段时间的排他性权利，还保障了其通过市场流转获取经济租金的独占权利，具有较大的市场效应。专利制度由此激发了发明创造者的积极性，形成行业研发和创新的强大推动力。同时，专利权所保护的发明创造，作为一种无形的智力成果，本身就具有较大的外部性，容易被其他非发明创造者乃至整个行业、整个社会所获取。再加上专利制度对于公开的要求，进一步促成了这种技术外溢的效应，增加了整个行业的信息存量，缩短了社会研发时间，降低了创新成本，产生巨大的社会效果。李晓钟在研究江浙两省技术创新的市场效率和社会效率时，曾经对这种外溢效应做了测算，发现江苏、浙江的外溢比例分别为29%和41%，社会收益率分别为83%和89.1%，溢出效应明显。[2] 此外，专利制度的实质是对发明创造的"产权界定"，这种"产权界定"在保护发明创造者独占权的同时，也给竞争对手设置了障碍。专利权人在法定期限内享有对发明创造的独占权和排他权，未经专利权人许可，任何人不得擅自使用该技术，也不得擅自销售使用该技术制造的产品，从而构筑了企业竞争的利器。善于利用专利制度的企业，会尽可能地扩大自己专利覆盖范围，通过构筑严密的专利保护网，最大限度地压缩对手的竞争空间。

另一方面，标准借助网络外部性成为知识经济模式下产业竞争的制高点。传统上，标准通过对重复性对象提出明确的技术指标，着重为衔接相互独立的专业化操作、确保产品的兼容性、促进分工、实现规模经济创造条件，并将消费者对产品功能和质量的需求转化为定性描述、定量表达，固化在产品实体上，使之能够准确地予以实施、考核和验证，从而指导设计和生产。[3] 在知识经济模式下，标准的网络外部性作用逐渐显现。这种网络外部性主要体现为用户需求间的相互依赖性。随着标准用户数量的增加，标准的可信度随之增加，标准的市场份额不断扩大，逐渐成为市场上的主导标准，已使用该标准的用户的效应就会增大。"一流企业卖标准，二流企业卖品牌，三流企业卖产品"，"控制标准，则控制市场"，是标准网络外部性的充分体现。因此，制定标

---

[1] 董新凯、吴玉岭主编：《知识产权国际保护》，知识产权出版社2010年版，第34~38页。

[2] 李晓钟、张小蒂："江浙区域技术创新效率比较分析"，载《中国工业经济》2005年第7期。

[3] 李明元、胡银川："食品塑料包装中PAEs迁移危害研究现状"，载《食品与生物技术学报》2010年第1期。

准的实质就是在制定竞争规则,就是在争夺市场控制权,就是在提高产品的竞争优势,标准的制定直接关系到整个产业的发展。很多学者通过研究验证了标准在经济发展中的重要作用。例如,英国 1948—2002 年的生产率增长中约13%要归功于标准;[1] 德国 1960—1996 年经济的年增长率为 3.3%,其中技术标准贡献率占 0.9%(高于专利贡献率,仅次于资本贡献率);[2] 我国国家标准存量每提高 1 个百分点,实际 GDP 增加约 0.079 个百分点,[3] 等等。

随着科学技术的迅猛发展和知识产权保护意识的增强,很多领域的技术成果几乎完全被知识产权覆盖。为了保障标准的应有价值,促进行业的迅速发展,标准的制定逐步和相关的专利技术融合起来,形成专利标准化现象。仅以 ISO 和 IEC 联合委员会制定的 380 多项信息技术国家标准为例,这些标准共纳入 2100 多项专利,平均每个国家标准有 5.5 项专利,其中 80%的专利来自于相关标准联盟的专利池。[4] 专利标准化通过专利与标准的结合,扩大了专利的效益,强化了标准的技术基础,有效地促进了行业的发展。市场对标准的选择主要基于标准对技术创新的持续性累积。因此,作为技术创新的代表,专利的质与量是决定标准竞争优势的重要因素,专利优势决定标准的竞争优势。专利纳入标准后,专利的技术优势得以充分发挥,强化了标准的技术基础,有力地促进了标准的发展,保障了标准的应有价值。正如夏皮罗(Shapiro)所描述的那样,在事实标准的竞争中,强大的专利组合是公司赢得事实标准的基本要素,也是公司参与标准联盟的重要基础。[5] 与此同时,专利纳入标准后,借助标准的网络效应和载波效应,专利效益进一步扩大。专利搭标准的便车,随着标准的传播而传播。凡是适用该标准的企业,都必须同时购买被该标准纳入的专利。客观上促进了专利技术的传播,促进了专利技术贸易市场边界的扩大。在一些基于专利联盟成立的标准联盟中,为了主导标准制定的话语权,往往将专利联盟的专利纳入标准。伴随着专利联盟和

---

[1] Paul T.:"标准的实证经济学研究",丁文兴、于欣丽译,载《内部资料》2006 年。

[2] Blind K. and Thumm N., "Interrelation between Patenting and Standardization Strategies, Empirical Evidence and Policy Implications", *Research Policy*, 33 (2004), pp. 1583-1598.

[3] 柳成洋、于欣丽等:"科技成果转化为国际标准潜力分析方法研究",载《世界标准化与质量管理》2007 年第 1 期。

[4] 龚艳萍、董媛:"技术标准联盟生命周期中的伙伴选择",载《科技进步与对策》2010 年第 16 期。

[5] Shapiro C. and Varian H. R., *Information Rule: A Strategic Guide to the Network Economy*, Boston: Harvard Business School Press, 1998.

标准联盟的共同作用，这些由其主导制定的标准往往具有双重网络效应，对于专利技术的传播具有更为强大的推动作用。在很多发达国家，将专利纳入到技术标准中已成为其专利战略的高阶形态。它们以国家利益为导向，高度重视专利技术的发展和标准战略的制定，把专利标准化作为战略手段，以达到垄断市场、锁定产业技术轨道的战略目标。

（二）模型构建和变量说明

1. 模型构建

基于现有实证研究和专利标准化的作用机理，专利与标准的结合，一方面充分发挥了专利的技术优势，强化了标准的技术基础；另一方面也利用标准的载体功能，促进了技术创新成果的传播和应用，有效地推动了行业的发展。为了进一步对专利标准化的效应进行验证和分析，本书基于我国饮料行业的经验数据，借鉴国内外学者的研究经验，[1] 采用柯布-道格拉斯生产函数为基础构建计量模型。

根据柯布-道格拉斯生产函数：

$$Y = A L^{\alpha} K^{\beta} \tag{6.1}$$

其中，Y 为产出，L 为劳动投入，K 为资本投入，A 为技术因素。

将（6.1）式两边取对数得到：

$$LnY = \alpha LnL + \beta LnK + LnA \tag{6.2}$$

假设技术因素 A 受到专利以及专利标准化的影响，对（6.2）式进行修正，得到：

$$LnY_{ti} = \alpha LnL_t + \beta LnK_t + \gamma LnP_t + \lambda LnP_t \cdot LnS_t + C + \mu \quad (i=1, 2, 3) \tag{6.3}$$

下标 t 表示年份。为了比较不同的技术因素对国内和国际市场的不同影响，本书以（6.3）式为基础，选用我国饮料行业的国内产出、销售额和出口

---

[1] Blind K. and Andre J., "The Impact of Patents and Standards on Macroeconomic Growth: A Panel Approach Covering Four Countries and 12 Sectors", *Journal Prod Anal*, 29 (2008), pp. 51-60；李新波、韩伯棠、王宗赐："基于我国制造业标准与专利效益对比研究"，载《科技进步与对策》2011 年第 7 期。

贸易额三个不同的指标作为被解释变量，分别进行回归。

模型中所有变量均采用对数形式，以消除可能存在的非平稳性、异方差性和偏态性，同时不改变序列特征和经济意义。此外，考虑到模型中数据年份较短，使用滞后变量会造成自由度的一定损失，同时采用专利公告日和标准实施日的数据，已尽可能消除了滞后因素的影响，因此，模型没有采用以往研究中经常使用的滞后变量。

2. 变量说明

LnY_{1t}表示我国饮料行业产出的对数值，Y_{1t}用t年我国饮料行业的工业总产值表示，行业分类基于国家标准：GB10789-2007关于饮料的定义和分类，并结合国民经济行业分类（GB/T4754-2011），数据源自《我国农产品加工业年鉴》。考虑到部分年份统计口径不一致等问题，数据来源为《我国食品工业年鉴》。

Lnk_t、LnL_t和LnY_{2t}分别表示t年我国饮料行业资本投入、劳动投入和国内销售产值的对数值，K用固定资产净值年平均余额表示，L用全部从业人员年平均人数表示，Y_2用工业销售产值表示。行业分类、时间跨度和数据来源均与Y_1相同。

LnY_{3t}是我国饮料行业在国际市场销售额的对数值，Y_3用t年我国饮料行业的出口贸易额表示。数据来源于联合国商品贸易数据库。该数据库是按照产品分类进行统计的，本书基于国家标准：GB10789-2007关于饮料的定义和分类，将与饮料行业对应的SITC编码确定为：111（不含乙醇的饮料）、059（果蔬汁）、071（咖啡等）、072（可可等）、074（茶等）。将这些数据加以汇总，根据IMF提供的年末汇率进行换算，即可获取以人民币表示的我国饮料行业出口贸易额数据。

LnP_t是我国饮料行业的技术创新指标。P用t年我国饮料行业的专利公告数量表示。数据来源于国家知识产权局专利检索系统，按照国际专利分类（IPC）进行统计，包括发明专利、实用新型专利、外观设计专利。以专利反映技术创新能力，是很多学者在研究中经常采用的方法。[1]但在对专利进行

---

[1] Blind K. and Gauch S., "Research and Standardization in Nanotechnology", *Journal of Technology Transfer*, 34（2009），pp. 320-342；张勇："标准、专利与企业技术创新相互作用关系研究——以浙江企业为例"，载《商业经济与管理》2008年第8期；陈春晖、曾德明："我国专利技术标准化实证研究"，载《科技管理研究》2008年第8期。

度量时，李新波、陈春晖等采用专利的授权量，张勇采用专利的申请量。考虑到专利申请后还需经过实质审查，没有驳回理由的，才能授予专利权；专利局发出授权通知后还需办理登记手续，未在规定期限内办理登记手续的，视为放弃取得专利权，只有在规定期限内办理登记手续的，专利局才颁发专利证书并予以登记和公告，专利权自公告之日起生效。故本书选取专利的公告数量对专利进行度量。如前所述，专利能够促进技术创新，带动产业发展，对产出和贸易产生积极影响，因此，γ 的符号预期为正。

LnS_t 是我国饮料行业的技术标准水平指标。S 用 t 年我国饮料行业新实施的制、修订标准数量表示。与专利着重影响技术创新的投入不同，标准在技术的迅速传播中发挥着重要作用，[1] 推动着企业的技术创新。[2] 实证研究中，多采用标准存量对标准进行度量。[3] 考虑到国家标准的年限一般为 5 年，一个新标准产生的同时，往往会伴随一个或数个原有标准的废除，在对时间序列数据进行分析时，标准存量可能无法准确反映标准的动态变化。为了准确度量标准对技术创新的影响，参照张继宏的方法，[4] 本书采用每年新实施的标准制、修订数量对标准进行度量，数据来源于国家标准化管理委员会标准查询系统，按照标准的国际分类（ICS）进行统计。

$LnP_t \cdot LnS_t$ 是 LnP_t 和 LnS_t 的交互项，反映专利与标准的相互融合，是我国饮料行业的专利标准化指标。专利和标准相互结合后能否相互为用、共同促进产出和贸易的增长？为了对此加以验证，本书设置了这一交互项。如果专利能够强化标准的技术基础，充分利用标准的载体功能，共同促进产出和贸易的增长，则 λ 的符号预期为正。反之则为负。C 为常数项，μ 为误差调

---

[1] Blind K. and Gauch S., "Research and Standardization in Nanotechnology", *Journal of Technology Transfer*, 34 (2009), pp. 320–342; Swanng M. P., *The Economics of Standardization—Final Report for Standards and Technical Regulations*, Manchester: University of Manchester Directorate Department of Trade and Industry, 2000.

[2] 罗欣、张享成："面向技术创新的高新技术企业标准体系建设"，载《中国科技论坛》2006 年第 4 期。

[3] 陈春晖、曾德明："我国专利技术标准化实证研究"，载《科技管理研究》2008 年第 8 期；Blind K. and Gauch S., "Research and Standardization in Nanotechnology", *Journal of Technology Transfer*, 34 (2009), pp. 320–342; 滕葳、柳琪、王磊："国内外食品安全卫生标准状况的比较研究"，载《食品研究与开发》2006 年第 6 期。

[4] 张继宏、姚宪弟、赵锐："我国标准化与专利的关系：基于 ICS 分类的实证分析"，载《科技进步与对策》2012 年第 4 期。

整项,以满足通常的假设。

(三) 回归结果分析

本书综合我国饮料行业 1996—2010 年的数据,利用 EViews 软件对 (6.3) 式进行回归分析,得到估计结果如表 6-1 所示。

表 6-1 专利标准化在国内外市场的不同效应比较

变量	产出	国内销售	出口
LnP	0.104 888***	0.102 622**	0.211 739**
	(3.683 357)	(2.813 010)	(2.222 253)
LnP·LnS	0.018 540**	0.020 197*	0.019 437
	(2.602 157)	(2.212 748)	(0.815 335)
LnL	0.033 969	−0.063 954	−0.257 472
	(0.677 530)	(−0.995 692)	(−1.534 784)
LnK	1.314 707***	1.383 086***	0.684 438***
	(35.560 72)	(29.201 31)	(5.532 865)
C	−4.624 206***	−4.463 861***	5.799 968***
	(−8.850 877)	(−6.669 165)	(3.317 793)
R^2	0.997 573	0.996 181	0.911 248
调整后 R^2	0.996 602	0.994 653	0.875 747
F 值	1027.524	652.0908	25.668 26
DW 值	1.922 178	1.979 360	1.933 277

注:括号内数值为估计系数的 t 值,*、**、*** 分别表示估计系数通过 10%、5%、1% 显著性水平检验。

表 6-1 的 1~3 列为 (6.3) 式的回归结果,其中第 1 列的被解释变量为国内产出,第 2 列的被解释变量为销售额,第 3 列的被解释变量为出口贸易额,模型拟合效果较好。由于本书主要关注专利标准化变量对我国饮料行业产出和贸易的影响,故下文区分国内和国际两个市场,着重对专利标准化变量的估计系数进行比较和分析。

专利与标准相结合形成的专利标准化,能否缓解产业约束、促进我国饮料行业生产和贸易的增长呢？根据模型的回归结果，第1列和第2列中的专利与标准指标的交叉项系数都显著为正；但在第3列中，专利与标准的交叉项系数却未通过显著性检验。这说明，从国内市场的视角看，专利与标准的结合能够促进我国饮料生产与销售的增长，从而回应了国内外关于专利与标准相互促进的相关研究，[1] 结论具有一致性；但从国际市场的视角看，这种促进作用表现得并不显著，回归结果与前文的理论预期不符。

在国内市场中，专利标准化能够促进饮料的生产和销售，其作用是如何实现的呢？

首先，从回归结果可以发现，专利变量的系数无一例外的显著为正，说明专利是促进我国饮料行业生产和贸易增长的一个关键因素，专利水平越高，产出和贸易额就越高。进一步分析，专利与标准的交互项系数显著为正，说明专利技术的发展有助于提高我国饮料行业的标准化水平，即随着专利技术的发展，标准中的先进技术不断增加，标准的技术基础不断优化，专利标准化的作用在一定程度上得到体现。

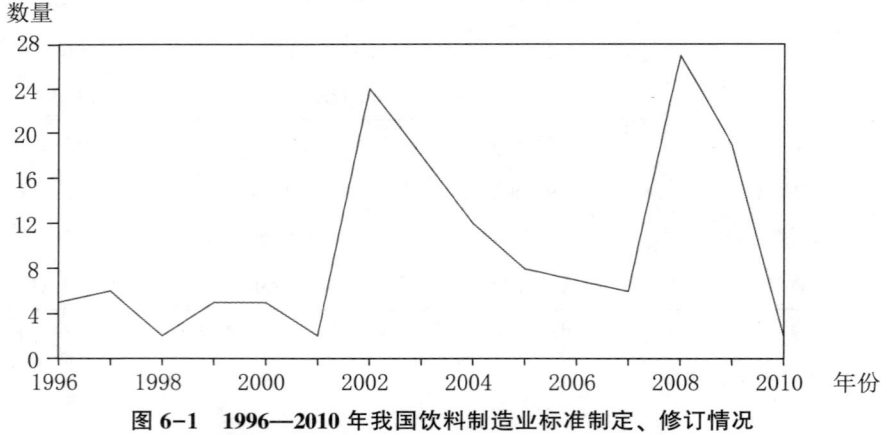

图6-1　1996—2010年我国饮料制造业标准制定、修订情况

数据来源：我国国家标准化管理委员会。

但比较第1列和第2列中专利和专利标准化变量的系数，后者的系数明

---

〔1〕洪银兴："从比较优势到竞争优势——兼论国际贸易的比较利益理论的缺陷"，载《经济研究》1997年第6期；Blind K. and Gauch S., "Research and Standardization in Nanotechnology", *Journal of Technology Transfer*, 34 (2009), pp. 320-342.

显小于前者。说明在国内市场中,专利标准化的作用并未充分显现。分析原因,主要是受我国标准发展滞后的限制。理论上,专利与标准的作用是相互的,专利在提升标准的竞争优势的同时,标准也在对以专利为代表的技术创新发挥着积极的促进作用。随着标准化水平的提高,标准传播专利的载体功能得到增强,专利搭标准的便车,利用标准的网络外部性,达到进一步扩散的效果,专利效应相应扩大。但分析我国的标准发展历程却发现(见图6-1),长期以来,我国饮料行业对标准化工作缺乏足够的重视,直到2002年才开始重视标准化工作,2003年才成立国家标准化管理委员会,导致我国饮料行业存在标准发展滞后等一系列问题。

在国际市场中,专利标准化的作用不显著,分析原因主要是,我国的科技水平与发达国家差距较大,制约了我国对国际标准的参与制定。将反映国内市场的第1、2列和反映国际市场的第3列回归结果进行比较可以发现,前者的资本投入变量系数明显大于后者,专利变量系数却明显小于后者。这说明,国际市场上专利的作用大于国内市场,而资本投入的作用却小于国内市场。专利和资本投入对不同市场影响程度的差异,源于不同市场对产品科技成分的要求不同。国内市场长期依赖价格竞争,竞相降低价格以吸引消费者,忽视了对产品质量的更高要求,竞争优势主要来源于规模化生产、资本投入的增加、成本的控制以及生产的有效管理等内容,科技投入的作用较小。与国内市场不同,国际市场反对低价倾销和各种形式的补贴,WTO专门就可能影响产品价格、破坏公平竞争和自由贸易倾销和补贴问题作了规定,授权各国政府对其采取征收反倾销税、反补贴税等措施。因此,在国际市场上,竞争主要依靠的不是产品的价格而是产品的质量。这就对产品的科技成分提出了更高的要求。为了扩大出口,企业不再盲目追求扩大资本投入、减少成本支出的传统生产方式,而是竞相提高产品的知识含量和技术复杂度,科技水平在产品出口中的作用日益显现。但是,根据瑞士洛桑国际管理学院发布的2011年《国际竞争力年度报告》,在59个调查国家和地区中,我国竞争力排在第十八位,居于中等或中等偏下的地位。从主要发达国家和一些新兴工业化国家的发展经验来看,科学研究与试验发展(R&D)活动是科技活动的核心,提高R&D经费的投入规模和投入强度是一个国家科技进步的重要手段。根据国际统计局的数据,2010年我国饮料行业大中型企业R&D经费投入占销售产值的比重仅为1.17%，远低于发达国家2.5%~4%的平均水平。科技水平的落后，制约了我国对国际标准的参与制定，目前国际技术标准的制定权几乎都被发达国家控制，在ISO和IEC的992个专门委员会中，仅美国、法国、德国、英国、日本5个国家就占据了62%的干事国席位，而我国仅仅是其中5个专门委员会和分委员会的干事国。[1] 不能参与制定国家标准，专利技术难以借助国际标准放大效应、占领国际市场，专利标准化在国际市场的作用就难以体现。

综上所述，专利标准化对我国饮料行业的国内生产和销售存在积极的影响，但对国际市场的作用不显著；专利标准化对国内市场的积极影响是通过专利与标准的相互促进作用而实现的；但受我国标准发展滞后等因素的影响，专利标准化的作用并未充分显现；专利标准化在国际市场作用不显著，主要原因在于我国的科技水平与发达国家的差距较大，制约了我国对国际标准的参与与制定。

三、比较利益增进的知识产权法律制度安排

知识产权法律制度在推动技术创新，实现比较利益增进中的重要作用，决定了知识产权的制度安排必须超越自身不足及运行风险，以开放的姿态不断创新和调整。

（一）制度设计

知识产权法律制度的基本功能可以概括为三个方面：一是通过产权界定激励创新，二是提供交易机制实现资源合理配置，三是完善产权保护规范市场竞争。体现在制度设计上，应从以下三个方面入手：

1. 保护与限制并重的授权机制

知识产权法律制度通过授予创新者私人产权，赋予其对创新成果的专有权利，并依法打击侵权行为，保障权利人专有权利的实现。这些制度的核心是为了激发创新者研究开发知识产品的积极性，为创新活动提供最经济、最有效、最持久的激励，促使创新活动不断向新的高度发展，推动先进生产力快速增长，客观上为比较利益增进的实现提供了重要保障。但绝对地强调个

---

〔1〕 ［美］彼得·林德特：《国际经济学》，范国鹰、陈生军、陈捷等译，经济科学出版社1992年版，第341页。

人权利，将知识产权置于毫无限制的境地，又会导致个人权利的滥用，妨碍智力成果的共享与运用，反过来阻碍新的创新，延缓科技与经济的进一步发展。因此，在确认和保护权利人专有权利的同时，有必要对该权利的行使加以适度限制，以保障社会公共利益的需要，实现权利人个人与社会公众之间的利益平衡。体现在知识产权的制度设计上，可以将知识产权的"存在"与"使用"区分开来。作为专有权进行保护的，应当只是知识产权的"存在"，对知识产权的"使用"则要受到相关法律的限制和约束。相关法律可以明确限制或豁免"使用"行为，根据其对竞争的不同影响，区分为不同的清单范围，分别给予不同的豁免或限制。例如，对于收购他人知识产权、恶意闲置专利不加应用的行为，可以将其纳入权利滥用的范围，认定构成垄断，受垄断法约束；也可以采用强制许可的规定，允许政府在这种情况下实施强制许可，促进技术的转让与使用。此外，"公开制度""权利穷尽制度""保护期限制度"等规则的完善，也能在有效保护创新者个人权利、激励创新行为的同时，推动创新成果及时进入公共领域，满足社会对新的创新活动的需求，维系社会创新发展的连续性。

2. 动态利用的交易机制

社会生产总过程是由生产、分配、交换、消费四个环节共同构成的。生产是起点，生产的目的是为了交换，只有交换才能实现其价值，完成社会再生产。创新活动本身也是一种生产过程，知识产品被生产出来后，法律在社会成员中进行分配，明晰产权。分配到知识产品的权利人，可以将其让渡给其他社会成员，以换取自己所需要的产品，再将交换得来的产品用于自己的生活消费，整个过程同样表现为生产、分配、交换和消费的统一。生产同样决定交换，交换同样对生产起着反作用，并在一定条件下决定了生产的发展。知识产权法促进创新成果交换的制度主要有授权许可、合理使用、法定许可，通过许可转让和使用，知识产品才能转化为现实生产力，实现自身价值，避免造成新的知识产品再生产过程的中断。考察知识产权许可制度的指标，是专利等技术的有效利用率以及对经济增长的贡献率。提高专利技术有效利用率的主要方法，就是促进知识产品的动态利用，获得资源配置的最佳组合，达到资源利用效益的最大化。制度设计可以从完善知识产权交易机制入手，进一步扩大知识产品的交换范围，增大市场容量，不断开拓新市场，刺激知识产品的生产迅速扩张，创新活动将更加活跃。知识产权交易机制的完善应从交易主体、交易品种和方式、交易功能等方面深入，如建立完善交易主体信用制度、建设信用监控体系、提高交易透明度、增强风险防控、保证交易质量；在完善传统的许可转让使用方式的同时，加大专利保险险种的开发与推广，推动专利出口与专利权质押，积极探索股权、期权、分红等方式，放开知识产品的市场化定价规则，完善多层次资本市场，支持知识产权通过股权交易、发行股票或债券等方式进行融资；完善交易功能，深化知识产权运营服务体系建设，组织知识产权拍卖，同时深入推进知识产权导航政策措施，制定知识产权区域布局导向目录，推动知识产权分析评议和风险预警，加大知识产权公共信息平台建设，强化知识产权信息利用，为交易提供高质量的知识产权服务，等等。

3. 规范竞争的保护机制

知识产权属于绝对权，在授予创新者排他性使用或经营权利的同时，也对其他人设立了约束机制，未经许可实施或假冒权利的行为，将会被认定为侵权并承担相应的法律责任。知识产权人享有独占的经济利益，其专有权制约着其他人使用和收益的权利，权利人可以在激烈的市场竞争中处于优势地位。打击知识产权侵权，规范市场主体行为，实质是在通过维护市场竞争秩序的方式，活跃竞争市场，保护和激励创新活动，增加知识产品的生产与交换。规范竞争机制的实施效益不高，侵权行为滋生和蔓延，就会影响创新生产和知识产品的开发。有鉴于此，规范竞争的保护机制，在制度设计上应从保护机构、保护领域、举证义务、法律责任等角度入手，深入推动知识产权长效保护机制的建设和完善。在保护机构方面，应赋予国家知识产权行政部门处理侵权纠纷的管辖权，同时充分发挥仲裁调解机构的作用，加快知识产权保护中心的建设，实现知识产权侵权纠纷的多渠道多领域协调解决，深化知识产权举报投诉与维权援助工作；在保护领域方面，应积极推动新领域、新业态知识产权保护制度建设，建立专利与标准的融合机制，实现"技术专利化-专利标准化"的良性循环，完善植物新品种、地理标志的保护和运用，明确生态原产地标志的知识产权法律属性，强化对标志权利人的法律保护，深入推进电商、展会、出口、寄递等重点领域和关键环节的监管执法体系建设；在举证义务方面，细化举证义务分配，让侵权人承担更多的举证责任，同时积极探索建立证据披露规则、证据妨碍排除规则，明确不同诉讼程序中证据相互采信问题，以及司法鉴定的效力和证明力问题，充分发挥专家和辅助人员的作用，减轻权利人的举证责任负担，改善权利人的维权困境；在法律责任方面，应当积极推动知识产权信用体系建设，对知识产权失信行为加大惩戒力度，提高知识产权侵权法定赔偿标准，加大惩罚性赔偿力度，弥补侵权人拒不提供侵权获利证据导致的法律空白，对网络侵权等新领域、新环节的知识产权侵权行为，有针对性地作出处罚措施。

（二）理想考量

对知识产权法律制度的理性考量，建立在对现象之规律的抽象认识上，有助于从深层次理解法律制度变迁所遵循的一定规律，为知识产权增进比较利益功能的充分发挥提供科学指引。我国知识产权法律制度设计中，必须注意对以下问题的考量：

1. 基于国情的阶段性考量

知识产权具有强烈的产业政策性，不同的经济和产业发展阶段，知识产权法律制度的政策导向各不相同。1624年，英国议会通过《垄断法》，将对新技术和发明的垄断视为例外，赋予其创造者暂时的垄断权，体现了17世纪英国重商主义的政策导向。在重商主义思想影响下，英国颁布了一系列经济立法，全面介入和干预经济活动，《垄断法》就是其中一部。法律对发明垄断的例外规定，目的在于促进英国新技术的突破和生产率水平的提高，促进英国经济的增长和资本主义的生成，使英国在西欧国家中脱颖而出，率先走向工业革命。美国更是将知识产权法律制度的产业政策性发挥到淋漓尽致。美国知识产权法律制度同样源于工业革命时期，1790年第一部《专利法》诞生，虽然只有七个条文，却明确了专利权的授予和最长十四年的保护期限，认为发明创造者基于智慧向社会提供优质的产品，社会回报以有限时间的专利权利是一个公平的结果。

但随着19世纪末20世纪初，资本主义世界经济危机频繁爆发，专利制度开始受到质疑，被批评为垄断的帮凶，是造成经济危机的因素之一。1890年美国颁布《谢尔曼法》，禁止大企业滥用专利权的行为，一些专利被法院宣告无效，反垄断法对专利的限制极为苛刻。20世纪80年代，受芝加哥经济学派思想影响，美国走上信奉自由市场竞争机制的道路，国家政策强调发挥市场的自我调节力量，减少政府干预，司法政策转而开始以专利权权益为优先，对专利的限制逐渐淡化。

总之，诞生于英国的早期知识产权立法是产业革命和经济发展的产物。知识产权法律制度的发展历程，就是一国基于本国产业和经济发展的基本国情，有选择地作出的不同战略选择和政策安排。知识产权法律制度受市场利益的直接驱动，服务于不同国家、不同时期的产业政策取向。

与英美国家不同，我国知识产权法律制度的诞生，并不是基于产业革命或经济发展的需要，而是在贸易全球化的驱使下，对既有规则的被动接受。对这一进程的推动更需要立足本国国情，作出阶段性安排，绝不能一蹴而就。研究表明，知识产权对不同经济和技术发展水平的国家的作用并不相同，在特定情况下，知识产权也可能阻碍创新，特别是在信息技术和生物技术领域，近年来过度膨胀的专利申请，已经显现出对国家发展的负面影响。[1]

对于大多数发展中国家而言，高水平保护国外知识产权与有效促进国内自主创新，在一定时期内会存在着紧张关系：发展中国家的自主创新能力不足，制度环境建设需要时间较长，其中的技术断层不得不依赖于技术引进来解决，这既可能形成"自主创新滞后效应"，又容易陷入发达国家的"技术引进陷阱"，此外，还会导致基于技术独占权利所产生的"市场垄断价格"。[2]考虑到我国人均收入水平尚不足一万美元，科技和经济发展水平远低于发达国家，可以效仿英美在历史上的经验和做法，在遵循国际公约规定的最低保护标准的基础上，先奉行低水平的保护政策，再随着科技和经济的不断发展，逐步提高知识产权保护水平。总体进程体现为一个由"弱保护"到"强保护"、由"选择保护"到"全面保护"的渐进过程，实行阶段性推进，推进速度和力度应结合本国不同阶段的国情进行审慎考量，既要符合知识产权法律制度发展的时代要求，满足不同技术的知识产权保护要求，又要避免对本国经济和贸易发展造成负面影响，谋求最大限度的比较利益增进。

---

[1] 张平："论知识产权制度的'产业政策原则'"，载《北京大学学报（哲学社会科学版）》2012年第3期。

[2] 魏兴民、张荣刚："国际知识产权保护与中国自主创新内在逻辑分析"，载《社会科学家》2007年第2期。

2. 国际化与本土化协调发展的考量

与其他国家法律相比,我国知识产权法律制度国际化的步伐要早得多,也深入得多。知识产权法作为制度文明的典范,是世界各国创新知识财产制度、促进经济社会发展的法律体验,具有高度的共通性和可移植性。[1] 随着全球贸易的发展,19世纪中后期,各国知识产权法律制度开始走向国际化,以《保护工业产权巴黎公约》为代表的一系列国际公约先后缔结并生效,知识产权保护的基本原则和主要规范在全球范围内普遍适用。我国在改革开放之初的1984年就已制定《专利法》,而作为民法基本法的《民法通则》直到两年之后的1986年才正式诞生,知识产权立法不可谓不早。这部法律的具体规则中,有相当比例是从国际上直接移植或引进的。一方面原因是我国当时急于学习国际知识产权先进法律制度的自身需要,即为吸引外资、发展对外贸易、获取国外技术设备服务;另一方面原因,则是中美关系刚刚正常化,迫于美方的政治压力,我国不得不被动接受国际条约和发达国家的专利制度和规则。因此,从一开始,我国知识产权法律制度就被贴上了"国际化"的标签,属于国际知识产权法律制度的舶来品。这些制度客观上为我国知识产权法律制度的建设与发展产生一种示范效应,大大降低了制度建设的创新成本,并扩大了市场范围,降低了交易费用。

但制度的移植有其制约因素。知识产权法的共通性与可移植性并不意味着制度的无国界,不考虑本国政治和经济环境,强制性的照抄照搬发达国家或国际条约中的知识产权法律制度,移植的制度只会是低效的、变形的,还不如自己原有的制度。研究发现,制度作为一种特定"资产",也存在资产的专用性问题。[2] 移植国家的法律变革倾向于变化不定或停滞不前,移植法律的有效性明显低于起源国家,关键原因不在于法律起源,而在于国内环境条件和法律变革的创新和自我持续能力。[3]

当前国际上是发达国家在主导知识产权法律保护的走向,出于维护自身技术创新优势的利益考量,发达国家主张知识产权的权利扩张与高水平保护,并将这一标准强加到其他国家。我国知识产权法律制度的国际化,在相当程

---

[1] 吴汉东:"知识产权法的制度创新本质与知识创新目标",载《法学研究》2014年第3期。
[2] 卢现祥主编:《新制度经济学》(第2版),武汉大学出版社2011年版,第293页。
[3] 卢现祥主编:《新制度经济学》(第2版),武汉大学出版社2011年版,第296页。

度上也是外力强加的结果，并不是基于自身发展水平的内生制度需求，存在法律实施效益不足的较大风险。因此，在制度安排上必须考虑我国现阶段的科技和经济发展水平，在遵守国际条约规定的"最低保护标准"义务的基础上，逐步实现由"舶来品"向"本土化"的推进，实现由"被动移植"向"主动移植"的转变，积极推动具有本土特色的优势知识产权资源建设和保护，在现有制度中融入越来越多的本土元素，最大限度实现知识产权法律制度的国际化与本土化协调发展，为比较利益增进创造新的制度优势。

3. 国家利益和公共政策的整体考量

知识产权的制度选择与安排，背后体现的是对国家利益和公共政策的整体考量，国家利益强调对国家生存和发展有益的客观需要，公共政策则往往是公共利益的代名词，强调对大多数人利益的维护。知识产权法对创新发展目标的追求，是国家利益实现的重要手段。但在我国科技与经济飞速发展，比较利益不断增进的同时，生态系统也在遭受前所未有的破坏，环境污染、资源浪费等问题威胁着国人的生存和发展。如何摆脱经济发展和生态保护的两难困境，实现人与自然、人与社会的和谐共生，成为当前公共政策领域亟须解决的一道难题。知识产权的制度安排也应充分体现国家利益和公共政策的这一关注，在相关法律中植入生态保护的理念，对其基本原则、价值目标、具体制度进行更新、改造，甚至重构，具体做法上可以明确将生态保护列入现有的"公共秩序"或"公共利益"范畴，作为知识产权排除范围或强制许可的理由，进一步明确知识产权立法的生态指向；可以在地理标志之外，增加对生态原产地标志的保护，共同纳入知识产权的制度体系，依托《商标法》的既有规定，建立一套完整的生态原产地标志法律保护制度，顺应当前国内生态环境保护的呼声，创新自己的世界品牌，突破全球范围内以生态环境保护为标准所构筑的贸易壁垒，实现比较利益的增进。此外，在产业、文化、科技、教育、金融、投资、能源等领域，也会涉及国家利益和公共政策的不同关注，在知识产权的制度建构中，应当加强与国家产业政策、科技政策、教育政策、金融政策的衔接，强化国家利益与公共政策的导向作用。

4. 制度互补与配套的有效性考量

在保护和促进创新的制度体系中，知识产权法并不是唯一的构成。按照科斯的观点，政府公共政策只是一种在市场解决问题时社会成本过高情况下所作出的替代选择。[1] 知识产权法律制度功能上的有限性,决定了其在创新激励和保护政策的选择中,并不是仅有的选项。新制度经济学认为,制度配套使用才有效。从制度互补和配套角度看,最有效的制度安排是制度结构中其他制度安排的函数。

扩大制度集合可以增加制度选择范围,提高制度安排的有效性。移植或引进制度是扩大制度结合的一种便捷方法。但知识产权法律制度在引进的过程中,却面临着本土化的问题。国外先进的制度引进到我国后,效果并没有其他国家那么大。要实现其功能,必须进行更大的适应性调整。

与法律移植或引进不同,本国既有的创新制度体系中,往往存在一些本土制度,同为激励创新的政策工具,具有不可忽视的补充和替代作用。以科技奖励制度为例,具体做法是赋予科技成果发明人命名权和科技奖金获取权。这些权利不同于知识产权的专有性,不是具有独占意义的私人财产权,但作为一种非市场机制的奖励制度,却能够通过向人们提供关于行动的信息,以最直白的方式影响人们的行为选择,对创新活动产生强烈刺激。

此外,知识产权法虽然以激励和保护创新为宗旨,力求排除各种不正当竞争行为对权利人合法权益造成的威胁,但其奉行的以"权利制约权利"和"权利不得滥用"的民法基本原则,并不能有效地调整知识产权的私有性与社会性的直接矛盾,个体维护成本过高,侵权赔偿不足以威慑,难以对知识产权滥用进行有效控制。需要以公权手段规范竞争秩序的《反不正当竞争法》主动担当这一职责,排除各种不正当竞争行为对权利人合法权益造成的威胁。

总之,知识产权法律制度的有效运作,离不开其他制度的配套与互补,只有建立一个以知识产权法为主,其他制度为辅的创新激励制度体系,实现多种制度的相互配合,才能最大限度地发挥创新激励作用,推动比较利益的增进。

---

[1] 吴汉东:"知识产权法的制度创新本质与知识创新目标",载《法学研究》2014年第3期。

第七章
贸易制度安排与比较利益增进

当前国际贸易过于强调竞争,忽略了国与国之间的协助与合作,比较利益增进的制度安排应以保护自由贸易、减少贸易摩擦、消除不公平竞争为目的。国际贸易法律保护通过相应的制度安排,明确划分和强制规范不同贸易主体的责、权、利,使其行为具备最大程度的稳定性和可预知性,不仅为贸易主体的合作创造了条件,也为市场秩序的稳定有序,以及交易费用的有效节约提供了可能。

一、我国面对的贸易制度现状

本书选取关税水平、非关税壁垒、汇率三个指标,分别对我国当前面对的贸易制度进行分析(见表7-1)。

表7-1 我国饮料贸易制度现状分析指标体系

评价目标	分析指标	反映内容
制度优势	关税水平	反映一国自由贸易的倾向
	非关税壁垒	反映一国对本国市场的维护程度
	汇率	反映一国贸易政策的出口导向

(一)自由贸易倾向不足

关税水平主要是指进口关税税率,即货物进入一国关境时所征收的税率。对进口商品征收关税会直接提高进口商品的价格,影响其在进口国市场的竞争力,客观上为进口国出口部门的发展提供了保障。我国作为贸易大国,人口众多，国内市场广阔，贸易数额巨大，借助关税的保护作用，国内饮料行业可以比较容易地建立起具有规模效应的民族工业，实现比较利益的增进。但一国进口关税的提高，势必会招致其贸易伙伴国的报复，导致的贸易量减少往往会超过进口商品价格下降的幅度。如表 7-2 所示，加入 WTO 前后，我国包括饮料在内的初级产品关税税率变化显著。2000 年我国初级产品关税税率高达 18.8%，2010 年初级产品关税税率迅速下调到 1.9%，下降了近 17 个百分点，降幅达 90%。近几年受全球贸易保护主义抬头的影响，2016 年我国初级产品进口关税税率为 2.3%，比 2010 年的 1.9% 上调了 0.4 个百分点。

美国的初级产品进口关税一度低于欧盟，1990 年为 2.5%，2000 年为 2.4%，比我国低了近 16.4 个百分点，之后受本国贸易政策影响，处于起伏波动状态。荷兰、德国、波兰等欧盟国家税率水平原本不高，1990 年仅为 3%，随着欧盟初级产品关税税率继续下调，到 2010 年仅为 1.4%，比我国低了近 0.5 个百分点，2013 年开始受全球贸易保护主义抬头的影响，欧盟初级产品关税税率也开始上调。日本初级产品进口关税波动较大，1990 年为 4.7%，2000 年上调到 10%，之后持续下调，到 2013 年仅为 1.1%，与 1992 年相比，下降了 8.9 个百分点，降幅为 88.7%，2016 年又回升到 4.7%，在国际上处于较高水平。巴西的初级产品进口关税也经历了较大幅度的下调，从 1990 年的 6.5% 到 2012 年的 1.4%，下降了 5.1 个百分点，降幅为 78%，之后也略有上浮。

与其他国家不同，科特迪瓦（Côte d'Ivoire）因政局动荡、外债负担较重等原因，属高关税国家，20 世纪 90 年代初级产品进口税率曾高达 20% 左右，2010 年迅速下调为 5.1%，但 2016 年又回升至 6.5%。斯里兰卡也是传统的高关税国家，2015 年初级产品关税税率才降到 6.9% 的水平。

可见，随着全球自由贸易进程的深化，大多数国家的进口关税税率持续下降，关税的保护对比较利益的增进作用越来越不明显，各国运用关税这一工具的程度和范围逐步缩小，基于此，关税水平指标在这里仅用于从进口的角度反映一国的贸易制度倾向，关税税率越低，说明该国的自由贸易倾向越明显。

表 7-2　主要饮料贸易国初级产品加权平均适用税率比较

单位:%

国家	1990	2000	2010	2011	2012	2013	2013	2015	2016
澳大利亚	—	6.5	0.4	0.3	0.3	0.3	0.4	0.5	0.4
巴西	6.5	6.4	1.4	1.4	1.4	3.0	1.6	2.0	2.5
中国	—	18.8	1.9	1.6	—	—	1.6	2.1	2.3
科特迪瓦	—	—	5.1	5.0	4.3	4.3	4.1	6.5	6.5
德国	3.0	2.9	1.4	1.3	1.1	1.3	1.5	1.6	2.1
日本	4.7	10.0	2.7	—	2.7	1.1	3.0	3.6	4.7
荷兰	3.0	2.9	1.4	1.3	1.1	1.3	1.5	1.6	2.1
波兰	3.0	2.9	1.4	1.3	1.1	1.3	1.5	1.6	2.1
斯里兰卡	37.1	11.2	12.0	11.2	9.7	—	9.6	6.9	—
美国	2.5	2.4	1.2	1.4	1.5	1.4	1.5	1.5	1.5

注：初级产品是指《国际贸易标准分类》第三次修订本第 0~4 类加上第 68 项（有色金属）的商品。

资料来源：世界银行数据库。

（二）国际贸易壁垒高筑

非关税壁垒是指除关税以外的，用于限制商品进口的其他措施，可以起到阻碍其他替代品进入、保障市场内部原有企业获取超额利润的作用。非关税壁垒包括策略型、结构型、制度型三种。其中，由法律法规以及政府规制所形成的制度性壁垒，如反倾销、技术标准、经营许可证制度、进出口许可制度等，是实现和促进比较利益增进的重要手段。以反倾销为例，反倾销主要通过征收反倾销税来消除该商品在进口国市场的不公平竞争现象。反倾销税的征收会提高倾销商品的价格，降低进口国市场对该商品的进口需求，最终达到限制倾销商品进入、保障本国相关行业获取超额利润的目的。

从出口国角度，进口国实施的非关税壁垒则是阻碍比较利益增进的重要因素。以 1999 年美国对我国苹果汁实施的反倾销调查为例，该调查直接导致当年我国苹果汁出口额同比减少了 45%，在美国的市场份额由 1998 年的

13.9%下降到 1999 年的 6.79%。2003 年 11 月美国联邦国际贸易法院作出最终决定,仅 10 家应诉企业获得零税率或 3.38%的加权平均税率,对未应诉企业则一律给予了 51.74%的高税率。这一决定直到 2010 年"日落复审"时才被美国商务部终止。

此外,国际市场日益提升的绿色环保要求,也在客观上抬高了我国饮料出口行业的进入壁垒,削弱了我国饮料行业的比较利益。根据美国联邦法规,美国共制定了 122 种苹果中农药的最大残留限量,其中有 93 种我国未制定最大残留限量。而智利却注意到和美国的协调,对于美国规定了最大残留限量而我国未作规定的啶酰菌胺、草铵膦、苯醚甲环唑等农药,智利在其 107 种苹果中农药最大残留限量规定中都作了相应的限制,有些标准甚至比美国还要严格,如美国对苯醚甲环唑规定的最大残留限量是 1mg/kg,而智利规定的却是 0.5mg/kg,高出美国标准 50%(见表 7-3)。

表 7-3 美国、中国、智利苹果农药最大残留限量比较

农药名称	最大残留限量(mg/kg)			农药名称	最大残留限量(mg/kg)		
	美 国	中 国	智 利		美 国	中 国	智 利
百草枯	0.05	0.05	0.01	顺式氰戊菊酯	1	1	1
氟氯氰菊酯	0.5	0.5	0.1	四螨嗪	0.5	0.5	0.5
氯氰菊酯	2	2	0.7	啶酰菌胺	3	—	2
甲氧虫酰肼	1.5	3	2	草铵膦	0.05	—	0.05
戊唑醇	0.05	2	0.5	虫酰肼	1	—	1
唑螨酯	0.4	0.3	0.3	苯醚甲环唑	1	—	0.5
克菌丹	25	15	15	吡虫啉	0.5	—	0.5
吡唑醚菌酯	1.5	0.5	0.5	多杀菌素	0.2	—	0.1
甲氰菊酯	5	5	5	二嗪磷	—	—	—
硫丹	1	1	1	腈苯唑	0.4	—	0.1
氯苯嘧啶醇	0.3	0.3	0.3	噻菌灵	5	—	3

注:"—"表示没有规定。

资料来源:根据李志霞等的文章《我国与主要贸易国苹果农药最大残留限量标准对比》整理所得。

(三) 汇率政策出口导向不明晰

汇率是两种货币间的比值。汇率变动分两种情形：汇率上升（货币贬值）和汇率下降（货币升值）。作为货币的交换价格，汇率直接影响到商品的价格竞争力，进而影响到一国比较利益的增进。汇率指标从出口的角度反映一国的制度优势和制度倾向，一般情况下，汇率越高，说明该国货币贬值越多，该国商品越有价格竞争力，该国贸易政策的出口导向越明显。

如表7-4所示，虽然在2005年之前，我国已经将人民币官方汇率与外汇调剂市场汇率并轨，确立了以市场供求为基础、有管理的浮动汇率制度，但人民币对美元汇率基本上稳定在1美元兑换8.28元人民币左右。2005年起人民币不再单一盯住美元，开始实行参考一揽子货币调节的有管理的浮动汇率制度，美元对人民币汇率呈现持续的下降走势，1美元兑换人民币由2005年的8.19元下降至2013年的6.15元，下降幅度为24.9%，人民币年均升值3.5%。近年来，人民币汇率显得较为稳定，汇率政策的出口导向不够明晰。

与美元对人民币汇率呈现下降趋势不同，1995—2019年间，美元对澳大利亚元的汇率从1.35上升至1.43，澳大利亚元贬值幅度为5.9%；美元对法国法郎的汇率从4.99上升至5.84，法国法郎贬值幅度为17.3%；此外，日元的贬值幅度为15.9%，波兰罗提的贬值幅度为58.9%，智利披索的贬值幅度为72.8%。美元对巴西和俄罗斯的汇率变动较大，在小幅波动的同时出现明显的上升趋势，仅在2000—2019年期间，巴西雷亚尔和俄罗斯卢布的贬值幅度分别达到112.6%和131.5%。

表7-4 主要国家汇率变动情况

单位：本币/美元

	1995	2000	2005	2010	2011	2012	2013	2014	2015	2016	2017	2018	2019
澳大利亚	1.35	1.73	1.31	1.09	0.97	0.97	1.04	1.11	1.33	1.34	1.30	1.34	1.43
巴　　西	0.92	1.83	2.44	1.76	1.67	1.95	2.16	2.35	3.33	3.49	3.19	3.65	3.89
加拿大	1.37	1.49	1.21	1.03	0.99	1.00	1.03	1.10	1.28	1.33	1.30	1.30	1.33
中　　国	8.35	8.28	8.19	6.77	6.46	6.31	6.15	6.16	6.29	6.65	6.76	6.61	6.87
法　　国	4.99	7.12	5.28	4.95	4.72	5.10	4.94	4.94	5.91	5.93	5.82	5.55	5.84
波　　兰	2.41	4.34	3.24	3.02	2.96	3.25	3.16	3.16	3.77	3.95	3.78	3.61	3.83

续表

	1995	2000	2005	2010	2011	2012	2013	2014	2015	2016	2017	2018	2019
俄罗斯	4.56	28.15	28.29	30.37	29.41	31.06	31.86	38.58	61.34	67.06	58.31	62.84	65.17
智　利	397	540	560	510	484	486	495	571	654	677	649	642	686
日　本	94	108	110	88	80	80	98	106	121	109	112	110	

资料来源：世界银行数据库。

总之，本币对美元汇率下降后，该国出口商品的外币价格会因此而下降，出口量会因此而增长。甚至一些原来不出口的商品，因为汇率的改变，价格低于国际市场价格时，也会变成出口商品。如果该出口行业规模效应明显，出口量的增长很可能会大幅降低该商品的生产成本，提高该商品的生产率，从而实现比较利益的进一步增进。随着各国的汇率形成机制逐步市场化，借助汇率鼓励出口的贸易政策正在受到越来越多的限制。

二、贸易制度影响比较利益增进的实证分析

如上所述，政府为建立、强化和提升本国竞争优势而制定的各种政策和法律，对于比较利益的增进具有重要的促进作用。为了进一步验证这些制度安排与比较利益增进之间的相互关系，本书选取美国食品包装安全法规作为研究对象，探讨其对包括我国在内的各主要贸易国出口造成的不同影响，以期对增进我国饮料比较利益的贸易制度安排有所借鉴。

（一）食品包装安全法规对饮料出口的限制和保护

食品包装的目的是防止在运输、分销、处理和存储的过程中产生物理、化学和微生物变化，保证饮料等食品的安全性和可食用性。目前采用的食品包装材料包括塑料、纸板、金属等，涉及数千种不同的化学物质。当饮料等食品接触包装的时候，这些化学物质可能会迁移到食品中，导致被包装食品的化学成分改变，可能危害到消费者的健康与安全。

近年来，国内外学者对包括饮料在内的食品包装安全问题进行了大量研究和论证，范围涉及技术、标准、法规、贸易和管理等不同领域。这些研究所获得的数据有效地揭示了饮料等食品包装的污染问题，并对降低饮料等食品供应中的化学污染风险策略的有效性进行了评估。但由于人类对食品接触

材料的安全性至今仍然知之甚少,这种性质和程度的不明朗和不确定所产生的风险常常引发人们对饮料等食品安全的担忧。同时,有关食品包装的数据库虽然可以获得,但由于这些数据没有定期地详细地进行记录,只能作为一般信息资源使用。[1] 研究还受食物消费数据不足和包装配方与使用方法联系不清的限制,较少采用实证方法。[2] 对于饮料等食品接触材料的迁移评估和随之而来的风险管理的分析也显得较为粗略和保守,无法准确判断消费者受到保护的具体程度,因而未能对饮料等食品贸易中的包装安全问题形成系统的对策建议。

为了将包装导致的安全风险降至最低点,美国、欧盟、法、俄、日、韩等国纷纷制定和修改法规,对包括饮料在内的食品包装提出了严格的卫生标准和要求。这些国家的标准和法令法规存在很大差异,内容复杂、详尽、完备,对本国消费者提供了较好的保护,同时也反映出对我国饮料出口产业的技术优势,客观上提高了进口门槛,产生贸易限制和保护效应,影响到我国饮料比较利益的增进。

(二) 美国食品包装安全法规的影响估算

1. 研究对象的选取

美国十分重视食品包装安全工作,是世界上食品包装安全的先驱之一,也是世界上包装安全法规体系最为完善的国家之一。早在1812年,美国开始罐头食品的生产时,就已开始关注包装材料锡对食品安全的影响。经过近百年的发展,美国已逐步形成以联邦和各州法律为基础、联邦政府授权机构通力合作、各州及地方政府积极参与的科学、严格并有一定程度灵活性的食品包装安全体系。因此,选取美国食品包装安全法规作为研究对象具有较强的代表性。

美国有关食品包装安全的法规非常多,大多分散在联邦法规体系中,主要有:《美国联邦法规》第21章(CFR)第170—186节、《联邦食品、药品、化妆品法》《农业法》《包装防毒法案》《公平包装和标签法令》《营养标签及

---

[1] Duffy E., Hearty A. P., Gilsenan M. B. & Gibney M. J., "Estimation of Exposure to Food Packaging Materials: Development of a Food-packaging Data Base", *Additives and Contaminants*, 23 (2006), pp. 623–633.

[2] Vitrac O., Leblanc J. C., "Consumer Exposure to Substances from Plastic Packaging Materials. Assessment of the Contribution of Styrene from Yoghurt Pots", *Additives and Contaminants*, in press.

教育法》等。考虑到法规的时效性，本书选取近年来美国修订或出台的《公平包装和标签法令》《总统行动计划》《食品安全加强法案》作为实证分析的对象。其中，《公平包装和标签法令》是1992年8月3日重新修订的，主要对日用消费品的包装和标签要求作了详细规定。美国联邦贸易委员会依据该法令制定了《公平包装和标签法规》，现被编入《联邦法典》《第16卷——商业规则》中第500—503部分。总统行动计划发布于1997年1月，强调对食品的生产和包装进行控制，鼓励开展包装材料安全性的创新研究。《食品安全加强法案》是2009年美国对《联邦食品、药品、化妆品法》作出的七十年来最大幅度的修正，强化了对食品生产、加工、包装、仓储等的管理。这三部法规均在原有的基础上对食品包装安全法规作了进一步修订，对进口食品的包装提出了更为严格、具体的要求，对各主要贸易国的食品出口造成较大影响。

2. 模型构建

本书采用引力模型作为分析工具。引力模型源于牛顿的万有引力定律，强调物体间的作用力与其质量成正比，与其距离成反比。廷伯根（Tinbergen）最早将引力模型引入到国际贸易领域，指出两国双边贸易的规模与其经济总量成正比，与其距离成反比。[1]

引力模型的基本形式是：

$$X_{ij} = A(Y_i Y_j) / D_{ij} \tag{7.1}$$

其中，X_{ij}表示国家i对国家j的出口额，A是常数项，Y_i表示国家i的GDP，Y_j表示国家j的GDP，D_{ij}表示国家i和国家j之间的距离。

经过半个世纪的演变发展，目前引力模型已经广泛应用于区域贸易协定效应的评估[2]以及新兴市场经济体出口贸易量的决定因素的检测[3]等国际贸易各领域的研究，模型本身也在不断地被修正和完善。哈钦森（Hutchinson William K.）引入了"语言距离"变量，用于检验与英语相差很远的语言是

---

[1] Tinbergen J., *Shaping the World Economy*, *Appendix vl*, *An Analysis of World Trade Flows*, New York: Twentieth Century Fund, 1962.

[2] Cèline Carrère. "Revisiting the Effects of Regional Trade Agreements on Trade Flows with Proper Specification of the Gravity Model", *European Economic Review*, (50) 2006, pp. 223-247.

[3] 盛斌、廖明中："中国的贸易流量与出口潜力：引力模型的研究"，载《世界经济》2004年第2期，第3~12页。

否会影响双边的贸易量。[1] 埃特金（N. D. Aitken）引入收入和人口变量，发现收入和人口显著影响贸易流量，且人口与贸易流量呈显著负相关。[2]

本书选取引力模型研究美国食品包装安全法规对各国的影响。同时，基于分析的需要，又在模型中引入了新的解释变量，如代表进口国美国实施《公平包装和标签法令》《总统行动计划》《食品安全加强法案》的虚拟变量，力图更加全面地剖析对美食品出口贸易的主要影响因素。

考虑到面板数据的结构特点，模型表达式如下：

$$\ln M_{it} = \beta_1 + \beta_2 \ln GDPP_{it} + \beta_3 \ln USGDPP + \beta_4 \ln DIS_i + \beta_5 D_{1it} \\ + \beta_6 D_{2it} + \beta_7 D_{3it} + \beta_8 DED + \mu_{it} \tag{7.2}$$

其中，M_{it}作为被解释变量，代表出口国 i 在第 t 年对美国的食品出口额，反映各主要贸易国对美国的食品出口情况。GDP_{it}代表出口国 i 的国内生产总值，$USGDP_t$代表进口国美国在第 t 年的国内生产总值，通常出口国的 GDP 越高，表示其生产能力及潜在出口能力越强，进口国的 GDP 越高，表示其经济发展水平越高，进口需求越旺盛。$PEOP_{it}$代表出口国 i 在第 t 年的总人口数，$USPEOP_t$代表进口国美国在第 t 年的总人口数，引入人口变量能够反映经济规模、贸易结构对贸易流量的影响，提高回归结果的显著性。DIS_i代表出口国 i 与美国的距离，通常距离构成两国间的贸易阻力因素，两国距离越远，运输成本越高，贸易额越小。D_{1t}代表进口国美国实施《公平包装和标签法令》的虚拟变量，D_{2t}代表进口国美国实施《总统行动计划》的虚拟变量，D_{3t}代表进口国美国实施《食品安全加强法案》的虚拟变量，通常严格繁琐的食品包装安全法规的制定会增加企业的成本，从而对贸易产生负面影响（见表 7-5）。

---

[1] Hutchinson K William, "Does Ease of Communication Increase Trade? Commonality of Language and Bilateral Tradem", *Scottish Journal of Political Economy*, (49) 2002, pp. 544-556.

[2] Aitken, N. D. "The Effect of the EEC and EFTA on European Trade: A Temporal Cross-Section Analysis", *American Economic Review*, (63) 1973, pp. 881-892.

表 7-5　模型变量的含义和理论说明

变量名称	变量含义	预期符号	理论说明
M_{it}	出口国 i 在第 t 年对美国的食品出口额		反映出口国对美国的食品出口情况
$GDPP_{it}$	出口国 i 在第 t 年的人均国内生产总值	−	代表出口国的国内需求状况
$USGDPP_t$	进口国美国在第 t 年的人均国内生产总值	+	代表进口国的经济发展水平及进口需求状况
DIS_i	出口国 i 与美国的距离	−	通常两国距离越远,运输成本越高,贸易额越小
DED	虚拟变量,表示是否为发达国家,发达国家取 1,发展中国家取 0	+	当贸易伙伴是发达国家时,由于需求偏好相符,双边贸易流量也会增加
D_1	虚拟变量,代表进口国美国实施《公平包装和标签法令》的虚拟变量	−	严格繁琐的食品包装安全法规增加了企业的成本,对贸易有反向作用
D_2	虚拟变量,代表进口国美国实施《总统行动计划》的虚拟变量	−	
D_3	虚拟变量,代表进口国美国实施《食品安全加强法案》的虚拟变量	−	

注:"+"代表正相关,"−"代表负相关。

3. 样本选择和数据来源

由于本书实证研究的主要目的是分析以《公平包装和标签法令》《总统行动计划》《食品安全加强法案》为代表的美国食品包装安全法规的近期调整是否会对各主要贸易国产生反向作用,并对影响结果进行比较分析,因此在时间序列的选择上采用 1991—2010 年各主要贸易国对美食品出口的年度数据,共计 20 个时间序列点。在截面数据的选择中,选取在经济发展、人口规模、技术水平、法律体系等方面与美国存在较大差异的我国、澳大利亚、加拿大、新西兰、菲律宾、墨西哥、巴西、印尼八国数据(这八个国家对美食品出口总额约占美国食品进口总额的 60%),从而将样本数据扩充到 160 个,力求通过扩大样本数据的代表性和多样性，更加全面客观地评价美国食品包装安全法规的近期调整所产生的效应。

考虑到样本的可得性和数据来源的一致性，本模型所使用的各主要贸易国对美国的食品出口数据均来自联合国商品贸易数据库，并按照联合国《国际贸易标准分类》（SITC）选取 SITC 第 0 类（食品及活动物）进行汇总统计。各主要贸易国国内生产总值和总人口数均来自国际货币基金组织（IMF）国际数据库。为提高模型的拟合度，距离数据的测量以各主要贸易国的主要港口为起点，以美国最大的港口纽约为终点，通过环球海事链网（http://www.maritimechain.com）的距离测量器计算取值。由于《公平包装和标签法令》是 1992 年 8 月 3 日修订的，故令 D_{1t} 代表《公平包装和标签法令》的修订，1992 年及之前为 0，1992 年之后为 1。同样，由于《总统行动计划》是 1997 年 1 月发布的，故令 D_{2t} 代表《总统行动计划》的发布，1997 年及之前为 0，1998 年之后为 1。《食品安全加强法案》是美国众议院于 2009 年通过，故令 D_{3t} 代表《食品安全加强法案》，2008 年及之前为 0，2009 年之后为 1。

4. 回归结果

（1）混合估计结果。考虑到模型中可能存在自相关，本书采用科克伦-奥科特迭代法，在混合估计中加入 AR（1）。同时采用似不相关回归（SUR）方法，利用横截面模型残差的协方差进行广义最小二乘法估计，以修正模型中横截面数据可能出现的异方差和短期自相关。结果见表 7-6。

分析回归结果可以看出，模型的拟合度较好，具有较高的解释效力。GDPP、USGDPP、DIS 三个解释变量均通过 10% 显著性水平检验，其中，美国人均 GDP 对食品进口贸易的正向作用显而易见，地理距离对食品贸易的反向作用也得到验证。同时由于人口增加促进了国内分工的深化，出口国人均 GDP 的增加减少了国际贸易。D_1、D_2、D_3 是本模型分析的重点，从回归结果来看，三个变量也通过了 10% 的显著性水平检验，说明它们在模型中的影响显著，《公平包装和标签法令》《总统行动计划》《食品安全加强法》对各主要贸易国食品出口的反向作用充分显现。DED 变量通过显著性检验且系数为正，说明当出口国是发达国家时，由于需求偏好相符，对美国的食品出口也会增加。

表 7-6　模型估计结果

变量	系　数	标准差	P 值
C	12.224 87	4.871 865	0.0132
LNGDPP	-0.087 271	0.048 424	0.0736
LNUSGDPP	0.698 403	0.356 004	0.0517
LNDIS	-1.454 481	0.483 652	0.0031
D_1	-0.064 947	0.021 881	0.0035
D_2	-0.042 745	0.024 901	0.0882
D_3	-0.153 595	0.034 337	0.0000
DED	1.736 118	0.393 056	0.0000
AR（1）	1.043 100	0.012 450	0.0000
R^2	0.995 855	F 值	4294.393
调整后 R^2	0.995 623	DW 值	1.894 347

（2）固定效应变系数模型估计结果。由于在截面数据的选择中，各主要贸易国在经济发展、人口规模、技术水平、法律体系等方面存在较大差异，受美国食品包装安全法规调整的影响可能各不相同。因此，对于不同的贸易国，解释变量的回归系数可能存在显著差异，需要建立固定效应变系数模型进行横向比较分析，结果见表 7-7。

在对回归结果的检验中，发现 R^2 值明显高于混合估计的结果，说明模型拟合效果更好。除新西兰、澳大利亚之外，距离变量均对各主要贸易国的食品出口产生较为显著的反向作用，较好地体现了引力模型的主要特点。本书研究的重点，即三个虚拟变量的系数，均随截面个体的变化而变化，说明美国食品包装安全法规的不同调整对各主要贸易国食品出口的影响各不相同。其中，除印尼、墨西哥、加拿大之外，D_1 变量的系数均通过了 1% 的显著性水平检验，说明美国《公平包装和标签法令》的修订对其他五个国家的食品出口均产生显著的反向作用；D_2 变量的系数整体显著性水平低于 D_1，除加拿大之外，各国均通过了 5% 的显著性水平检验，说明美国《总统行动计划》对新西兰和澳大利亚有较为显著的正向作用，对其他五个贸易国有较为显著的反向作用；D_3 变量的系数整体显著性水平最低，只有我国、墨西哥和印尼通过了 5% 的显著性水平检验，说明美国《食品安全加强法》对我国有较为显著的反向作用，对墨西哥和印尼有较为显著的正向作用，对其他国家影响不显著。显然，模型估计结果从总体上验证了美国食品包装安全法规的不同调整，对不同贸易国食品出口的不同效应。由此可见，不同的制度安排是影响我国饮料比较利益增进的重要因素。

表 7-7　固定效应变系数模型估计结果

	中国	菲律宾	巴西	印尼	新西兰	墨西哥	加拿大	澳大利亚
LNGDPP	0.701 802 (0.00)	0.025 78 (0.753)	0.117 647 (0.2928)	-0.462 61 (0.0303)	0.284 48 (0.0189)	-0.224 91 (0.0384)	-0.213 67 (0.0059)	0.003 459 (0.985)
lNUSGDPP	2.072 535 (0.00)	1.390 32 (0.00)	1.627 584 (0.00)	3.461 01 (0.00)	0.507 881 (0.1192)	2.506 544 (0.00)	2.105 519 (0.00)	1.033 436 (0.0437)
LNDIS	-2.017 09 (0.00)	-0.870 79 (0.00)	-1.205 83 (0.0015)	-2.771 97 (0.00)	-0.111 01 (0.6748)	-1.889 08 (0.00)	-1.235 17 (0.00)	-0.367 03 (0.3679)
D_1	-0.499 08 (0.00)	-0.2452 (0.00)	-0.405 35 (0.0021)	-0.071 46 (0.4597)	-0.2618 (0.0005)	-0.052 81 (0.3474)	0.023 47 (0.5584)	-0.570 27 (0.00)
D_2	-0.166 27 (0.0421)	-0.198 97 (0.0002)	-0.246 55 (0.0342)	-0.556 91 (0.022)	0.215 87 (0.0217)	-0.204 47 (0.0007)	0.0351 76 (0.2647)	0.266 859 (0.0567)
D_3	-0.246 91 (0.0303)	-0.064 59 (0.1596)	0.064 144 (0.6208)	0.287 785 (0.0131)	-0.104 05 (0.1382)	0.237 305 (0.00)	-0.021 25 (0.4679)	-0.130 78 (0.2594)
R^2	0.998 152			残差平方和		151.6711		
调整后 R^2	0.997 376			DW 值		2.085 269		

三、比较利益增进的贸易制度安排

近年来，发达国家不断提高进口质量等标准，提高进口门槛，客观上削弱了出口国的竞争力。有研究证明，包括这些技术措施在内的绿色壁垒对出口的影响是双重的，从中长期来看，它可能通过"倒逼机制"促使出口方奋起应对，提高产品质量，再加上出口绿色产品可以使生产者、消费者乃至全社会（含正的外部效应）在利益上取得激励兼容，[1] 因此，国际贸易的制度安排必须是有远见和高技巧的，不仅能够行之有效地发挥国外相关法规政策的正面效应、抑制其负面效应，还要能够将复杂的国际贸易活动纳入可预知

---

［1］ 张小蒂、李晓钟："论技术性贸易壁垒对我国农产品出口贸易的双重影响"，载《管理世界》2004 年第 6 期。

的范围，促进国与国之间的合作，为比较利益的增进提供可能。

（一）目标理念设计

1. 制度安排应以消除不公平竞争的影响为目的

实践证明，对于我国这些新进入市场的竞争者，发达国家并没有实行它们所一直鼓吹的自由贸易政策。为了维护它们的既得利益，发达国家往往倾向于采取保护主义的贸易政策，竞相设置进入壁垒，阻碍新竞争者具有比较优势的产品的出口，全球自由贸易理念与贸易保护倾向之间发生冲突，自由贸易四处碰壁。国际市场上发达国家对新竞争者的歧视，反映在其制度安排上往往规定非常苛刻，形成事实上的制度壁垒。以关税为例，虽然现在各国关税税率基本上是非歧视的，但关税税率可以因产品种类的不同而不同。在制成品中，关税税率最高的一般是纺织品、服装和鞋类等传统产业产品，这些恰恰就是我国这些新竞争者的传统比较优势产业。此外，发达国家对新竞争者的商品实行的非关税壁垒也带有明显的歧视性，在分配配额和自愿出口限制时，有限的进口数额往往被分给日本这些先进入市场的国家，新竞争者却被拦在市场之外。[1]

表 7-8　《食品安全加强法案》的修订对出口国企业成本的影响

修订内容	对企业成本的影响
强化企业登记	要求企业缴纳数额不等的规费
强化 FDA 对企业的检查	如果检查不通过，复查时要支付相应费用
强化第三方检验和认证	增加了企业的检验和认证费用
强化风险控制	增加了企业的质量管理成本
强化食品召回	无需提供确切证据，即可要求企业自愿召回或下达强制召回令，所产生的费用由企业承担
强化原产地标注	对于错误标签的进口食品，无需提供任何证据即可单方面扣留，扣留期限最长为 60 天，企业除承担滞留期间的费用，还将面临与贸易商产生贸易摩擦的风险

资料来源：根据相关资料整理。

发达国家高筑地进入壁垒，对我国饮料出口产生一定的反向阻碍作用。以美国《食品安全加强法案》为例，该《法案》主要对六个方面内容进行了

---

[1] [美] 彼得·林德特：《国际经济学》，范国鹰、陈生军、陈捷等译，经济科学出版社 1992 年版，第 341 页。

修订，涉及领域广，波及层次深。根据《食品安全加强法案》的规定，境外向美国出口的包括饮料在内的食品生产、包装、仓储等企业，必须每年向FDA登记，并缴纳500美元的登记费。FDA将以更高的频率对这些企业进行检查，如果检查不通过，复查时还要支付FDA相应的费用。在有理由相信食品不合格时，不需要提出确切的证据，FDA即可要求企业自愿召回或下达强制召回令，所产生的费用由企业承担。同时，只要FDA有理由相信某种食品是掺杂错误标签的，就可以对食品进行行政扣留，扣留最长期限从30天增加到60天。美国《食品安全加强法案》更为严格苛刻的规定，大大增加了企业的生产成本、技术成本、管理成本和出口成本（见表7-8）。此外，依据美国《公平包装和标签法令》和《总统行动计划》，包括饮料在内的食品出口不仅要接受美国海关对包装严格、繁琐的检查，生产过程中企业的包装安全控制以及包装过程、包装车间、包装储存库房等也要接受美国国内官方考察团的现场考察评估，若发现包装方面的严重问题，将暂停被考察企业乃至全国水产品的出口，对美饮料出口面临更多不确定因素。

基于此，制度安排应以减少贸易摩擦、消除不公平竞争的影响为主，具体内容除完善出口退税制度、建立快捷的商业情报信息交流制度等外，缔结贸易协定、参与多边或区域经济贸易集团、建立自由贸易区，加强与各国的贸易合作，消除彼此误解与分歧，为本国商品顺利进入国际市场打开方便之门，也是保障比较利益增进的重要政策。

2. 为国际合作的顺利实现提供保障

国与国之间的合作带给国际贸易的，是秩序的稳定和交易费用的降低。制度安排中，应充分考虑国际贸易非个人交换的复杂性，为国际分工与合作的更深入、更广泛开展提供一个基本框架。以自由贸易协定和自由贸易区为例，自由贸易区是两个以上的国家或地区通过签订自由贸易区协定，自愿结合起来，相互取消绝大部分货物和关税和非关税壁垒，开放投资，促进商品、服务以及资本、技术、人员等生产要素在国家间的自由流动，以实现优势互补、共同发展的目标。可见，自由贸易区是关税减让的最主要方式之一。在自由贸易区内，商品的关税往往很低，有的甚至是零关税，以有效地促进贸易的自由化和商品的出口。自由贸易区内出口方比较利益的增进，有赖于自由贸易区贸易创造和贸易转移效应的共同作用。假设在自由贸易区建立前，某商品的本国价格最高,区域内的伙伴国价格其次,区域外的第三国价格最低,那么,本国就会从第三国进口该商品。自由贸易区建立后,区域内成员相互给予对方比区域外更低的关税,导致伙伴国的价格低于第三国,那么,本国就会从伙伴国进口更多的该商品。此时,由建立自由贸易区而创造的新的贸易量就是贸易创造,从区域外的第三国向区域内的伙伴国转移的贸易则是贸易转移。贸易创造和贸易转移会增加本国消费者的剩余并获得福利,政府则因为损失了先前的关税收入而遭受损失。相反,作为出口国,特别是伙伴国,却可以在价格高于国际市场(第三国)的情况下,因为贸易创造和贸易转移而增加出口,获得更多的比较利益。此外,自由贸易区的建立也是消除非关税壁垒的重要方式。非关税壁垒作为限制商品进口的重要手段,比关税壁垒具有更大的歧视性、灵活性和隐蔽性,对自由贸易具有更大的破坏作用。目前来看,自由贸易区谈判是消除非关税壁垒最有效的方式。以智利为例,智利先后与58个国家签署了21个贸易协议,被誉为世界上最开放的经济体之一。[1] 2002年智利与美国签订的双边自由贸易区协定,赋予了原产于智利的产品以零关税出口美国的权利。2008年美国加入智利与文莱、新西兰、新加坡缔结的跨太平洋伙伴关系协议,进一步密切了彼此的经贸往来,为其进入美国市场进一步打开了方便之门。建立自由贸易区,与各国签订双边或多边经济贸易协定,一方面可以借此减少不必要的贸易阻力,为饮料出口扫除障碍;另一方面可以利用自由贸易协定的贸易创造和贸易转移作用来强化本国的竞争优势。基于自由贸易区对一国比较利益获取的重要意义,无论是发展中国家还是发达国家,都把建立自由贸易区作为当前发展贸易的首选。我国推进自由贸易区建设始于2001年,目前已签署自由贸易协定17个[2],涉及瑞士、新西兰、新加坡、巴基斯坦等20多个国家和地区。但与其他国家相比,我国参与建设自由贸易区时间短、经验有限,与世界主要经济体的谈判与合作还存在较大的提升空间。当前应加快与美国、韩国、日本等主要贸易伙伴的自由贸易区谈判步伐,通过自由贸易协定加强彼此间的互信,减少不必要的贸易阻力,增加贸易机会,为我国出口扫除障碍。

---

[1] 王超:"潜力智利",载《中国海关》2012年第5期。
[2] 截止到2019年12月30日。

3. 缩小制度距离以获取国际认同

国与国之间的制度差异，为彼此贸易的开展构筑了一道无形的"距离"。研究表明，制度距离会导致贸易成本增加，相反，制度相近的国家却因为彼此更熟悉对方的运作规则，更认同对方的制度安排，导致贸易成本降低。出口国制度质量的提高，会促进贸易的开展。可见，制度距离是影响贸易开展和比较利益增进的重要因素。[1]

在对美国食品包装安全法规影响比较利益增进的实证研究中可以看出，为了保证进口果汁的质量安全，早在 2002 年，美国就已实施《果蔬汁产品 HACCP 法规》，规定对进口果蔬汁产品必须实施强制的 HACCP 管理。之后又相继颁布《食品安全加强法案》、《食品安全现代法案》等，授予 FDA 以更大的监管权利，加强其对美国本土生产的食品及进口食品的安全监管，以确保进口食品达到美国标准，并确保对美国消费者来说是安全的。但实证分析的结果却表明，多数国家的食品出口受美国食品包装安全法规的影响程度呈现减弱的趋势，印尼、新西兰、墨西哥和澳大利亚受到的影响甚至由负向转为正向，说明美国食品包装安全法规对各主要贸易国的影响正在逐步减弱，《总统行动计划》和《食品安全加强法》甚至对某些国家产生正向作用。分析原因，一方面是食品安全法规的固有特性促进了市场交易，另一方面是国内法规的完善促进了与国外市场的融合，使得协调的利益超出额外的交易成本。食品安全法规对食品的生产提出了详细的标准和要求，可以改善供应商和消费者之间关于食品质量的信息流，使消费者拥有关于食品的足够信息，降低消费者在评估食品质量时所面临的不确定性成本，从而促进市场交易。刘亚钊、王秀清在对冷冻蔬菜检查制度的研究中发现，从短期来看，加强冷冻蔬菜检查制度会导致出口严重受阻，但从长期来看，却可以避免我国内地出口企业盲目竞争越演越烈的趋势，消除日本居民对我国内地蔬菜安全问题的疑虑，对出口产生积极的推动作用。[2] 同时，美国作为世界上包装安全法规体系最为完善的国家之一，食品包装安全法规起步较早，内容更为科学、具体和严格，一度对其他国家的食品出口构成极大威胁。为了应对美国食品包装

---

〔1〕 李新等："制度与国际贸易关系研究进展"，载《经济学动态》2013 年第 11 期。

〔2〕 刘亚钊、王秀清："中国内地冷冻蔬菜对日出口竞争策略研究"，载《中国农业经济评论》2007 年第 4 期。

安全法规对食品市场的冲击，各主要贸易国纷纷对照美国食品包装安全法规提出的新要求、新标准，对本国食品包装安全法规进行了调整，使之适应新形势的要求，同时加大在本国食品包装行业推行的力度，促进本国出口食品及包装产业向更健康、更安全、更环保的方向发展，逐渐消除了对美食品出口中的不利因素。以澳大利亚和新西兰为例，20世纪90年代开始，两国共同建立起统一的《澳大利亚和新西兰食品标准法典》，授权独立的法定食品标准权威机构——澳大利亚新西兰食品标准局负责食品安全标准的制定，适用于两国食品的生产和进出口。该法典基于美欧有关食品安全法的规定，对食品包装等内容提出了更为严格的要求，后经多次修改，有效地保护了本国消费者的健康和安全，同时也极大地降低了贸易风险，促进了与美国市场的融合。本书借鉴朱塔提普·容瓦尼查（Juthathip Jonawanich）的方法，[1] 利用各国对美食品出口额与美国食品药品管理局公布的拒绝进口批次之间的比值，来表示各国满足食品安全法规的可能性，比值越高，表明满足食品安全法规的可能性越大。从表7-9中可以看出，在2003—2010年期间，除澳大利亚有较大波动外，各主要贸易国的比值均呈现增长趋势。这表明，法规的不断完善，缩小了彼此的制度距离，使得各主要贸易国满足美国食品安全法规的可能性不断增大，一旦协调的利益超出额外的交易成本，就会促成食品安全法规正面效应的产生。

表7-9 各主要贸易国满足美国食品安全法规的可能性比较

单位：百万美元/批次

年份	2003	2004	2005	2006	2007	2008	2009	2010
加拿大	586.14	742.27	811.24	1432.98	2014.66	1553.42	1243.97	1432.30
墨西哥	267.90	304.84	296.28	404.44	508.41	590.87	675.97	652.55
中国	188.28	168.52	174.48	263.40	269.38	302.90	219.00	260.04
巴西	881.71	507.19	642.49	850.63	1222.40	1645.28	1091.40	1221.17
印尼	469.96	322.01	546.64	446.09	379.02	521.29	549.42	588.50

---

[1] Jongwanich J., "The Impact of Food Safety Standards on Processed Food Exports from Developing Countries", *Food Policy*, 34 (2009), pp. 447-457.

续表

年 份	2003	2004	2005	2006	2007	2008	2009	2010
澳大利亚	2437.54	2107.65	1662.02	1333.97	1686.55	3255.00	2497.46	1921.65
新西兰	4151.61	3865.85	4200.00	5172.41	2317.74	8355.56	9742.86	6395.46
菲律宾	113.26	138.20	125.83	248.74	216.24	186.65	198.20	187.89

注：表中的数据为各主要贸易国对美食品出口额与美国 FDA 拒绝进口批次之间的比值。

资料来源：根据 UNCTAD 数据库与美国 FDA 拒绝进口数据计算所得。

因此，考虑到各国成功应对的经验，积极完善本国的制度供给，缩小与主要贸易国的制度距离，应当是当前我国应对国外制度壁垒行之有效的方法。我国自 20 世纪 80 年代起陆续颁布了《食品安全法》《食品卫生法》《产品质量法》《食品标识管理规定》等一系列有关食品安全管理法规，以《食品安全法》为主体、以风险监测和评估为基础的食品安全法规体系初步形成。然而，受我国食品安全管理体制和政府职能分工的限制，目前的法规体系并没有得到较高水平的贯彻执行，仍存在部分食品卫生标准标龄较长、部分标准内容已不适应行业发展的需要、新型包装材料缺乏有效的准入和管理机制等现象，形成食品安全的监管空白。为了促进比较利益的增进，完善我国包括食品安全法规在内的制度供给，推动与国际法规的接轨，突破层出不穷的制度壁垒已是刻不容缓。

（二）具体制度设计

1. 完善信息交流合作制度

国际贸易的顺利开展依赖于相关信息的准确、及时和充分获取。信息在国际市场竞争中的作用越来越大，成为一国比较利益增进的重要手段。一方面，信息有助于消费者充分了解商品，通过信息高效传递，使得商品质量信息在消费者和生产者之间对称分布，据此，消费者可以根据商品质量级别，给出货币选票，生产者的优质优价目标也得以实现。另一方面，通过收集和分析贸易相关信息，及时准确了解竞争者的动向，预测来自外部的可能威胁，有针对性地调整自己的贸易策略，避免产生贸易纠纷，可以有效应对当前国际贸易壁垒高筑的问题，消除不公平竞争产生的影响。从某种角度来看，信息是最重要的资源，谁占有的信息准确、及时、充分，谁就掌握了制胜的先机。

当前国际信息交流合作制度以风险预警为主要目的。在食品贸易领域，基于食品安全的考虑，WHO 和 FAO 牵头开发了"国际食品安全主管部门网络""国际食品安全和动植物健康门户网站"，进行全球范围的信息交流合作。前者已有近两百个成员参加，旨在促进成员主管部门之间的信息合作，并向成员提供食品安全信息。后者主要为方便获取食品安全和动植物健康方面的国际和国家标准、指导建议和推荐措施、法律法规等信息服务，并为各国相互通报上述信息提供传输平台。此外，美国与俄罗斯之间也达成《关于在食品安全、质量控制和标签方面展开技术合作和信息交流的备忘录》，相互提供食品进口要求以及其他食品安全的法律法规与政策。这些信息交流合作制度的建设，有力地推动了成员国之间的信息交流与分享，在促进全球食品安全与健康的同时，也为有效预警贸易风险、避免或解决影响成员国之间的贸易壁垒提供了重要途径。

我国早在 2003 年就已在国内开始建立技术贸易壁垒预警系统，负责收集各国关于技术贸易壁垒的信息，为企业和政府服务。2007 年国家质检总局与美国卫生和人类服务部签署《中美食品与饲料安全合作备忘录》，专门就食品安全相关法规等信息的分享作了具体规定。总的看来，现有信息交流合作以风险预警为主要目的，分布在全球、区域、双边等不同层次，所涉领域较为分散，缺乏整合，合作层次大多仅限于信息的发布与分享，对信息的分析、评议工作重视不够。

有鉴于此，当前信息交流合作机制的完善应从以下方面入手：首先，充分发挥信息传递的本来价值，通过有效的信息传递，让消费者了解到商品质量、安全等的真实状况，并愿意付出与高质量相对应的高价格，以促进生产者比较利益增进目标的实现。其次，对分布在不同层次、涉及不同领域的信息交流与合作进行整合，建立综合性的全球信息交流合作制度，负责全球不同领域贸易信息的收集、发布和传播，具体做法上可借鉴 FAO 和 WHO 等的已有实践，明确信息交流与合作机构、信息交流范围、信息交流与合作程序、信息使用之限制等规则。最后，基于前期的信息收集和分享，建设基础数据库，专注于信息分析、评议阶段的规则构建，推动信息分析、评议的研究工作，弥补现有信息工作空白。总之，信息交流与合作的最终目的，应当服务于生产和交换，服务于比较利益的增进。仅仅停留于信息的收集与分享，只会将企业带到浩瀚的信息大海边缘。一旦面临国际贸易纠纷，在与国外政府或企业交涉时，企业往往找不到所需要的信息，此时再多的信息也等于零，信息不对称现象客观上并没有根本改变。

2. 构建国际标准协调制度

科技与工业的飞速发展，大大提升了标准在国际贸易中的重要性。很多国家的立法中，标准已成为法律法规制定的基础。通过协调国际标准，可以降低生产和交易的成本，因此，国与国之间标准的协调成为一国贸易优势获取和比较利益增进的重要凭借，也成为国际合作法律机制必不可少的规则构成。

我国标准发展滞后，存在技术含量低、与技术创新相脱节、对市场关注度不够等一系列问题。

（1）标准受次优技术锁定影响，技术含量低。受次优技术锁定影响，长期以来，我国企业对标准的更改和修订持消极态度，导致很多标准的制定、修改不及时，标准内容陈旧，技术含量低。以我国的分析方法标准为例，长期以来这些标准大多采用常规的重量法、容量法或比色法。这些常规的分析手段操作流程长，费工费时，对伪劣假冒产品特别是恶意掺假的辨别能力差，不能满足以微量、痕量水平存在的指标对微量成分的分析要求。对于离子色谱、离子阱质谱、等离子质谱等相对先进的分析技术，和酶制剂、蛋白质螯合物、促长剂和转基因产品等分析领域的成果，接受采纳进展迟缓。[1]

（2）标准制定与技术创新脱节。标准的制定就是按照标准化的技术原理，对科学技术研究过程中或实践中积累的新技术、新工艺、新方法和经验知识进行总结、升华、提炼。[2] 随着科技成分在产品中的作用日益显著，提高标准中的先进技术成分逐渐成为标准制定工作的重心。但是我国现行的技术管理体制，却对科技成果向技术标准的转化形成了障碍，表现为标准化与技术创新活动及知识产权管理体制的严重脱节、三者的政策内容不交融、资源信息不共享、信息传导不畅通。[3]

---

[1] 滕葳等：“国内外食品安全卫生标准状况的比较研究”，载《食品研究与开发》2006年第6期。

[2] 信春华等：“基于内生经济增长理论的高技术标准促进经济增长作用机理分析”，载《科技进步与对策》2009年第13期。

[3] 王方红：“基于技术标准的跨国创新网络化战略体系研究”，载《科技进步与对策》2008年第3期。

（3）标准对市场的关注度不够。受计划经济和我国行业标准意识淡薄的影响，长期以来，我国的标准主要由政府主导并通过行政手段强制推行。由于政府对市场的参与度有限，只重视标准的生产属性，忽视了标准的市场属性，导致其推行的标准对市场的关注度不够，与国际标准联系不紧密，国际采用率（采用国际标准的比例）较低。根据国家标准化管理委员会的数据，2008年1月—2012年10月，我国共发布了47项与饮料行业相关的标准，其中采用国际标准的仅1项，采用国外先进标准的仅2项。与美、英、法、德等国家相比较，这些国家早在20世纪80年代初，国际采标率就已达80%，日本制定的国家标准则有90%以上采用国际标准。[1]

考虑到技术标准形成的网络效应、锁定效应和杠杆效应，能够促进因产业标准制定带给产品的市场正反馈效应，从而有效提升产品在国际市场上的整体竞争能力，[2]当前我国应加大标准建设、推行和完善力度，最大限度地参与到国际标准的协调工作中，推动国家标准协调制度的建构。标准协调制度的建构包括以下内容：

首先，标准的协调往往涉及采用哪一个标准作为统一标准的复杂问题，一旦确定下来后，就会具有相当的稳定性。应当明确的是，国际标准的协调并不是要以国际标准取代各国标准，而是希望各国标准能够渐趋渐近，最终达成全球的统一。各国标准的趋同化可以以国际标准为依据，也可以采用比现有国际标准更高的标准，只是采用更高的标准时，需要充分的科学证据。国际标准协调制定应细化认定"一致"或"更高"标准的法定要素，以增强国际标准协调制度的实效性。

其次，对于非政府标准化机构的规制问题应引起重视。理论上，非政府标准化机构制定的标准并无法律约束力，出口国及其企业有权选择是否遵守。但凭借市场力量，这些私人性质的标准，也可能发展为国际行业标准，此时若选择不遵守，就意味着放弃市场。由于这些非政府标准化机构在标准制定议程和程序、资金分配等方面有相当大的任意性，在国际标准协调制度构建

---

[1] 喻萌、魏纪林："关于技术性贸易壁垒下我国技术标准战略的探讨"，载《科技进步与对策》2006年第11期。

[2] 邓智团等："技术标准与产业国际竞争力——基于中国信息产业的经验分析"，载《上海经济研究》2010年第4期。

的过程中,应关注对其影响的规制,具体规则包括:首先,非政府标准化机构制定的标准,应建立在充分的科学证据之上,这是因为非政府标准化机构制定的标准,往往出于动物福利、生态保护、劳工保障等非技术因素的考量,具有一定的合理性,极易形成新型贸易壁垒。充分科学证据要求将其从对价值观等的关注,重新拉回到科学的审视中,以避免对国际贸易造成新的不必要障碍,有效防止贸易壁垒的产生,促进国际贸易的顺利开展和比较利益增进的实现。其次,遵守标准的成本应在出口方与进口方之间合理分担。非政府标准化机构制定的标准往往非常详细,大多要求独立第三方进行认证,遵守这些标准会给出口方造成沉重的成本负担。当出口方满足这些标准的能力不足时,可以要求进口方以提供技术援助的方式对成本进行分担。[1]

3. 推动国际互认制度发展

当前国际贸易中各种认证不胜枚举,包括国际组织的 ISO9000 国际质量管理体系、ISO14000 环境管理体系、SA8000 社会责任管理体系、TL9000 电讯行业质量管理体系、BRC 全球(食品技术)标准,等等;更有来自不同国家、不同行业的各种认证,如美国卫生组织机构 NSF 认证、法国标准协会的 NF 认证、英国水工业的 WRAS 认证、德国水气专业协会-科技协会的 DVGW 认证,等等。国际贸易中的标准不统一、检测不统一、多头认证等问题,给企业造成了沉重负担:一方面,企业为了遵从这些技术法规,不得不增加投入,改进生产设备;另一方面,企业是否遵从了这一技术法规,还需要被认证,认证过程中实验室昂贵的测试或检验费用,也会大大增加企业的成本负担。某一商品需要出口到不同国家时,往往要面临重复检测、重复认证,客观上造成对国际贸易的妨碍或限制,构成技术性贸易壁垒。有鉴于此,减轻企业认证负担,让不同国家或组织之间建立对等的相互承认机制,是消除这一问题的重要途径。

实践中,相互承认机制是以有关国家达成互认协议为前提的。所谓互认协议,是指两国达成协议,约定一国对另一国的合格评定结果予以承认。日本是最早采用这一做法的国家,从 1986 年开始,日本即颁布《电子设备与原材料安全法》,施行单边跨境指定制度,在日本境外的出口国指定了七个合格

---

[1] 韩永红:《食品安全国际合作法律机制研究》,中国书籍出版社 2013 年版,第 170~171 页

评定机构，这些机构可在本国对出口到日本的产品直接进行认证，实现了按同一标准、只需完成一次检验，即可获得日本各地均接受的认证结果。在此基础上，日本分别与美国、欧盟、菲律宾、泰国、新加坡等国签署互认协议，将这一模式向全球范围推广。总体看来，互认协议下的认证与检测报告具有国际通用性，降低了重复认证与检测所导致的巨大负担，简化了进口国技术法规与标准的履行，大大提高了贸易效率。特别是，互认协议推动了进出口国之间互相交流有关技术法规和标准的最新信息，在保证出口产品质量与安全的同时，还能促进各国的信息交流与互换，增强彼此信任，有效地减少由于出口产品质量、标准要求不同引发的贸易纠纷。2007年欧盟打火机案中，欧盟健康和消费者保护总司表示，"只要实验室及其报告符合ISO17025和ISO9994-2005的要求，不论是中方还是其他国家发来的检测报告，欧盟都将一视同仁。"[1] 可见，欧盟健康和消费者保护总司已在事实上接受中方实验室根据ISO17025和ISO9994-2005所作出的认证结果。欧盟这一承认安排，为打火机案的顺利解决提供了一条新的途径。

互认协议安排有力地推动了国际互认制度的发展，在此基础上，国际互认制度逐渐规范化，全球性、互通性的互认体系正在形成。国际互认制度的建立以各国认证实施的同一性为基础，主要涉及以下四个方面，即各国认证所依据技术标准的一致问题；各国认证实施的程序、规范所依据的准则的一致问题；各国实施认证人员的水平是否在同一水准上、资格是否可以相互承认的问题；各国实施认证的实验室的能力可否相互承认的问题。目前，国际标准化组织成立专门机构——合格评定委员会，专门负责研究制定有关产品、过程、服务、质量体系的认证标准和国际指南，制定有关检验机构、审核机构、认证机构评审与认可的国际指南，为国际互认的顺利开展创造条件。在合格评定委员会的建议下，ISO理事会通过了1993年第23号决议，决定建立国际承认体系，并为此专门成立质量体系评定和承认特别委员会。该委员会向所有贸易区的质量评审机构开放，在国际承认体系的建设中，先从质量体系认证结果的互认开始，逐步向产品互认、实验互认、环境评定等各个领域扩展。

---

〔1〕 "从货物出口到海外开店再到国外开公司办厂，温州企业大举布局全球化"，载 http://www.cqn.com.cn/news/zgzlb/zbnr/119231.html，最后访问日期：2018年12月10日。

4. 完善出口基地建设制度

出口基地建设有助于降低传统的、分散的生产经营模式，形成规模化生产优势，降低生产成本，提高产量与质量，实现比较利益的增进。有鉴于此，我国早在入世前就已在部分地区开始出口基地建设，政府在资金扶持、技术引进与指导等方面实行多项促进政策和措施，为出口基地建设制度的形成与完善奠定了基础。

出口基地建设主要涉及优势产品和优势区域的选择。制度建设中应以扩大出口、推动比较利益增进为目标，立足比较优势的挖掘与提高，制定扶优扶强的非均衡发展战略，有重点地选择和培育优势产品和优势区域，充分发挥其产品特色优势和地理环境优势，统筹安排、协调管理。在组织结构建设中，可以以基地的产业板块为基础，根据产业板块的组织机构进行调整。以农业板块为例，依据农产品的产销模式，可以将相应的组织机构设置为"企业+农户"型、"企业+合作社+农户"型、"企业+基地+农户"型等模式。此外，市场、资金、技术等方面的扶持政策，也构成出口基地建设制度的重要内容。在市场开拓方面，应推动信息收集与分享，帮助基地充分了解市场信息，及时关注相关国家的技术标准和政策法规，可以扶持一些社会力量参与到信息的收集和分析中来。在资金扶持方面，应设立专项基金，重点扶持基地建设，减免基地税收，采取招商引资、财政支持等优惠政策，推动基地建设与发展。在技术方面，可以开展科技培训，组建专家团队到基地指导，以行业协会为纽带，解决基地建设与发展中的各类科技问题。

品牌是质量的集中体现，质量决定比较利益的实现。所以，在出口基地建设制度中，优秀品牌的创建和维护是至关重要的内容。有的时候，基地本身也构成了品牌的重要内涵。以大豆为例，目前全球市场上销售的大豆以转基因大豆为主，有研究发现，转基因大豆导入的抗除草剂草苷膦基因的主要次生代谢物，是植物体内存在的并非生长发育所必需的小分子有机化合物，其产生、分布通常有种属、器官、组织和生长发育的特异性。[1] 目前的科学实验结果对转基因产品的安全性多持怀疑态度，如奥地利政府通过长期研究发现转基因玉米影响小白鼠生育，美国化学学会的《农业与食品化学》杂志

---

[1] Kutchan T. M., "Ecological Arsenal and Developmental Dispatcher: The Paradigm of Secondary Metabolism", *Plant Physiology*, 1 (2001), pp. 58–60.

也刊出文章，证实转基因玉米对免疫系统的威胁。

近年来，各国纷纷掀起绿色消费浪潮。消费者对绿色消费的偏好，构成对转基因大豆的歧视，形成青睐非转基因大豆的新的市场格局。德国学者巴得加的研究认为，一个消费者对污染问题的认识程度会影响他对环保的态度，对环保的态度又会影响他对绿色生活方式的态度，对绿色生活方式持积极态度的人会参与绿色产品的购买和消费活动。[1] 在此逻辑下，随着消费者对与自身健康相关的产品的认识程度的增加，就越会对其产生更多的购买欲望，未来非转基因大豆的市场潜力无限。消费者对于健康和安全的要求越来越高，对绿色有机大豆的需求也越来越强劲，越来越多的消费者愿意以高出转基因大豆的价格满足自己的消费需求，对非转基因大豆饮料的预期消费逐渐形成。我国是大豆的原产国，也是世界上最适宜大豆种植的地区之一，绿色、有机、非转基因是我国大豆的突出优势。我国非转基因大豆的种植量超过生产总量的95%，高于巴西70%的比例，更高于美国和阿根廷32%和50%的水平，[2] 欧盟、日本等国的食品生产企业纷纷将我国作为非转基因大豆的供应基地。

有鉴于此，我国应充分发挥非转基因大豆的绿色优势，大力支持非转基因大豆的生产，在大豆主产区建立非转基因大豆保护基地，完善非转基因大豆的产业链建设，积极申报非转基因大豆地理标志，推动非转基因大豆的认证工作，从播种到田间管理、收获、运输、加工、出口的整个生产供应链，通过严格的控制、检测、可追踪信息，保证我国非转基因大豆"身份"的纯粹性，提升我国非转基因大豆的产品价值和知名度。消费者也可追溯大豆的来源、原料、质量等多种信息，增加对我国大豆非转基因品牌的认可度。

总之，出口基地建设中，应充分利用我国气候和地理多样的资源优势，根据国际市场需求旺盛、出口价格更高的品种要求，重点推动无公害生态基地建设，确保安全、高品质的原料和产品供应，为打开高端产品市场提供充分保障。

---

[1] 万方："绿色消费偏好形成的理性过程及其对外部性问题的纠正——基于环境标志制度的分析"，载《消费经济》2010年第6期。

[2] 杨文丽、李晓钟："我国大豆进出口价格比较分析"，载《价格理论与实践》2012年第1期。

Chapter 8

第八章
激励制度安排与比较利益增进

激励制度追求的最理想状态,就是引导行为人积极主动地采取实现个体利益和社会利益最优化的行为。这一目标的实现,需要法律规范为主的制度以激励契约为基础,为立法者与行为人之间形成某种合作提供可能。此时,制度被视为一套调节社会活动中人与人利益关系的激励结构。有效的激励制度安排,往往意味着社会激励结构的有效运转,进而导致预期的社会经济活动结果,实现比较利益的增进。

激励制度对比较利益增进的激励之功能,体现在制度安排上,是以先期"投入"几乎为零的"邀约"方式,调动激励契约订立者的积极性,使其作为市场行为主体充分展示才华与能力,作出最优的资源配置,实现自身利益与国家利益的最大化。[1] 这种"邀约"是在激励契约的基础上确立的,类似于要约,受邀约人接受邀约后,激励契约即告成立,邀约人即制度制定方,就要受到激励制度中相关规定的约束,有义务兑现激励制度所规定的各项激励性承诺,这种义务具有一定的强制性。而受邀约人,即市场行为主体,可以自主决定激励契约的订立和履行,由此将消极的法律约束行为,转化为积极的主动履行行为,形成契约化激励管控模式。

契约化激励制度对比较利益增进之激励功能能否充分发挥,不在于承诺的规范化和形式化,而在于承诺能否有针对性地对影响比较利益增进的关键环节发挥真正有效的激励作用。从当前比较利益增进的切实需要来看,契约

---

〔1〕 夏黑讯:"激励性法律规范契约化特性及其社会管控模式",载《新疆社会科学》2016年第2期。

化激励制度的建构应当从投资、消费、科技、教育、绿色发展等环节入手，采用奖励、税收、信贷、补贴、简化审批手续、开设绿色通道等各种方式，激励市场行为主体积极投入到比较利益增进的生产经营活动中。

一、完善投资激励制度，创造规模经济优势

（一）规模经济的优势

规模经营是降低生产成本、提高生产效率、增进比较利益的重要方式。实现规模经营的企业伴随产量的增加，长期平均成本呈下降趋势，收益却呈递增趋势，能够有效地节约生产成本，提升产品的成本优势和价格优势。在美国，仅可口可乐和百事可乐两家公司就瓜分了几乎全部饮料市场，其中，可口可乐公司作为全球最大的饮料公司，拥有全球48%市场占有率，除碳酸饮料外，还是全球最大的果汁饮料经销商，在美国拥有超过40%的市场占有率。高度集中的生产经营，为扩大行业规模、降低行业生产成本、提高行业生产效率创造了条件。

（二）外资引入影响规模经济实现的实证分析

规模经济是通过扩大规模实现的，规模的扩大依赖强大的技术和资本支撑。不同的行业，规模经济效应是不一样的。相对于劳动密集型行业，资本密集型行业规模经济效应比较明显，技术密集型行业规模经济效益最突出。针对这些行业规模经济效应的差异，对我国传统饮料行业的要素结构进行适当调整，提高资本和技术要素的投入比重，适当降低劳动要素的投入比重，实现要素结构的优化，有助于规模经济效应的进一步实现。

理论上认为，引入外资能够有效缓解规模经济的发展瓶颈，是一国在短时间内扩大资本和技术存量的最为便捷的途径。为了实证检验外资引入的影响，本书选用凯夫斯（Caves）、布罗斯多姆（Blomstrom）和格罗伯曼（Globerman）的实证模型，模型表达式如下：

$$\text{Ln}(lp_{djt}) = \alpha + \beta_1 ci_{djt} + \beta_2 fs_{djt} + \beta_3 fdi_{jt} + \mu \tag{8.1}$$

其中，lp_{djt}表示t时期j行业内资企业的劳动生产率，ci_{djt}表示t时期j行业内资企业的资本密集度，fs_{djt}表示t时期j行业内资企业的销售规模，fdi_{jt}表示t时期j行业外资的数量。在劳动生产率的研究中，广泛采用的方法是测量

其增长速度。本书也采用这一方法构建半对数模型，同时按标准方法将因变量转为自然对数。

模型中的主要数据来自我国国家统计局的统计年鉴，有关销售额的数据来自国务院发展研究中心信息网站（国研网），有关劳动生产率、资本密集度和销售规模的数据按以下方式构建：劳动生产率数据以内资食品企业人均工业生产总值来测算，资本密集度数据以内资食品企业年度固定资产净值平均余额与年度从业人员平均人数的比值来测算，销售规模数据以内资食品企业的销售额和企业数量的比值来测算，外资数量以内资食品企业和外资食品企业的工业总产值之比来测算。由于饮料涉及国民经济行业分类中的农副食品加工、食品制造和饮料制造三个行业，故将其数据进行加总计算。

该模型主要用于检验资本及技术要素投入在供给优势提升中所发挥的重要作用。考虑到基于时间序列进行的实证研究，估计结论的有效性和一致性取决于模型变量的平稳性假设，需要对模型进行平稳性检验和协整检验，以排除虚假回归问题的存在。如表8-1所示，lnlp、ci、fs 和 fdi 的 ADF 检验结果表明，这些序列的二阶差分序列在10%的显著性水平上是平稳序列。

表8-1 单位根检验结果

	$\Delta lnlp$	Δci	Δfs	Δfdi
ADF 值	-3.673 091	-3.713 966	-4.865 823	-2.752 241
1%显著性水平	-4.803 492	-4.803 492	-4.803 492	-5.119 808
5%显著性水平	-3.403 313	-3.403 313	-3.403 313	-3.519 595
10%显著性水平	-2.841 819	-2.841 819	-2.841 819	-2.698 418

注：Δ 表示该序列为二阶差分序列。

进一步对是否存在协整关系进行检验，结果显示（如表8-2所示），残差序列的 ADF 值为-3.234 102，明显低于1%显著性水平下的临界值-2.886 101，说明这些时间序列之间存在协整关系，据此可以排除模型中虚假回归的存在。

表 8-2　单位根检验结果

	T 值
ADF 值	-3.234 102
1%显著性水平	-2.886 101
5%显著性水平	-1.995 865
10%显著性水平	-1.599 088

模型估计结果如表 8-3 所示，R^2 值大于 0.99，说明所建模型在整体上对样本数据的拟合度较好，对我国食品行业资本与技术变动的主要部分具有较高的解释力，ci、fs 和 fdi 三个解释变量均通过 1%的显著性水平检验，其中，ci 变量的系数估计值为 0.031 420，说明在 fs 和 fdi 不变的情况下，内资食品企业资本密集度每增加 1 个单位，劳动生产率就会提高 0.031 420 个单位，由此可见，资本密集度对内资食品行业劳动生产率水平的提高存在正向促进作用；fs 变量的系数估计值为-0.674 049，说明在 ci 和 fdi 不变的情况下，内资食品企业销售规模每增加 1 个单位，劳动生产率就会下降 0.674 049 个单位，由此可见，销售规模对内资食品行业劳动生产率水平的提高存在反向阻碍作用。

表 8-3　回归结果分析

	系数	T 值	显著性水平
ci	0.031 420	20.236 49	1%
fs	-0.674 049	-4.977 626	1%
fdi	6.192 019	6.581 268	1%
R^2 = 0.996 801		F = 623.2799	N = 10

fdi 变量是本模型关注的重点。理论上认为，fdi 对技术溢出具有积极作用，但其对我国食品行业劳动生产率的影响是否也是积极和显著的呢？在回归模型中，通过观察 t 统计值和被估计的系数可以发现，fdi 变量的系数估计值为 6.192 019，说明在 ci 和 fs 不变的情况下，外资数量每增加 1 个单位，内资食品企业的劳动生产率就会上升 6.192 019 个单位，由此可见，fdi 变量与

lp 变量之间存在积极和显著的联系。这一结论与大多数专家的研究结论相符合，即外国直接投资对资本输入国经济的增长具有积极的推动作用，外国直接投资的数量不仅对发达国家人均 GDP 的增长存在直接联系，对发展中国家也是如此，因此，吸引外国直接投资越多的国家，其经济增长的速度也越快。

综上所述，外资数量的增长，是我国内资食品行业劳动生产率提高的主要原因，内资食品企业的资本投入对劳动生产率提高的影响较小，内资食品企业销售规模的扩大只会对劳动生产率的提高产生反向的阻碍作用。分析原因，应当是外国直接投资在全球技术研发中占据了越来越重要的地位，正如伯仁斯坦（Borensztein）所说，外国直接投资是技术转让的重要手段，其对经济增长的贡献要高于国内投资。大量外资的引入，也为规模经济的实现提供了强大的技术和资本支撑。相比较而言，我国企业长期依赖的压低价格的简单、粗放、低层次竞争手段，虽然在短期内能扩大市场需求，提高产品销售数额，但同时也阻碍了我国企业技术进步和提高劳动生产率的步伐。

（三）投资激励制度是外资进入的重要决定因素

过去认为，影响外资进入的决定因素，是东道国的市场规模、基础设施、实际收入水平、资源的可用性以及政策的稳定性等，激励制度一直被忽略，甚至被贬低为东道国试图掩盖或抵补自身不足的烟雾弹，但新的研究却发现，投资激励制度已经变成国际投资流动的重要决定因素。国际投资领域，不论是发展中国家还是发达国家，都在积极吸引外资进入，竞相抛出更为优惠的激励政策，开展引资竞争。自 1993 年起，我国已成为全球最大的外资流入国。大量的外商直接投资涌入我国食品饮料行业，到 2008 年末，外商投资企业的资产总额已达 208.6 亿元，占据了整个行业资产的 40%。[1] 这些外资的大量流入为我国经济发展带来了充裕的资本要素，有效地改善了我国的要素禀赋现状，同时，也成为推动我国饮料行业技术进步的重要因素。但是结合外国直接投资的案例不难发现，为了确保经济发展所需要的资金和技术，我国不遗余力地吸引国际投资，这些投资虽然有效地促进了劳动生产率的增长，为我国带来的却似乎多为所谓的"过时技术"。跨国公司占据着世界科技的最前沿，其拥有的技术可以分成两种：高水平技术和"过时技术"。由于高水平

---

［1］ 根据国家统计局数据库计算所得。

技术决定着跨国公司的国际竞争优势,跨国公司一般将其牢牢控制在公司内部,很难通过技术外溢获取这种技术,直接引进的可能性更加小。相对而言,"过时技术"的技术水平较低,在发达国家已经过时或正在趋向过时,跨国公司对其的控制较为松动,愿意用这种技术去交换我国的市场,国内企业通过引进外资获取的主要是这种"过时技术"。有鉴于此,投资激励制度安排应根据我国工业化程度逐步提高的现实,设计相应的外资引进项目评估体系、改善投资环境政策、完善税收以及进出口等外资导入政策,鼓励拥有高水平技术的外资进入,通过最优的制度设计,尽可能地使拥有高水平技术的外资流入到最优生产部门,改善比较优势、带动产业发展,最大限度地发挥外资对规模经济和比较利益增进的促进作用。此外,投资激励制度安排还应支持外资进入后向规模化发展,具体方式包括制定行业指导政策、鼓励并购、提供财政金融方面的优惠等。行业指导政策的制定应以生产企业的评估和等级划分为基础,优先发展资本密集度高、规模效应明显的企业,可从土地、工商、进出口和环保等方面给予适当的优惠政策。同时,可结合放松反垄断管制的法律法规,支持具有规模经济效应的企业进行并购、扩大企业规模,降低企业内部成本。财政金融部门可对规模经济达到较高水平的企业给予税收优惠、财政贴息贷款、政策性贷款等优惠措施,实施税收规模递减化原则,使其拥有更多的资金,提高实现规模经济的积极性。

二、建构需求激励制度,改善需求市场导向

(一) 市场需求的优势

1. 市场需求是实现规模经济的基础

规模经济的实现形式有三种:一是先起步且发展较快的国家取得规模经济优势;二是同时起步的国家中,一国控制了较大的市场,取得规模经济;三是同时起步的国家相互协调,分别发展某种产品的生产,取得协议分工的规模经济。这三种实现形式中,第一种是一个自发的过程,强调把握起步的先机;第三种尽管可以避免资源的浪费,但却必须找到两国的利益平衡点,否则很难达成协议。相对而言,第二种实现形式对我国饮料行业较为可行。这时,规模经济的获得依靠的是市场的扩大,而市场的扩大是以需求的扩大为前提的,只有拥有了广阔的需求和市场,生产部门才可能进行大规模生产,

才可能提高生产效率，降低生产成本，实现规模经济。可见，市场需求是实现规模经济的基础，规模经济是依靠扩大需求来实现的。

2. 市场需求推动企业不断创新

与开拓市场需求强调需求"量"的方面不同，把握市场需求性质更看重需求"质"的方面。随着国内外市场需求的愈益饱和，过去依赖降低成本压低价格的做法，已经越来越难以适应激烈的市场竞争，厂商不得不走上加大创新力度、改善产品功能、研发新产品的创新推动之路。此时，谁能准确把握国内外市场需求的性质，谁就能掌握行业发展的动力，就能刺激企业不断改变和创新，直接催生比较利益的增进。竞争优势理论强调国内市场需求是催生国际竞争力的最重要的需求条件。基于此，我国饮料行业应及时把握国内市场需求的三个方面：一是具有特色的需求结构，国内市场具有特色的需求结构，往往与国际市场的主流需求相同，或者代表了国际市场的主流需求，把握了国内市场具有特色的需求结构，就容易获得比较优势；二是内行而挑剔的买主，内行买主对产品的挑剔，实质是对产品提出的更高要求，满足这些要求的过程就是追求更高质量、更完美设计和更优质服务努力的实现；三是预期性需求，也叫提早需求，就是国内市场领先其他国家对某种产品产生的需求，这种需求可能未来在各国也会出现，也可能会带动各国在未来产生同类需求，国内厂商如果比外国竞争者先研发并生产这种产品，就能获得比较优势。

一般情况下，市场需求的性质在发达国家比较优势的形成中作用较为显著，市场需求的规模在发展中国家比较优势的形成中作用较为显著。但随着我国人均收入水平的大幅提高，需求的多样化要求越来越强烈，对产品的异质性要求也越来越高，消费者的视野逐步转向国际市场，并开始用比较的眼光看待国内产品，决定消费选择，内行而挑剔的买主正在我国悄然形成，预期性需求也逐步显现。

（二）国内市场需求对比较利益增进的促进作用

扩大需求需要进一步开拓国内和国际市场。一般情况下，国内市场要比国际市场更容易开拓。波特在国家竞争优势理论中强调了国内市场需求的重要性，认为国内市场如果对某行业的产品需求广阔，就有利于该行业规模效应的形成。他主张参与国际贸易，应以满足国内市场需求为目的的规模化生

第八章 激励制度安排与比较利益增进

产为后盾，应以国内市场的充分消费和技术积累为基础。国内市场需求规模的迅速增长，能够激励厂商增加投资，扩大生产，获得规模经济，进而促进行业国际竞争力的形成。另一方面，国内市场在成长过程中提前出现饱和状态，厂商迫于国内市场利润丧失的压力，就会产生向外拓展的强烈意愿，以消化过剩的生产能力，维持企业的继续成长。此时，如果能够恰当把握国内市场饱和和国外市场需求展开的衔接时间，就能在外国竞争对手尚无力应对自身市场变化的情况下，取得占领国际市场的先机。

以墨西哥为例。虽然墨西哥领土面积只有我国的 1/5 左右，人口只有我国的 1/11 左右，但国内巨大的饮料消费市场却使墨西哥成功地进入世界饮料生产大国的行列。墨西哥号称世界第一大饮料消费市场，由于气候炎热和生活习惯影响，墨西哥饮料消费数量超过美国 40%，人均消费量为 163 升/年，而美国仅为 118 升/年。[1] 根据摩根公司的报告，墨西哥是继意大利之后世界上人均水消费量最大的国家，人均年消费 134 升，意大利是 158 升。[2] 墨西哥的果汁销量排全球第四位。由于许多地方碳酸饮料比水还便宜，墨西哥的碳酸饮料消费量也很高，年人均消费量达 178 升，与美国 190 升的年人均消费量相差无几。[3] 如此巨大的市场，吸引着饮料生产商在墨西哥大肆扩张，仅墨西哥国内生产商和品牌如果美乐（Jumex）和瓦尔雷东多（Valle Redondo）就占果汁行业 78% 的销量，[4] 百事可乐、达能和雀巢三家跨国公司占据了饮用水市场 34% 的份额。[5] 企业生产规模的迅速扩张，推动了规模效应的提升，根据联合国数据库计算显示，墨西哥软饮料及矿泉水生产的附加值非常高，2008 年墨西哥软饮料及矿泉水生产的附加值平均到单个企业为 4240 万美元，2010 年则达到 4699 万美元，分别是 2007 年我国单个企业附加

---

〔1〕 埃菲社：“墨西哥是全球第一大饮料消费市场”，载 http://bo.mofcom.gov.cn/aarticle/jmxw/201111/20111107810559.html，最后访问日期：2014 年 3 月 12 日。

〔2〕 "饮料巨头抢占墨西哥水市场"，载 http://news.pack.cn/qydt/gwqydt/2002-01/200213091516.shtml，最后访问日期：2014 年 3 月 1 日。

〔3〕 "墨西哥果汁及果汁饮料与碳酸饮料展开市场争夺战"，载 http://www.foodjx.com/news/detail/70465.html，最后访问日期：2014 年 3 月 12 日。

〔4〕 "墨西哥果汁及果汁饮料与碳酸饮料展开市场争夺战"，载 http://www.foodjx.com/news/detail/70465.html，最后访问日期：2014 年 3 月 12 日。

〔5〕 "饮料巨头抢占墨西哥水市场"，载 http://news.pack.cn/qydt/gwqydt/2002-01/200213091516.shtml，最后访问日期：2014 年 3 月 1 日。

值的7.15倍和7.93倍,远远超出法国、英国和德国600万~1000万美元的水平。墨西哥国内巨大的饮料消费市场使得比较利益的获取成为可能。

(三) 国际市场需求对比较利益增进的促进作用

理论上,国际市场需求对我国产品出口和比较利益增进具有最直接的决定作用。为了实证检验这一影响,本书以苹果汁饮料的出口为例,选取恒定市场份额模型(Constant Market Share,CMS),尝试从市场需求、结构等不同视角对影响我国饮料出口的因素进行比较和分析。CMS是国际上流行的贸易分析工具,该模型基于出口数据,借助数量关系,通过对影响出口增长的不同因素进行分解,说明需求、结构和竞争力的不同作用及变化趋势,能够有效地揭示影响一国出口变动的主要因素,因而被广泛地运用于对外贸易增长和出口产品竞争力的研究中。[1]

1. 模型构建

CMS模型是托斯扬斯克(Tysynski)于1951年首次提出的。[2] 该模型假定一国的国际竞争力保持不变,相应地该国在世界市场中的份额也应当保持不变。因而,模型根据原有份额推导出来的出口增长与实际出口增长之间的差额,一定是由竞争力变化所导致的。此外,CMS模型还将市场需求和结构因素从竞争力因素中分解出来,作为独立的变量予以量化和比较,对于揭示影响出口波动的主要原因具有重要的参考价值。

CMS模型提出后,学者们从分解对象、变量选择到分解层次,纷纷对其进行了不同程度的修正和完善,提出了各种形式的扩展模型。[3] 综合来看,这些模型主要有两种基本形式:一种是对贸易增长的绝对值进行分解,另一种是对市场份额的增长进行分解。现有研究多采用第一种形式。对于反映竞争力变量的选择,这些模型也有两种形式:一种采用的是贸易的增长率,另一种采用的是市场份额的变化。托斯扬斯克提出的经典模型采用的是第一种

---

[1] Bowen H., Pelzman J., "US Export Competitiveness: 1962-1977", *Applied Economics*, 16 (1984), pp. 461-473; Chen Kevin Z., Duan Yufeng, "Competitiveness of Canadian Agri-food Exports against Competitors in Asia: 1980-1997", *Journal of International Food & Agribusiness*, 1 (2001), pp. 1-10.

[2] Tyszynski M., "World Trade in Manufacturing Commodities 1899-1950", *Manchester School of Economic and Social Studies*, 19 (1951), pp. 272-304.

[3] Learner Edward E., Stern Robert M., *Quantitative International Economic*, New York: Aldiñe Transaction Publishers, 2006; Jempa C. J., *Extensions and Application Possibilities of the Constant Market Analysis: The Case of the Developing Countries' Exports*, Groningen: University of Groningen Press, 1986.

形式。CMS 模型对出口影响因素的分解是在三个层次进行的：

（1）单一层次分析。假定出口商品及去向是无差别的，出口被视为一种产品并出口到一个市场上，由此，可以得出如下恒等式：

$$v^t - v^0 = r^t v^t - r^0 v^0 = (r^0 + \Delta r)v^t - r^0 v^0 = r^0(v^t - v^0) + \Delta r v^t = r^0 \Delta v + \Delta r v^t \tag{8.2}$$

（8.2）式中，v 表示世界一种产品的出口总额，r 表示该国该产品出口额占世界该产品总出口额的比例，0、t 分别表示基期和报告期，Δ 表示基期到报告期的变化量。

该式将该产品的出口增长分解成两部分：一部分是世界该产品出口的一般增长效应（$r^0 \Delta v$），另一部分是未被解释的残差（$\Delta r v^t$），被称为竞争力效应。

（2）双层次分析。假定一国出口多品种产品到单一市场或出口单一产品到不同市场，以前一种情况为例，由此，可以得出如下恒等式：

$$v^t - v^0 = \sum_i r_i^t v_i^t - \sum_i r_i^0 v_i^0 = \sum_i (r_i^0 + \Delta r_i) v_i^t - \sum_i r_i^0 v_i^0 = \sum_i r_i^0 \Delta v_i + \sum_i \Delta r_i v_i^t$$
$$= r^0 \Delta v + (\sum_i r_i^0 \Delta v_i - r^0 \Delta v) + \sum_i \Delta r_i v_i^t \tag{8.3}$$

（8.3）式中 i 表示一国出口的产品的品种，其他符号同（1）式。

该式将一国的出口增长分解成三部分：第一部分是世界产品出口的一般增长效应（$r^0 \Delta v$），第二部分是该国出口产品的结构效应（$\sum_i r_i^0 \Delta v_i - r^0 \Delta v$），第三部分是未被解释的残差（$\sum_i \Delta r_i v_i^t$），被称为竞争力效应。

（3）三层次分析。假定一国出口不同产品到不同市场，由此，可以得出如下恒等式：

$$v^t - v^0 = \sum_i \sum_j r_{ij}^t v_{ij}^t - \sum_i \sum_j r_{ij}^0 v_{ij}^0 = \sum_i \sum_j (r_{ij}^0 + \Delta r_{ij}) v_{ij}^t - \sum_i \sum_j r_{ij}^0 v_{ij}^0$$
$$= \sum_i \sum_j r_{ij}^0 \Delta v_{ij} + \sum_i \sum_j \Delta r_{ij} v_{ij}^t$$

$$= r^0 \Delta v + \left(\sum_i r_i^0 \Delta v_i - r^0 \Delta v \right) + \left(\sum_i \sum_j r_{ij}^0 \Delta v_{ij} - \sum_i r_i^0 \Delta v_i \right) + \sum_i \sum_j \Delta r_{ij} v_{ij}^t \quad (8.4)$$

（8.4）式中，j 表示一国出口产品的市场，其他符号同（8.2）式和（8.3）式。

该式将一国的出口增长分解成四部分：第一部分是世界产品出口的一般增长效应（$r^0 \Delta v$），第二部分是该国出口的产品结构效应（$\sum_i r_i^0 \Delta v_i - r^0 \Delta v$），第三部分是该国产品出口的市场结构效应（$\sum_i \sum_j r_{ij}^0 \Delta v_{ij} - \sum_i r_i^0 \Delta v_i$），第四部分是未被解释的残差（$\sum_i \sum_j \Delta r_{ij} v_{ij}^t$），被称为竞争力效应。

上述修正遵循了 CMS 经典模型的构造原理，但仍在一定程度上存在某些因素分解缺乏对称性、含义模糊不清等不足。从对 CMS 经典模型的分解来看，解决这一问题的关键是，不仅要将市场结构效应同产品结构效应分离，还要进一步使残差项更准确地反映竞争力效应。[1] 基于此，本书以托斯扬斯克的经典模型为基础，结合已有研究对其作如下处理：

首先，选择贸易增长的绝对值作为对象进行分解。同时，考虑到市场份额作为相对量，能够更好地体现一国竞争力的实际变化，因此选择市场份额作为模型变量。

其次，将出口国的出口产品作单一化处理，即采用双层次分析方法，可以得到如下恒等式：

$$v^t - v^0 = \sum_j r_j^t v_j^t - \sum_j r_j^0 v_j^0 = \sum_j (r_j^0 + \Delta r_j) v_j^t - \sum_j r_j^0 v_j^0 = \sum_j r_j^0 \Delta v_j + \sum_j \Delta r_j v_j^t$$
$$= r^0 \Delta v + \left(\sum_j r_j^0 \Delta v_j - r^0 \Delta v \right) + \sum_j \Delta r_j v_j^t \quad (8.5)$$

再次，将竞争力效应（$\sum_j \Delta r_j v_j^t$）扩展如下：

---

[1] 夏晓平等："中国畜产食品出口波动的实证分析——基于需求、结构与竞争力的三维视角"，载《中国农村经济》2010 年第 10 期。

$$\sum_j \Delta r_j v_j^t = \sum_j \Delta r_j (v_j^0 + \Delta v_j) = \sum_j \Delta r_j v_j^0 + \sum_j \Delta r_j \Delta v_j$$
$$= \Delta r v_0 + \left(\sum_j \Delta r_j v_j^0 - \Delta r v_0 \right) + \sum_j \Delta r_j \Delta v_j \tag{8.6}$$

最后，将（8.5）式代入（8.6）式，就可得到单一产品不同市场的扩展模型如下：

$$v^t - v^0 = \sum_j r_j^t v_j^t - \sum_j r_j^0 v_j^0 = \sum_j (r_j^0 + \Delta r_j) v_j^t - \sum_j r_j^0 v_j^0 = \sum_j r_j^0 \Delta v_j + \sum_j \Delta r_j v_j^t$$
$$= r^0 \Delta v + \left(\sum_j r_j^0 \Delta v_j - r^0 \Delta v \right) + \sum_j \Delta r_j v_j^t$$
$$= r^0 \Delta v + \left(\sum_j r_j^0 \Delta v_j - r^0 \Delta v \right) + \Delta r v_0 + \left(\sum_j \Delta r_j v_j^0 - \Delta r v_0 \right) + \sum_j \Delta r_j \Delta v_j \tag{8.7}$$

修正后的 CMS 模型不仅从结构效应中分解出市场结构效应，还从残差项中分解出综合竞争力、市场竞争力和结构与竞争的交叉效应，有效地改进了已有模型指标分解不对称、含义不清晰的缺点，对结构效应和竞争力效应的衡量更加精确，较大程度地提高了模型的解释力和可操作性。修正后的模型将出口增长归因于五个效应：等号右端第一项（$r^0 \Delta v$）为市场需求效应，表示世界总需求变动对一国出口的影响；第二项（$\sum_j r_j^0 \Delta v_j - r^0 \Delta v$）为市场结构效应，表示一国出口市场分布与进口需求增长较快市场之间的匹配程度，如一国出口集中在进口需求增长较快的市场，则为正值，如一国出口集中在进口需求增长停滞的市场，则为负值；第三项（$\Delta r v_0$）为综合竞争力，反映整体产品出口份额的增长对出口增长的贡献度；第四项（$\sum_j \Delta r_j v_j^0 - \Delta r v_0$）为市场竞争力，反映特定市场出口份额的增长对出口增长的贡献度；第五项（$\sum_j \Delta r_j \Delta v_j$）为交叉效应，反映某产品在不同市场的出口竞争力变动与目标市场需求变动对一国出口增长的交互影响，如一国在那些进口规模扩大了的市场上的市场份额有所提高，则为正值，反之为负值。

2. 研究范围的选取和数据特征分析

在众多的饮料中，苹果汁由于口味香甜，营养丰富，价格仅为橙汁的 1/3，国外 90% 的饮料生产厂商将苹果汁作为饮料的基础配料，用于饮料生产的勾兑和调味，或者用于果酒酿制以及化妆品和药品的添加剂，由此决定了苹果汁行业的市场发展前景极为广阔。此外，随着各国收入水平的逐步提高，健康饮食观念深入人心，推动了全球对果蔬汁等非碳酸饮料的强劲需求。2011年我国出口的饮料中，果蔬汁占据了近40%的份额，其中，有近90%的份额是依靠苹果汁出口实现的。[1] 基于苹果汁出口在我国饮料出口中占有举足轻重的地位，研究苹果汁出口的变动情况，有助于准确把握影响我国饮料比较利益增进的主要因素。

（1）我国苹果汁出口规模变化。自20世纪90年代初进入国际市场以来，我国苹果汁出口平稳增长。1992—2000年出口额年均增长率为57.82%，比同期进口年均增长率高出了29个百分点。2000年我国苹果汁出口额已达1.16亿美元，约占全球苹果汁出口总额的10%，跃居世界第二位；2001年超过德国，成为全球最大的苹果汁出口国。加入WTO后，我国苹果汁出口在短期内得到迅速提升，2002—2007年出口额年均增长率在较高的基础上仍达到48.36%的水平，占全球苹果汁出口市场的份额从17%上升到43.8%。但进入2008年后，我国苹果汁出口额出现较大的负增长，2007—2009年平均降幅达27.41%，占全球苹果汁出口市场的份额下降到32.7%。2009—2011年我国苹果汁出口额出现回升，年均增长率恢复到28.43%的水平，但在全球苹果汁市场的份额却延续了2007—2009年的趋势，维持在36%以下的较低水平（见图8-1）。基于以上分析，本书将研究时间的范围确定为2000—2011年。同时根据我国苹果汁出口波动的特征，将其划分成四个阶段进行比较。其中，2000—2002年为第一阶段，是我国苹果汁出口的平稳增长期；2002—2007年为第二阶段，是我国苹果汁出口的快速增长期；2007—2009年为第三阶段，是我国苹果汁出口的下降期；2009—2011年为第四阶段，是我国苹果汁出口的上升期。研究数据均来自联合国商品贸易数据库，采用SITC分类法，编码为05994。

---

[1] 数据来源：根据联合国数据库计算所得。

第八章　激励制度安排与比较利益增进

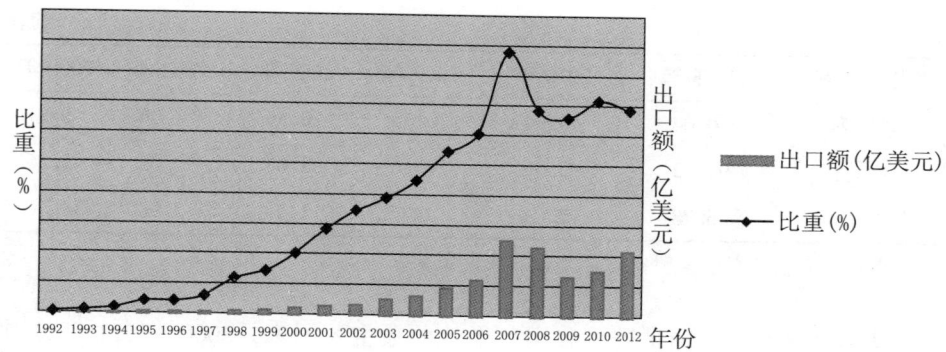

图 8-1　我国苹果汁出口变动趋势图

资料来源：根据联合国商品贸易数据库数据整理。

（2）我国苹果汁出口市场分布变化。从整体来看，我国苹果汁出口市场主要集中在美国、俄罗斯、日本、荷兰、德国、澳大利亚、南非、加拿大、沙特、以色列等国家。2000—2011 年我国每年对这十个国家的苹果汁总出口额占我国苹果汁出口总额的比例均接近或超过 90%（见表 8-4），处于高度集中的状态。因此，本书选取这十个国家作为样本市场具有较强的代表性，其余国家合并为其他市场进行分析。

表 8-4　我国苹果汁出口市场分布情况（2007—2011）

单位：%

出口市场	2011 年	2010 年	2009 年	2007 年	2002 年	2000 年
美　国	45.50	49.69	48.64	36.03	33.17	29.69
俄罗斯	9.45	8.95	6.08	11.35	7.44	2.76
日　本	9.25	7.83	10.49	9.09	18.11	15.01
荷　兰	8.48	7.14	5.67	12.75	10.06	15.71
德　国	5.61	5.35	7.76	10.10	8.54	6.23
澳大利亚	4.95	4.20	4.22	3.28	5.96	7.62
南　非	4.33	3.63	4.42	1.96	1.12	3.40
加拿大	4.00	5.02	5.35	3.07	6.22	4.88
沙　特	1.01	0.51	0.42	0.45	0.34	0.18

续表

出口市场	2011年	2010年	2009年	2007年	2002年	2000年
以色列	0.64	0.64	0.55	0.56	1.06	0.37
合 计	93.22	92.96	93.6	88.64	92.02	85.85
其他市场	6.78	7.04	6.4	11.36	7.98	14.16

资料来源：根据联合国商品贸易数据库数据计算所得。

从地区来看，美国是进口我国苹果汁的最主要国家，2000—2011年美国一直占据我国苹果汁最大出口目标市场的地位，2000年美国市场占当年我国苹果汁出口总额的比例为29.69%，2011年这一比例则上升到45.5%，最高时曾接近于50%（见表8-4），这表明我国苹果汁出口目标市场集中度呈现出明显的集中趋势。近年来，我国致力于新兴市场的开拓，对俄罗斯的苹果汁出口增长较快，俄罗斯已超过日本，成为我国苹果汁的第二大出口目标市场；此外，沙特等新兴市场的份额也在迅速增加。

3. 我国苹果汁出口变动影响因素分解

基于CMS模型对影响我国苹果汁出口变动的因素进行分解，得出如下结果（见表8-5）：

表8-5 我国苹果汁出口变动影响因素分解结果

绝对额（百万美元）贡献率（%）

影响因素	2000—2011年		2000—2002年		2002—2007年		2007—2009年		2009—2011年	
	绝对额	贡献率	绝对额	贡献率	绝对额	贡献率	绝对额	贡献率	绝对额	贡献率
出口实际变化	964	100	57	100	1067	100	-586	100	426	100
市场需求效应	202	21	-15	-26	316	30	-372	63	382	90
市场结构效应	68	7	-4	-8	33	3	103	-17	10	2
竞争力效应	694	72	76	134	718	67	-317	54	35	8
综合竞争力效应	279	29	82	144	267	25	-309	53	28	7

续表

影响因素	2000—2011年		2000—2002年		2002—2007年		2007—2009年		2009—2011年	
	绝对额	贡献率	绝对额	贡献率	绝对额	贡献率	绝对额	贡献率	绝对额	贡献率
市场竞争力效应	-19	-2	7	13	5	0	-88	15	-7	-2
交叉效应	434	45	-13	-23	446	42	80	-14	14	3

（1）市场需求因素。从模型分析结果来看，国际市场的需求规模直接影响到我国苹果汁出口的增长。2000—2011年，全球苹果汁进口从11.5亿美元增长到31.5亿美元，12年时间国际市场需求增加了约20亿美元，年均增长率达9.59%（见表8-6）。国际苹果汁市场规模的扩大，从总体上推动了我国苹果汁出口的快速增长，为我国苹果汁出口增长带来了2.02亿美元的增加额，贡献率达21%。比较四个阶段中市场需求效应的变化，可以看出市场需求因素对我国苹果汁出口增长的贡献率呈现迅速增加的趋势，在第一阶段，由于我国苹果汁出口的主要市场——美国对我国发起反倾销调查，国际市场需求对我国苹果汁出口产生的是逆向抑制作用，影响率达21%；第二阶段受我国加入WTO影响，市场需求效应转化为正向促进作用，对我国苹果汁出口增长的贡献率增加到30%；第三阶段受国际金融危机的不利影响，国际市场需求大幅萎缩，导致我国苹果汁出口减少了3.72亿美元，影响率达73%；到第四阶段时，市场需求的贡献率则高达90%，成为影响我国苹果汁出口增长的最主要因素。同时，市场需求效应的变动趋势也从另一个角度说明了，我国苹果汁出口过于依赖整个世界进口规模的扩大，面对国际市场需求变化的应变能力亟待提升。

表8-6 我国与世界苹果汁进出口规模变动

单位：%

年均增长率	2000—2011年	2000—2002年	2002—2007年	2007—2009年	2009—2011年
中国出口	22.46	21.94	48.36	-27.41	28.43
世界进口	9.59	-6.60	23.11	-16.27	25.80

数据来源：根据联合国商品贸易数据库数据计算所得。

（2）市场结构因素。从模型的分析结果来看，四个阶段的市场结构效应均为正值，说明我国苹果汁出口满足了进口需求增长较快的目标市场的需求。从全球苹果汁进口市场的历史变动分析，苹果汁进口年均增长率接近或超过全球年均增长率的国家分别为美国、俄罗斯、沙特、南非、澳大利亚、加拿大、以色列、荷兰和德国等。对照我国苹果汁出口市场分布，这些国家正好也是2008—2011年我国苹果汁出口比重最高的前十五位国家，因而市场结构因素能够从总体上促进了我国苹果汁出口的增长。但根据模型分析结果，市场结构因素对我国苹果汁出口增长的贡献率并不高，总体上处于7%的水平，说明尽管我国苹果汁出口市场结构合理，使我国苹果汁出口总体上增加了0.68亿美元，但市场结构因素的影响不够显著，对我国苹果汁出口增长的助推作用有限。分析原因，主要是我国对增长较快的市场开拓不够，我国苹果汁出口市场过于集中，仅美国一国占据的市场份额最高时就达到近50%，造成我国苹果汁出口市场竞争力不足。随着国际市场的不断变化，我国苹果汁出口市场分布仍需进一步优化，目标市场范围还有待扩大。

比较四个阶段市场结构因素对我国苹果汁出口的影响可以看出，市场结构效应由第一阶段的逆向抑制作用转变为后三阶段的正向促进作用。在第一阶段，市场结构的抑制作用使我国苹果汁出口减少了0.04亿美元，但在第二阶段、第三阶段和第四阶段，市场结构的促进作用为我国苹果汁出口分别带来了0.33亿美元、1.03亿美元和0.1亿美元的增长额。特别是面对2008年金融危机冲击时，全球经济萎靡不振，苹果汁进口需求大幅萎缩，我国苹果汁出口却能较好地适应世界市场的变化，为我国苹果汁出口带来1.03亿美元的增加额，贡献率达到17%。市场结构效应的变化趋势说明，我国苹果汁出口的市场结构正在逐步向合理化方向调整，对我国苹果汁出口的正向促进作用正逐渐显现。

（3）竞争力因素。与市场需求效应迅速增长相反，竞争力因素对我国苹果汁出口增长的作用强度呈现显著的下降态势。在第一阶段，竞争力作为影响我国苹果汁出口增长的最主要因素，为我国苹果汁出口带来了0.76亿美元的增加额，贡献率高达134%，说明我国苹果汁具有较强的竞争力。但在进入第二阶段后，竞争力因素对我国苹果汁出口增长的贡献率迅速下降到67%。到第三阶段，竞争力效应由正向促进作用转变为逆向抑制作用，导致我国苹果汁出口减少了3.17亿美元。第四阶段竞争力效应虽然回升为正向促进作用，但为我国苹果汁出口带来的增长额仅为 0.35 亿美元，贡献率只有 8%。这说明，相对于快速增长的市场需求效应，我国苹果汁出口的竞争优势正在迅速丧失。

再对竞争力效应进一步分解可以看出，综合竞争力、市场竞争力和交叉效应对我国苹果汁出口增长的贡献率都有所下降。综合竞争力效应和市场竞争力效应在第一阶段和第二阶段均表现为正向促进作用，到第三阶段时转变为逆向抑制作用，第四阶段虽有回升，但幅度较小，贡献率分别由第一阶段的 144%、13% 下降到 7%、2%，降低了 137 和 11 个百分点。这说明我国苹果汁整体出口份额和在特定市场的出口份额迅速下滑，综合竞争力和市场竞争力急剧下降，严重影响甚至阻碍了我国苹果汁出口应有的增长。交叉效应在后三阶段虽然都表现为正向促进作用，但贡献率却由第二阶段的 42% 下降到第四阶段的 3%，降低了 39 个百分点。反映出我国苹果汁出口市场份额，未能紧随目标市场进口需求的变化及时作出相应调整，在那些进口规模扩大了的市场，市场份额还有待提高。

综上所述，当前影响我国苹果汁比较利益的最主要因素是需求因素。市场需求规模和结构是需求效应的集中体现，其中国际市场需求是最主要的拉动力量。相对于快速增长的市场需求效应，市场结构逐步合理化对我国苹果汁出口的正向促进作用正逐渐显现，竞争力因素对我国苹果汁出口增长的作用强度总体上呈现显著的下降态势。

(四) 需求激励制度对市场需求导向的改善

1. 传统国际市场需求渐趋饱和下的激励制度

如表 8-7 所示，我国国内市场虽然庞大，但长期以来受收入水平和消费偏好等因素的影响，对饮料的需求不足，限制了饮料行业的生产规模，部分饮料行业不得不以国际市场为主、国内市场为辅，我国 90% 以上的浓缩苹果汁出口国际市场，以美国、加拿大、欧盟、日本为主。从国际市场来看，我国传统饮料出口市场需求正在呈现饱和趋势。美国是我国最重要的饮料出口市场，我国 50% 左右的苹果汁、10% 左右的茶、7% 左右的咖啡、2% 左右的其他饮料都出口到美国[1]，美国的实际总需求近年来增长缓慢，2005—2019 年

---

[1] 数据来源：根据联合国数据库计算所得。

间美国实际总需求的年增幅最高为 3.6%，受金融危机的影响，2011 年需求增幅仅为 1.5%，2012 年后逐渐恢复小幅增长，但波动仍然较大。德国是我国咖啡和可可的主要出口市场，我国 35% 左右的咖啡和 15% 左右的可可均出口到德国，但是德国的实际总需求波动较大，2005—2019 年间年增幅最高为 2.9%，最低为-0.8，近几年实际需求增长稳定在 2% 以上。荷兰是我国可可出口的主要市场，我国 22% 左右的可可出口到荷兰，近年来荷兰实际总需求呈现相对稳定的小幅增长趋势，2016 年以前荷兰实际总需求的年增幅波动较大，最高时达到 6.6%，最低时达到-2.2%。日本也是我国传统的饮料出口市场，我国 11% 左右的苹果汁、6% 左右的茶、1% 左右的其他饮料均出口到日本，但一直以来日本的实际总需求增长缓慢，并存在小幅波动，2005 年实际总需求增幅仅为 1.4%，2010 年达到 2.4%，2011 年又跌至 0.7%，之后延续了这一小幅波动趋势。有鉴于此，在制度安排上，应当克服对美国等出口市场需求过度依赖的弊端，努力推进出口市场的多元化，加大国际市场营销力度，积极开拓海外市场，特别是增长潜力巨大的东欧、中东、太平洋地区等新兴市场。同时，结合市场细分化原理，及时掌握市场需求变动规律，对不同的市场根据特点进行区分，形成若干子市场，运用差异化市场策略，准确定位目标市场。

表 8-7　主要国家国内实际总需求情况（与上一年度比较）

单位:%

国家	2005	2010	2011	2012	2013	2014	2015	2016	2017	2018	2019
土耳其	12.2	13.3	10.1	1.9	9.9	2.7	4.6	4.2	5.7	1.4	-3.0
智利	11.7	13.9	9.8	7.5	4.1	-0.4	2.7	1.5	3.3	5.2	3.3
韩国	3.8	8.3	3.0	0.7	1.4	3.0	3.9	3.8	5.1	1.6	2.1
日本	1.4	2.4	0.7	2.3	2.4	0.4	1.0	0.4	1.2	0.8	1.0
墨西哥	2.8	4.2	4.0	3.1	0.9	2.1	3.0	2.8	1.7	2.4	1.9
加拿大	5.0	5.3	2.2	2.1	3.4	1.8	0.1	0.8	3.8	2.6	2.1
美国	3.6	3.0	1.5	2.2	1.6	2.6	3.6	1.8	2.5	3.0	3.2
瑞士	4.2	-0.6	3.9	-1.4	-0.7	2.7	2.2	0.3	1.5	1.7	2.6
英国	3.1	2.4	0.1	1.9	2.5	3.4	2.7	2.5	1.2	1.0	1.1

续表

国家	2005	2010	2011	2012	2013	2014	2015	2016	2017	2018	2019
德国	0.3	2.9	3.0	-0.8	1.0	1.6	1.4	2.9	2.2	2.0	2.2
澳大利亚	4.2	4.1	5.0	4.2	0.4	0.9	1.3	1.9	3.0	3.1	2.7
法国	2.3	1.9	2.2	-0.4	0.7	1.5	1.5	1.6	2.2	1.1	1.5
波兰	2.4	4.2	4.2	-0.4	-0.6	4.7	3.3	2.3	4.9	5.7	4.5
荷兰	1.6	-0.1	0.3	-2.2	-0.6	0.1	6.6	-0.8	2.3	2.8	2.2
中国	9.2	8.8	9.6	8.1	8.0	8.3	8.3	7.7	6.0	7.1	6.3

2. 国内市场需求快速增长下的激励制度

在经济社会中，因信息不对称、商品流通困难等多种因素的影响，产品和生产能力存在一定程度"过剩"是必然的，也是合理的。近年来，受国际金融危机的影响，国际市场对饮料的需求受到较大的影响，一定程度上加剧了经济的"过剩"现象，出现供过于求的现象。一般认为，走出这种"过剩"经济的根本对策，就是想方设法扩张有效需求。同时，考虑到国际贸易是不同国家或地区之间的商品、服务和要素的交换，是不同国家或地区之间互通有无的活动。在互通有无的过程中，一国或地区需要向国外市场进口国内短缺产品，或者向国外出口过剩产品，以缓解国内市场供求的矛盾。此时，国内和国外市场已经融合成为一个供需紧密相关的大市场，共同对国际贸易发挥着重要的推动作用。因此有效需求的扩张，应当将国际市场和国内市场结合起来。一般情况下，国内市场的开拓要比国际市场更容易实现。随着产品所面临的国内市场不断扩大，需求不断增加，就会刺激饮料行业增加投资、不断扩大生产规模，产品单位成本逐步降低，比较优势将更为突出，为进一步扩大国际市场、增进比较利益提供了有力支撑。从这一角度可以说，"内贸"是"外贸"的基础。

我国人口众多，近年来国内人均收入水平迅速提升，内需市场快速增长，饮料年需求量不断上升，苹果汁的需求由五年前的不足5万吨增长至当前的10万吨，[2] 国内饮料需求市场潜力巨大，为我国饮料行业实现大规模生产提供了有力的支撑。受国内市场的刺激，我国饮料产量大幅增加，单位产品的

---

[2] 资料来源：商务部《中国浓缩苹果汁出口质量安全手册》。

生产成本也将递减，比较优势更加突出。在此背景下，制度安排应在稳定传统市场的同时，积极开发巨大的国内市场需求，改善市场消费性质，为比较利益增进找到新的增长点。具体制度设计包括：

  首先，应积极推动政府采购制度的建设，完善相关法律，明确采购的主体、对象、标准以及相关责任，加大国内采购的力度和范围，同时，基于对国内市场需求性质的改善和引导，优先选择特定领域，颁布采购目录或清单，有效弥补市场机制的不足，并构建政府采购信息网络，便于信息的及时公开与更新，扩大政府采购对市场需求的引导示范效应，促进特定消费理念与消费行为的实现与升级。其次，完善各类消费认证体系，积极推进科学论证，严格管理各种认证标志，便于消费者更好地识别产品、购买产品，督促企业按照相关标准进行生产，为消费者提供与标志相符的合格产品，引导消费者消费需求的升级和发展。此外，税收政策在引导消费方面也具有不容置疑的地位和作用，比如，消费税虽然一般针对奢侈品、高档娱乐等特定消费行为征收，但对于普通的日常生活必需品以及生产资料，基于引导消费方向、调整消费结构的需要，也可以将其纳入到消费税的征收范围之内。再如，个人所得税直接关系到消费者的收入水平和消费水平，适当提高个税起征点、降低税率，能够对市场需求起到有效的激励作用。

三、完善科技激励制度，提升产品技术密集度

（一）技术密集度对比较利益增进的重要意义

1. 技术密集度决定了产品的差异化程度

  产品差异化是产品技术密集度的重要体现，这是因为，产品的差异化往往体现了产品在核心层次上的技术创新。产品差异化是巩固和扩大市场占有率、增进比较利益的重要因素。满足消费者偏好的差异化产品可以凭借其产品差异优势，扩大市场占有率，并以高价出售产品，获得超额利润。与需求偏好的多样化相适应，产品的种类也是多样化的，这被称为产品的差异化。差异化产品往往只能由一个或少数几个企业生产，该企业就有可能通过控制产品的市场逐步扩大自己的生产规模，降低成本，取得价格优势，实现比较利益的增进。产品的差异化一般可分为水平差异、垂直差异和技术差异三种。其中，水平差异指的是产品外观、品牌、原产地、售后服务、广告宣传等方

面的差别，垂直差异指的是产品质量的差别，技术差异指的是产品部分核心特征经技术调整后形成的差别。水平差异性产品往往在核心特征上完全相同，相互替代性较强，价格差距不大。垂直差异性产品由于存在质量差别，价格水平各不相同。技术差异性产品使用新技术改变了部分核心特征，价格提升的空间也随之打开。可见，垂直差异性产品和技术差异性产品由于其显著的质量和技术差别，能够较好地满足消费者对需求多样化的要求，从而为我国饮料比较利益的增进提供了一条重要途径。

2. 技术密集度决定了企业的定价能力

商品自身价格和需求的变动一般呈反方向变化。由此，压低价格似乎就成为对付竞争对手和争取购买方的最有效手段。但价格在影响需求的同时，也会受到市场供求规律的反作用。压低价格在短期内可能会扩大市场需求，长期持续下去却会使整个行业的利润水平低于社会平均利润率，导致整个行业的萎缩；购买方也会产生持币待购心理，停止购买行为以等待更低的价格。可见，压低价格只是一种简单、粗放、低层次的竞争手段，由此获得的低层次成本竞争优势并不稳定，也较容易丧失。企业单凭成本一项优势就在产业中称霸的时代已经过去，通过技术创新、产品升级、过硬的质量、良好的服务，才能使行业利润率高出社会平均利润率，实现比较利益的增进。因此，产品的技术密集度决定了企业的定价能力，也决定了比较利益的增进能力。

3. 技术密集度有利于向全球产业链高端环节的推进

基于林毅夫等对比较优势理论的拓展，当前决定比较优势的主要因素不再是要素价格等成本因素。在全球产业链分工体系中所处的环节，以及企业对利润的控制，正在成为决定比较优势乃至比较利益的重中之重。在全球产业链的高端环节中，规模效应非常明显，行业的进入壁垒较高，产品以技术密集型为主，技术含量较高，产品差异性突出。我国饮料生产在国际分工中处于产业链的中低端，产品主要用于高端饮料和食品等的原料，附加值低，分享的产业利润少，在国际竞争中只能长期依赖价格优势，以量取胜，极易招致他国的贸易制裁，影响比较利益的增进。以量取胜的贸易策略，还容易形成"顺差在我国，利益在进口国"的不利局面。因此，变以量取胜为以质取胜，由传统的粗放型、数量型经营模式向高质量、深加工方向转化，积极开发新产品，提高产品技术密集度，扩大产品差异化程度，将贸易摩擦的可能性降到最低，对于比较利益增进无疑具有重要意义。

（二）技术密集度决定了我国的比较利益增进之路

吴敬琏曾指出，当前中国经济发展中存在的不平衡、不协调、不可持续等问题，很难依靠政府短期政策加以解决，转变经济发展方式是唯一可靠的出路，而转变经济发展方式就是，从以投资和出口驱动的粗放增长模式为主，转向以技术进步和效率提高驱动的集约增长模式为主，简单说，就是提高知识和技术含量，提高附加值。需要注意的是，把产业提升等同于搞"高、精、尖"项目的观点其实是一种误解，里根担任美国总统时也曾讨论过类似问题：是不是一定要搞芯片才叫高技术，才叫有利的、有效的技术？当时总统经济顾问委员会主席的回答是："不管是土豆片，还是硅芯片，都是片。只要能赚钱，就是好片。"基于此，一国经济增长的重心应当放在产品附加值的提高上，即使是传统的劳动密集型行业，也可能通过资本和创新投入的增加，不断提高知识和技术含量，发展差异化产品，实现向高附加值的转变。

以苹果汁为例，作为差异化产品的主要来源，安全与高品质原料果的栽培已经得到各国的广泛认可和实施。阿根廷早在1995年就已设立"阿根廷有机农业运动"组织，开始致力于有机农业的发展和有机农产品的出口。1998年在马德普拉塔召开的国际有机农业运动联盟世界大会，把阿根廷的有机农业推上了世界水平。智利则依赖其独特的地形特征，以及冬季严寒多雨和夏季炎热干燥的气候特点，为其苹果生产构筑了一道免受外来病虫害侵扰的天然屏障，降低其对农药的依赖，同时智利苹果汁生产商与种植户直接签订协议，确保高酸度苹果的收购，从而为智利苹果汁在国际市场赢得了良好声誉，为打开国际苹果汁高端市场提供了充分保障。相比较而言，国外先进国家加工品种一般在50%以上，而我国苹果90%以上却是鲜食品种，[3] 只有青苹、国光、红玉和金冠等少量品种适用于苹果深加工，加工专用品质的种植尚未形成规模，苹果汁加工不得不以鲜食品种为主要原料，导致出口苹果汁往往因酸度低而沦为低品质和低价位的低端产品。同时受我国传统的分散经营模式影响，原料果安全种植新技术和优良品种难以推广，不合理使用农药的现

---

[3] 周卫国、杨海燕："国内外苹果生产加工和贸易状况"，载《西北园艺》2004年第10期。

象较为普遍，生产厂家长期满足于低层次、低附加值产品的出口，产品技术含量不高，加工环节少，在国际分工中往往处于产业链的中低端，产品主要用于饮料、食品等的原料，缺乏对利润更高的差异化产品市场的探索，在国际品牌中的层次普遍较低，使得我国先天的比较优势难以充分发挥。有鉴于此，提升产品技术含量，推动我国传统饮料加工产业的技术改造，运用高科技积极开发保健饮料、美容饮料等深加工产品，拉长产业链条，抢占附加值更高的环节，塑造国际知名品牌，才是最符合我国当前国情的比较利益增进之路。

（三）提升技术密集度的科技激励制度

饮料作为快速消费品，受消费者的个人偏好影响较大，对产品的差异性要求较高。因此，注重产品技术密集度的提升，推动企业向全球产业链的高端环节攀升，对于比较利益的增进具有重要意义。

提升产品技术密集度的制度设计，应充分关注创新主体的现实需求和创新动机，最大限度地将创新能动性转换成创新主动性，建设能够帮助创新成果实现商业利益的市场，以市场需求带动技术创新，推动创新成果转化为现实生产力。

首先，将创新主体锁定在以企业为主的市场主体，作为市场活动的直接参与者，企业最清楚市场需要什么样的技术，什么样的技术才能最有效地实现商业利益。迫于市场竞争的压力，企业具有技术创新的天然动机。制度安排应当区分不同类型企业在技术创新中的不同作用，有针对性地给予补贴、税收优惠和研发资助等政策支持，激发其创新积极性。可以将大型企业作为本行业的创新骨干，支持其承担国家重大科技攻关任务，形成创新集群；将中小企业作为创新活动的积极分子和新鲜血液，充分发挥创新模式的独特性，以应对技术路线的多样变化；将龙头企业作为核心，协同行业创新，构建适应市场运行机制的技术创新系统。

其次，在风险投融资制度建设方面，可以分别从银行信贷和风险投资两方面入手进行制度安排。目前，国家财政拨款支持的主要是基础研究和少量重大科技项目，大多数创新基金还需企业自筹。通过政策性银行或经授权的商业银行提供低息或无息贷款，能够为创新主体解决筹资问题提供重要保障。鉴于银行贷款需要担保，可以鼓励和吸引商业担保机构、互助性质的担保基金参与进来,并给予一定的政策优惠,为创新主体疏通融资渠道。技术创新的高风险、高利润吸引了风险投资的进入,正是因为有了风险投资机制的强有力支持,美国的硅谷才会出现微软这类现代计算机行业的领军企业。在芬兰的创新体系中,风险投资也发挥了非常重要的作用。芬兰政府在风险投资领域,主要以建立种子基金和发动启动资金的形式,向处于启动阶段,并且具有创新能力的高技术企业和中小企业投资,资金来源于地方政府、银行和企业。若投资失败,大部分损失由政府承担。这一体系有效保障了风险投资行业的繁荣与稳定运行。[4] 借鉴国外经验,我国的风险投资机制还需加强制度建设,完善风险投资的进入和退出规则,明确风险投资原则,拓宽股权融资、项目融资、债券融资等风险投资方式,健全监督管理体系,充分发挥其对创新的激励推动作用。

此外,在创新成果转化方面,也有必要建立创新技术信息网络,及时向社会发布最新的科技成果,为科技成果成功转化和共享搭建服务平台,提升技术创新的应用和扩散能力。

四、辅以要素效率提升的要求,完善教育激励制度

要素效率是一个质量概念,要素效率的提升意味着要素质量的提高和技术水平的进步。要素效率提升促进比较利益增进的典型例证是人力资本要素的产生。人力资本是与物质资本相对应的概念,是通过职业教育、技术培训等方面的投入,提高劳动力技能所形成的新的要素形式,具有边际生产率高、边际收益不会递减等特征,因此,人力资本的增加就意味着要素效率的提高。当前,在科技进步越来越成为经济发展的强大推动力的背景下,人力资本凭借其显著的"知识效应",直接或间接地提高了要素的生产率,在生产函数中发挥着决定性作用。

要素效率的提升对要素存量和结构的改善也能起到有效的促进作用。同样以人力资本为例,虽然要素的国际流动使各国能够在世界范围内吸收和组合各种要素,以弥补本国要素禀赋的不足,但引进的要素还需要一个消化和吸收的过程。在科学技术迅猛发展的今天,这种消化和吸收过程对要素效率

---

〔4〕 张江雪:《基于绿色经济的中国技术创新绩效研究》,经济日报出版社2015年版,第163页。

提出了更高的要求。人力资本由于接受过职业教育和技术培训等方面的投入，能够有效地吸纳引进的国际资本和先进技术，并利用这些资本和技术改造传统饮料产业，推动经济更快发展。可见，要素效率的提升是突破国家界限，实现要素跨国流动，促进要素存量和结构进一步提升，进而实现比较利益增进的关键所在。

要素效率的提升能够产生边际收益递增的效应。借助要素的国际间流动等途径改善本国的要素存量和要素结构，是增进比较利益的比较简便的方法，在国际贸易实践中为各国广泛推崇。但根据规模收益递减规律，在技术条件不变的情况下，即在要素质量不变的条件下，要素数量的增加最终会导致边际收益率的下降。可见，仅仅依靠要素存量的改善来增进比较利益是不够的。与要素存量的边际收益递减不同，要素效率的提高能够产生边际收益递增的效应，能够有效消除资本、劳动力等的边际收益递减问题，更有力地促进比较利益的增进。

波特在国家竞争优势理论中也曾对要素效率进行了论述，他将生产要素分成五大项：自然资源、人力资源、知识资源、资本资源和基础设施。这些生产要素按等级划分，可分为基本要素和高级要素；按用途划分，可分为通用要素和专门要素。其中，基本要素指一国先天拥有或花较小代价即可获得的要素，如矿产资源、环境气候、非熟练和半熟练劳动力等；高级要素指需要投资才能创造出来的要素，如设备、技术、工程师等；通用要素指一般国家都可以拥有的要素，如非熟练和半熟练劳动力；专门要素指一国独有而其他国家往往没有的要素，如熟练的高技术劳工。波特所说的高级要素和专门要素包括了人力资本要素，具有边际生产率高、边际收益不会递减等特征，其显著的边际收益递增效应、溢出效应和吸纳效应，对于一国要素禀赋的提升具有决定性的作用。基于此，波特认为，高级要素和专门要素是一国保持和提升国际竞争力的重要源泉，仅靠基本要素和普通要素，竞争优势很难长久维持。

教育是人力资本形成的主要手段。美国历史上对教育相当重视，其建国之初，政府就提出"教育决定一切"的口号，奠定了美国教育制度的基础。1852年美国颁布强迫义务教育的法令，1862年美国通过《莫雷尔法案》，向教育部门和学校拨出大量公有土地用于办学，到1871年，美国已有26个州确立了义务教育制度。教育的发展大大提高了美国劳动力素质，人力资本开始形成,要素效率迅速提升,为美国在 19 世纪末实现工业化和赶超英国,成为世界第一经济强国创造了重要条件。

我国人口基数庞大,人均薪资较低,劳动力的传统优势仍然较为显著。但计划生育政策和人口老龄化延缓了人口增长的趋势,0~14 岁的儿童占人口的比重从 1982 年的 33.59% 迅速下降到 2012 年的 16.5%,[5] 劳动力要素积累受到较大限制。只有辅以持续的教育激励,促进人力资本要素的形成和积累,积极推动要素效率的提升,比较利益的增进才能实现。以人力资本的形成和积累为例,教育激励制度安排应当包括:

(1) 加大教育投入。人力资本要素是通过职业教育和技术培训等方面的投入,提高劳动力的技能而形成的,教育投入对于人力资本具有重要意义。在市场经济条件下,政府、企业和个人共同构成人力资本投资的主体,义务教育由政府负责投入,非义务教育的成本往往与收益密切相关,有必要调动社会各方面的投资积极性,引入企业和个人参与,加大全社会多样化投资力度。

(2) 优化教育内容。不同产业的发展需要具有不同专业技能的人才,这就为人力资本的培育提出了更高的要求。教育激励制度安排不仅要强调综合科学的重要性,还要有针对性地根据专业结构进行调整,确定不同的人才培养规格,优化教育内容,推进劳动力向人力资本的转化。

(3) 扩大专业技术人员的交流。专业技术人员本身具有较强的流动性特征,客观上为利用别国的比较优势创建本国竞争优势,实现人力资本的最优配置提供了可能。扩大人力资本流动的关键是完善人力资本供求的市场调节机制,建立统一的人力资本市场,实现跨地区、跨行业的人力资本流动。

另外,加强人力资本市场的信息化建设,完善人力资本自由流动的服务支撑体系,确保人力资本流通渠道的畅通,优化人力资本配置等,也是人力资本形成与积累的重要途径。可见,通过加大教育投入、优化教育内容、扩大专业技术人员交流等一系列人为地促进要素培育和流动的措施,能够有效地克服我国原有资源禀赋的限制,为要素效率的提升提供充足的资源准备。

---

[5] 数据来源:国家统计局数据库。

五、完善绿色发展激励制度，推动资源有限利用

当前，生态环境问题已经成为制约我国经济社会发展的首要因素。随着人们对生态规律了解的不断深入，生态环境问题的解决思路逐渐多样化，依靠单一的环境法保护已经远远不够，不同的制度纷纷从各自的角度，对生态环境保护作出相应的规定，"生态化"现象逐渐向整个制度领域渗透。可以说，制度生态化是制度面对生态环境危机的一种自我矫正与发展，完善绿色发展激励制度则是进一步对制度生态化作出的积极的制度性回应。绿色发展激励制度安排可以从市场准入与激励制度入手，充分发挥财政与税收制度在市场资源配置中的指挥棒作用，具体措施包括：

1. 完善市场准入与激励制度

市场准入制度是国家对市场主体进入市场、从事相应生产经营活动的资格予以审核并确认的一种法律制度。一般情况下，市场主体只有具备法定条件，按照法定程序，通过审批或登记程序，取得行政许可，才能被允许生产和销售。我国长期以来市场准入制度形同虚设，导致企业技术创新动力缺乏，经济增长依赖大量要素投入，资源消耗与浪费现象严重。现实表明，资源是有限的、不可再生的，生态环境是脆弱的。这种冲动型经济增长模式的发展，加剧了资源消耗与浪费，各地生态环境破坏严重，自然资源与经济增长以及比较利益增进的矛盾日益加剧。为了实现经济的可持续增长和比较利益的可持续增进，需要完善市场准入与激励制度，严格限制或禁止产出能耗高、技术经济指标低、外部不经济的项目进入市场，降低能耗低、发展清洁生产或循环经济的项目进入市场的门槛，还可制定鼓励政策，推动企业采用节能环保技术，同时完善能源消耗和环境保护的技术指标，加强环境保护和生态维护。确保市场管理部门提前掌握市场主体的基本情况，综合考虑资源利用、环境保护和经济增长等的要求，有效激励市场主体的生产经营活动，提高资源利用率，降低物耗和能耗，真正做到节约资源和保护环境。

2. 完善财税激励制度

财税制度是国家对经济进行宏观调控的主要杠杆。财政与税收制度的合理安排，能够充分发挥其在市场资源配置中的指挥棒作用，引导资源合理流动，有效提高资源配置效率。财税激励制度安排，首先需要优化财政支出的

利用效率，加大财政支出对人力资源培育的支持力度，增加对研究与开发的投入，降低对资源浪费较大产品的投入，充分发挥财政资金的导向作用，逐步引导形成由资源投资向资本和技术投资转换的机制；同时，完善中央和地方政府的财政关系，也是实现经济集约化发展的关键环节。长期以来，地方财政收入体制以产值增长贡献为主导，导致地方政府不顾资源环境压力，盲目追求经济增长数量，最终付出了资源浪费和环境污染的惨重代价。彻底割断地方政府与粗放型经济增长模式的直接利益关系，完善地方财政收入制度，能够从根本上消除地方政府盲目发展经济的内在冲动。

另一方面，以法律形式确立的各种税收征收办法，也是实现宏观经济政策的重要工具之一。根据经济和社会发展的需要，国家往往针对不同地区、不同部门、不同产品分别给予不同的税收待遇，其中的减免税、延期纳税、出口退税、再投资退税、税收抵免、加速折旧、减计收入、投资抵免等税收优惠措施，在对某些特定行业、部门给予鼓励和照顾的同时，也释放出国家促进和支持该行业、部门发展的信息，能够有效发挥税收制度安排的导向作用和激励作用。实践中，税收制度安排是国家调控经济发展，实现比较利益增进的重要手段。对采取措施节约资源、控制污染的企业，实行相应的税收优惠措施，是在以正面的方式激励促使企业积极向善，这种方法如果运用得好，产生的激励效果往往会超过惩罚制裁的效果。因此，为了推进资源节约和环境保护的政策目标，可以对企业购置并实际使用的环保节能专用设备部分抵免应纳税额，对企业从事的环保节能项目减免所得税，对相应的技术研发与转让免征营业税和所得税，并对新技术、新产品、新工艺的研发费用实行税前扣除。这种将税收与经济资源的使用情况直接挂钩的做法，能够充分发挥税收政策对资源配置和比较利益增进的导向作用，促使经济增长模式由粗放型向集约型转变，有效推动比较利益的增进。